삼국 기년의 변조 구조와 실제 시대

삼국 기년의 변조 구조와 실제 시대

초판 인쇄 2022년 10월 7일
초판 발행 2022년 10월 14일

저　자 : 황대용
발행인 : 연기영
발행처 : 시화음
등　록 : 2018년 11월 21일(제2018-000240호)
주　소 : 서울특별시 서초구 사평대로58길 6 현대썬앤빌
　　　　강남 더 인피닛 1412호(서초동)
전　화 : 02)534-6726 E-mail / yeunky1@naver.com

ISBN 979-11-980280-0-6
정가 15,000원

이 책은 저작권법에 따라 보호를 받는 저작물이므로
무단으로 복제하거나 전재할 수 없습니다.

삼국 기년의 변조 구조와 실제시대

저자 **황대용**

시화음

머리말

이제야 마주하는 진실의 시간

본서는 『속일본기(續日本紀)』에 등장하는 귀수왕(貴須王)에 관한 기록을 단서로 하여, 『일본서기』의 신공기(神功紀)를 관통하는 두 개의 시간 축에 정합하는 삼국의 왕계를 실제 시대에서 재구성하는 과정을 공유하기 위해 작성되었다.

여기서 얻어진 삼국의 왕계는, 『삼국사기』가 기록한 2세기까지의 고구려 왕계나 4세기까지의 백제와 신라 왕계에서 발견되는 시간에 관한 의혹을 모두 해소할 뿐 아니라, 해당의 구간에서 중국과 일본의 사서가 묘사하는 삼국의 시간과도 완전한 정합성을 가진다.

즉, 복원된 신라 왕계는 『일본서기』 신공기에 등장하는 파사왕의 시대와 정합하고, 백제의 왕계는 『일본서기』 신공기에 등장하는 초고왕과 『속일본기』에 등장하는 구수왕의 시대와 정합하며, 고구려의 왕계는 『후한서』와 『삼국지』에 등장하는 궁(宮)의 시대와 정합한다. 이들 삼국의 왕계가 새롭게 가리키는 고구려의 건국 시점은 서기 32년이고, 백제의 건국 시점은 서기 51년이며, 신라의 건국 시점은 서기 76년이다.

그러나 지금의 삼국 왕계는 이로부터 전혀 다른 모습으로 변조되어 있고, 본서는 이 변조의 구조가 『일본서기』의 경행기(景行紀)로부터 신공기에 이르는 시간의 변조 구조와 정확히 일치한다는 사실을 정량적으로 밝혔다.

즉, 『일본서기』는 신공기를 실제의 시대로부터 120년 인상하면서, 그 인상을 정당화하기 위해 인상된 시점에 실제로 재위하고 있던 파사왕과 초고왕을 언급했다. 그와 동시에, 『일본서기』는 누구도 재위한 적이 없는 신공기를 정식의 기년 체계에 삽입함으로써, 원래 그 시대에 재위하고 있던 경행(景行), 성무(成務), 중애(仲哀)의 연대를 신공기 이전으로 밀어 올리는 변조를 했다. 이러한 변조의 결과, 경행의 즉위년이 신공기 시대로부터 최종적으로 120년이 인상되는 지금의 기년 체계가 만들어진 것이다.

그러나 신라의 파사왕과 백제의 초고왕은 신공기가 기록한 각각의 시점에 실제로 재위하고 있었고, 원래의 기년 체계로 본 그 시점은 각각 경행과 성무의 시대이다. 『일본서기』에서 신공기에 대한 경행기의 인상은 파사왕과 초고왕을 중심으로 하는 삼국 왕계에 대한 상대적인 인상이기도 했던 것이다.

이를 확인한 삼국사의 편찬자들은, 이미 발생되어버린 기년상의 왜곡을 해소하기 위해 원래의 파사왕과 초고왕의 재위 시기를 앞서 변조된 『일본서기』의 시간에 부합하도록 조정을 가했다. 이것이 『일본서기』의 작성 당시 신공기에서 참조된 신라와 백제 왕계가 지금 우리가 보고 있는 모습으로 변조된 이유이다.

　이러한 삼국 왕계에 대한 조정은, 각 해당 구간의 재위 시간을 늘리거나, 해당 구간에서 병립하고 있던 또 다른 계보를 하나의 시간축에 재배열하는 방법으로 이루어졌고, 적어도 『삼국사기』가 참조한 『해동고기』의 단계에서 이미 완성되어 있었다. 『삼국사기』의 찬자가 『고기』와 『후한서』의 기록이 일치하지 않는 것에 대해 의문을 표시한 것도 이런 이유에서였다.

　이처럼, 『삼국사기』의 소위 초기 기록에서 발견되는 시간에 관한 제반 의혹이, 이미 앞서 변조된 『일본서기』 기년과의 조정 때문에 생겨난 것이었다면, 더 이상 해당 구간에 대한 『삼국사기』의 기록을 불신할 이유는 없다. 객관적으로 검증된 변조의 구조를 수용하여 당시의 역사를 다시 해석하는 과제만 남게 되기 때문이다.

　사실, 지금까지 『삼국사기』의 초기 기록에서 발견되는 시간에 관한 의혹에 관해서는 많은 연구가 있었다. 하지만 아직까지 누구도 통합적인 관점에서 그 이유를 설명하는 것에 성공하지 못했고, 그 이유는 대개 서로 연도를 대조할 수준의 제3의 사서가 존재하지 않는다는 것이었다.

　하지만, 필자는 『삼국사기』와 『일본서기』의 시간을 단순히 대조하는 평범한 방법을 통해, 지금까지 두 사서에 숨겨져 있던 실제의 시간을 동시에 복원할 수 있었다. 『삼국사기』와의 대조를 위한 제3의 사료는 이미 오래전부터 우리의 곁에 있었던 셈이다.

지금 생각해보면, 그동안 한·일 양국의 대부분 사람이 상대의 사서를 불신하고 무시하거나 폄하한 나머지, 설마 자국의 정사를 구성하는 기년 체계가 상대국 사서의 기년 체계와 연결되어 있으리라고는 꿈에도 상상하지 못했던 것 같다. 하지만 『삼국사기』와 『일본서기』의 시간은 특정한 공통의 구간에서 서로 정교하게 정합하면서, 실제의 시간으로부터 지금 우리가 보고 있는 기록의 시간으로 함께 변조되어 있다.

두 사서에 기록되어 있는 시간은, 지금까지 많은 사람이 여겨왔던 것처럼 아무렇게나 만들어진 시간이 아니었던 것이다. 본서에서처럼 『일본서기』에 의해 삼국의 시간이 복원되고, 그 삼국의 시간으로부터 다시 『일본서기』의 시간이 연도 단위로 복원될 수 있었던 것도, 이들 두 사서에서 변조되어 있는 시간의 정교함 때문이었다.

목차

이제야 마주하는 진실의 시간 · 4

1부 진실의 단서

1. 『속일본기』의 귀수왕 · 12
2. 병립하는 백제 왕계 · 30

2부 병립하는 신라 왕계

1. 탈해왕 즉위년의 비밀 · 40
2. 해석되는 의혹들 · 58
   [1] 삼성 씨족의 시간 · 58
   [2] 왜 여왕의 시간 · 69
   [3] 포상팔국의 전쟁 · 75
   [4] 흘해왕과 벽골제 · 100

3부 『일본서기』의 시간

1. 기년의 변조 구조 · 108
2. 설계된 시간 · 129
   [1] 응신기의 시간 · 129
   [2] 목만치와 소아의 시간 · 146
3. 변조의 파장과 수습 · 171

4부 병립하는 고구려 왕계

1. 태조왕 94년의 비밀 · 180
2. 추모왕 17세손의 비밀 · 198
3. 이어지는 변형과 변조 · 228

별첨 수정 삼국 연표 · 245

1부

진실의 단서

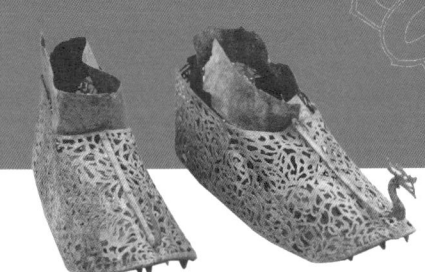

1. 『속일본기』의 귀수왕
2. 병립하는 백제 왕계

1. 『속일본기』의 귀수왕

『속일본기』에는 저마다의 사정에 따라 한반도로부터 건너가 일본에 정착하고 있던 당시의 소위 도래인들에 대한 사성(賜姓)과 개성(改姓)에 관한 기록이 풍부하다. 그중에서도, 특히 진련진도(津連眞道)나 문기촌최제(文忌寸最弟) 등의 개성을 위한 청원문은, 당시의 새로운 국가 체제에 적응해 나가는 백제계 도래인들에 관한 연구에서 자주 인용되었다. 그러나 이들의 기록 속에는 그동안 누구도 중시하지 않았던 백제의 시간에 관한 비밀이 숨겨져 있다.

A. 『속일본기(續日本紀)』 연력(延曆) 9년 7월 :

가을 7월 신사, 좌중변(左中辨) 정5위상 겸 목공두(木工頭) 백제왕인정(百濟王仁貞), 치부소보(治部少輔) 종5위하 백제왕원신(百濟王元信), 중위소장(中衛少將) 종5위하 백제왕충신(百濟王忠信), 도서두(圖書頭) 종5위상 겸 동궁학사(東宮學士) 좌병위좌(左兵衛左) 이예수(伊豫守) 진련진도(津

連眞道) 등이 표(表)를 올려 아뢰기를, "진도(眞道) 등의 원래 계보는 백제국의 귀수왕(貴須王)에서 나왔습니다. ①귀수왕은 백제가 처음 일어난 이후 제16대 왕입니다. 그 백제 태조 도모대왕(都慕大王)은 해의 신이 영(靈)을 내려서 부여를 차지해 나라를 열고, 천제의 녹을 받아 여러 한(韓)을 총괄하면서 왕이라고 칭했습니다. ②근초고왕에 이르러 멀리 성화(聖化)를 그리다가 비로소 귀국(貴國)에 찾아왔습니다. 이는 곧 신공황후(神功皇后)가 섭정한 때입니다. 그 후 경도풍월조(輕嶋豊明朝)에서 나라를 다스린 응신천황(應神天皇)이 상모야씨(上毛野氏)의 원조(遠祖) 황전별(荒田別)로 하여금 백제에 사신으로 가서 지식이 있는 자를 찾아오게 했습니다. ③국주(國主) ④귀수왕은 삼가 사신의 뜻을 받들어서 종족(宗族)을 가려 ⑤그의 손자 ⑥진손왕(辰孫王)[일명 智宗王이다]을 보내 사신을 따라 입조하도록 했습니다. 이에 천황은 기뻐하면서 은혜로운 총명(寵命)을 더했으며, ⑦그를 황태자의 스승으로 삼았습니다. 이에 처음으로 서적을 전했으며 널리 유풍(儒風)을 펼치게 했습니다. 문교(文教)가 흥한 것이 진실로 여기에 있습니다. 난파고진조(難波高津朝)에서 나라를 다스린 인덕천황(仁德天皇)이 진손왕의 장자 태아랑왕(太阿郞王)을 근시로 삼았습니다. 태아랑왕의 아들이 해양군(海陽君)입니다. 해양군의 아들은 우정군(午定君)입니다. 우정군은 3남을 낳았는데, 장자는 미사(味沙)이고 둘째는 진이(辰爾), 막내아들은 마려(麻呂)입니다. 이

때부터 나누어져서 비로소 3성이 되었는데, 각각 맡은 바에 따라 씨명(氏名)을 정했습니다. 갈정(葛井), 선(船), 진련(津連) 등이 곧 이것입니다. 타전조(他田朝)에서 나라를 다스린 민달천황(敏達天皇)의 시대에 이르러 고구려국이 사신을 보내 까마귀 깃털에 쓴 표를 올렸습니다. 군신(群臣), 제사(諸史)들이 이를 능히 읽을 수 없었습니다. 그런데 진이(辰爾)가 나아가 그 표를 능히 읽고 솜씨 좋게 베꼈습니다. 천황은 열심히 학문을 닦는 것을 기뻐하면서 크게 칭찬했습니다. 조하기를, '부지런하니 훌륭하구나. 그대가 만약 학문을 사랑하지 않았다면, 누가 능히 해독할 수 있었겠는가. 그러므로 전중(殿中)의 근시(近侍)로 삼아야 할 것이다.'라고 하셨습니다. ⑧또 동서(東西)의 제사(諸史)에 조하기를 '그대들은 비록 숫자가 많지만, 진이(辰爾)에 미치지 못한다'고 했습니다. 국사와 가첩에 이 일이 상세하게 기록되어 있습니다.

…(중략)…

엎드려 바라건대 연(連)이라는 성을 고쳐 되돌려서 조신(朝臣)을 내려 주십시오."라고 했다. 이에 칙하여 사는 곳에 따라서 관야조신(菅野朝臣)이라는 씨성(氏姓)을 내렸다.

즉, 표문 A에서 진도(眞道)는 자신의 원래 계보가 백제의 제16대 귀수왕에서 나왔다고 소개하고 있다. 그러나 16대라고 하는 재위 차수는 『삼국사기』가 기록하는 재위 차수가 아니다. 『삼국사기』에서 구수왕은 온조왕의 6세손이자 제6대 왕이고, 근구수왕은 온조왕의 9세손이자 제14대 왕이다.

하지만 이어지는 글에서는 백제의 태조를 도모왕(都慕王)이라고 했고, 도모왕은 일본에서 주몽을 가리킨다. 주몽으로부터 본다면 구수왕은 7세손이자 제7대 왕이고, 근구수왕은 10세손이자 제15대 왕일 것이다.

그러나 이때의 개성(改姓) 결과를 반영하고 있는『신찬성씨록(新撰姓氏錄)』[1]은 진도를 '도모왕의 10세손인 귀수왕의 후손'이라고 기록하고 있다. 주몽의 10세손이라면 A-①의 귀수왕[2]이란 당연히 근구수왕을 의미하는 것이다.

하지만 온조왕의 9세손이자 주몽의 10세손인 근구수왕이 주몽의 제16대 왕이라고 하는 것에는 여전히 의문이 남는다. 세대의 기준이 온조왕에서 주몽으로 1세대가 올라가는 것에 대해 재위 차수는 2대나 증가하고 있기 때문이다.

그러나 이는 주몽과 온조왕 사이에 온조왕과 동일 세대의 또 다른 백제왕을 전제로 하는 재위 차수이고, 이에 해당하는 백제왕이라면 의심할 여지가 없는 온조왕의 형 비류(沸流)이다. 결국, 진도가 말하는 근구수왕의 재위 차수는 비류를 정식의 백제왕으로 산입한 결과에 해당하는 것이고, 이는 당시 백제계 이주민들이 가지고 있

---

1) 『신찬성씨록(新撰姓氏錄)』은 『속일본기(續日本紀)』가 완성되고 18년이 지난 홍인(弘仁) 6년의 서기 815년에 완성이 상표(上表)된 칙찬계보서이다. 칙찬계보서인 만큼 그때까지 황실에 의해 승인된 모든 본계(本系)는 그대로 반영한다.
2) 『신찬성씨록』 제24권 우경 제번 하, "관야조신(菅野朝臣)은 백제국 도모왕(都慕王) 10세손 귀수왕(貴首王)으로부터 나왔다."

던 시조에 관한 인식의 한 단면이기도 한 것 같다.

또한, 이어지는 표문의 A-⑥에서는 진손왕을 지종왕이라고 주석하고 있고, 『신찬성씨록』에 의하면 지종은 진사왕의 아들[3]이다. 진사왕 아들의 조부에 해당하는 백제왕이라면 A-⑤가 가리키는 백제왕도 당연히 근구수왕일 것이다.

결국, A-①의 귀수왕이나 A-⑤의 백제왕은 모두 근구수왕을 가리키고 있다는 사실을 알 수가 있다. 그러나 문제는 A-③의 국주를 의미하는 A-④의 귀수왕에 있다. A-③의 국주는 문장의 의미로 보아 분명히 응신 시대의 백제왕을 가리키는 것이고, 귀수왕은 앞의 A-①에서 근구수왕을 의미했으며, 근구수왕을 의미하는 귀수왕[4]이라면 『일본서기』에서 이미 신공(神功) 64년에 사망했기 때문이다.

이 때문에 해당 문장은 마치 신공의 시대에서 이미 사망한 근구수왕이 응신의 시대에 다시 살아나서 그의 손자를 응신에게 보낸 것으로 읽혀질 수 있다. 물론 이는 현실의 시대에서 일어날 수 없는 일이다. 만약에 이때의 일이 신공의 시대가 아니라 응신의 시대에 일어난 것이 분명하다면, 그 시대의 백제왕을 의미하는 A-③의 국주는 적어도 신공의 시대에서 이미 사망한 근구수왕이 아닌 제3의 백제왕이어야 할 것이다.

그럼에도 불구하고 당대 최고의 지식인이자 스스로 백제 왕족의 후손임을 주장하고 있는 진도는 이때의 국주를 귀수왕이라고 표기

---

3) 『신찬성씨록』 제28권 하내국 제번, "강원련(岡原連)은 백제국 진사왕(辰斯王)의 아들 지종(知宗)으로부터 나왔다."
4) 『일본서기』 권제9 신공황후 64년, "백제국의 귀수왕(貴首王)이 훙(薨)하였다. 왕자 침류왕이 왕이 되었다."

하고 있다. 만약에 이것이 실수가 아니었다면, A-④의 귀수왕이라는 호칭은 응신 시대의 누군가의 백제왕과 근구수왕을 동시에 의미하는 중의적인 표현이었다고 이해해야 할 것이다.

이러한 이해의 관점은, 진도뿐 아니라 문기촌최제(文忌寸最弟) 등도 사신들의 보고문에서 응신 시대의 백제왕을 구소왕(久素王)으로 호칭하고 있다는 사실에 의해 지지 된다.

B. 『속일본기(續日本紀)』 연력(延曆) 10년 4월 :

무술, 좌대사(左大史) 정6위상 문기촌최제(文忌寸最弟)와 파마소목(播磨少目) 정8위상 무생련진상(武生連眞象) 등이 아뢰기를, "문기촌(文忌寸)은 본래 ①두 집안이었습니다. 동문(東文)은 직(直)이라고 칭하고, 서문(西文)은 수(首)라고 일컬으며, 서로 함께 일한 것이 그 유래가 오래되었습니다. 지금 동문(東文)은 집안 모두가 이미 숙녜(宿禰)를 얻었으나, 서문(西文)은 은혜를 입지 못해서 아직 기촌(忌寸)에 머물러 있습니다. 최제(最弟) 등이 다행히 좋은 때를 만났으니, 잘못을 바로잡을 기회를 얻지 못한다면, 대대로 억울한 것을 해명할 도리가 없을 것입니다. 엎드려 청컨대, 같은 영예로운 호칭을 내려서 오래도록 자손을 위한 좋은 계책을 남기도록 해 주십시오"라고 했다. 칙을 내려서 그 본계(本系)를 조사했다. 최제(最弟) 등이 아뢰기를, "한고제(漢高帝)의 후손으로 난(鸞)이 있었으며, 난의 후손인 왕구(王狗)는 백제에 이르렀습니다. 백제의 ②구소왕(久素王) 때에 ③성조(聖朝)가 사신을 보내 문인을 초빙했습니다. 구소왕은 구(狗)의 자손인 왕인(王仁)을 바쳤습니다. 그가 문(文), 무생(武生) 등의 조상입니다."라고 했다.

이에 최제(最弟)와 진상(眞象) 등 8인에게 숙녜(宿禰)라는 성을 내렸다.

즉, 최제(最弟) 등은 위의 기록에서 자신들의 선조가 백제의 구소왕 때 파견된 왕인(王仁)이라고 했다. 그러나 왕인에 대해서라면 『일본서기』가 이미 응신 16년에 그의 파견 사실을 기록한 바 있고, 그에 따르면 B-③의 성조란 응신조(應神朝)를 말하는 것이다. 또한 응신 16년이라면 왕인뿐만이 아니라 그보다 2년 전에[5] 궁월군(弓月君)[6]이 귀화할 때 함께하지 못했던 120 현민(縣民)이 결국 바다를 건넌 해이기도 하고[7], 백제에서는 아신왕이 사망하여 진지대자가 급히 귀국한 격동의 서기 405년[8]이기도 하다.

그럼에도 불구하고 최제 등은 이때의 백제왕을 당시에 실제로

---

5) 『일본서기』 권제10 응신천황 14년, "이해에 궁월군(弓月君)이 백제로부터 내귀 하였다. 그리고 주하여 '신이 자신의 나라 120현의 인민을 거느리고 귀화하려고 하였습니다. 그러나 신라 사람이 방해하여 모두 가라국(加羅國)에 머물러 있습니다.'라고 하였다."

6) 궁월군(弓月君)은 『신찬성씨록』에서 태진공숙녜(太秦公宿禰), 진장장련(秦長藏連), 진기촌(秦忌寸), 진조(秦造), 진인(秦人), 진주공(秦酒公) 등의 선조로 기록되어 있다. (『신찬성씨록』, 제21권 좌경 제번 상 및 『신찬성씨록』 제23권 우경 제번 상 참조). 그러나 『일본서기』 웅략기에서는 진민(秦民)이라는 호칭이 진조(秦造), 진주공(秦酒公) 등의 이름과 함께 등장하지만 이들과 궁월군과의 관계에 대해서는 아무런 기록도 하지 않았다.(『일본서기』 권제14 웅략천황 12년 10월 조 및 15년 조 참조)

7) 『일본서기』 권제10 응신천황 16년, "봄 2월 왕인(王仁)이 왔다. 태자 도도치랑자(菟道稚郎子)의 스승으로 하였다. …(중략)… 이해에 백제의 아화왕(阿花王)이 훙(薨)하였다. …(중략)… 8월, 평군목도숙녜(平群木菟宿禰), 적호전숙녜(的戶田宿禰)를 가라(加羅)에 보냈다. …(중략)… 그래서 궁월(弓月)의 인민들을 거느리고 습진언(襲津彦)과 같이 돌아왔다."

8) 『삼국사기』 제25권 백제본기 제3 아신왕 14년, "가을 9월에 왕이 돌아갔다."

재위하던 아신왕이 아니라 구소왕이라고 기록하고 있다. 진도가 응신 시대의 백제왕인 A-③의 국주를 A-④의 귀수왕이라고 호칭한 것과 마찬가지로, 최제도 응신 시대의 백제왕을 구소왕이라고 호칭하고 있는 것인데, 이에 대해서는 틀림없이 특별한 사정이 있었을 것이다.

그러나, 지금까지 한국과 일본에서 발행된 『속일본기』의 현대어 번역서는 예외 없이 B-②의 구소왕을 근구수왕이라고 주석하고 있다. 이는 아마도 『일본서기』가 신공 64년에 사망한 근구수왕을 귀수왕이라고 기록한 이래, 그 후의 기록에서도 그때의 호칭을 그대로 따르고 있고[9], 진도의 표문에서도 응신 시대의 백제왕이 귀수왕으로 등치되어 있는 등의 사례가 있었기 때문일 것이다.

하지만 이는 『일본서기』의 기년 체계를 경시한 것에서 비롯된 명백한 오류이다. 『일본서기』의 시간에 따르는 한, 근구수왕은 어떤 경우에도 응신 시대의 백제왕이 될 수 없는 것이다. 진도의 표문을 『일본서기』의 시간에 비추어 볼 때, B-②의 구소왕이 A-③의 국주로서의 귀수왕일 수는 있어도 이미 사망한 A-⑤의 귀수왕일 수는 없다.

실제로 진도의 표문을 끝까지 읽어본다면, A-③의 국주로서의 귀수왕이나 B-②의 구소왕은 모두 응신 시대에 재위하고 있던 동일

---

[9] 『일본서기』 권제19 흠명천황 2년 여름 4월, "옛적에 우리 선조 속고왕(速古王), 귀수왕(貴首王)의 치세에 안라(安羅), 가라(加羅), 탁순(卓淳)의 한기(旱岐) 등이 처음 사신을 보내고 상통하여 친밀하게 친교를 맺었다."; 『일본서기』 권제19 흠명천황 2년 가을 7월, "옛적에 우리 선조 속고왕(速古王), 귀수왕(貴首王)이 당시의 한기(旱岐) 등과 처음으로 화친을 맺고 형제가 되었다. 이에 나는 그대를 자제로 알고 그대는 나를 부형으로 알았다."

한 백제왕을 가리키고 있다는 사실을 알 수가 있다. 즉, A-㉦에 기록되어 있는 진손왕의 공적은 이미 『일본서기』의 응신기(應神紀)나 『고사기(古事記)』의 응신단(應神段)에 기록된 왕인의 공적[10] 그대로이다.

진도는 표문에서 서수(書首)의 시조인 왕인의 공적을 마치 진손왕의 공적이었던 것처럼 기록하고 있는 것인데, 이것은 누가 보더리도 왕인의 시조 전승에 대한 도용이다. 실제로, 그로부터 4년 뒤인 응신 20년에는 아지사주(阿知使主)가 그의 아들 도가사주(都加使主)와 함께 17현의 무리를 거느리고 바다를 건너가 왜한직(倭漢直)의 선조[11]가 되었고, 이들의 후손들은 왕인의 후손들과 함께 오랫동안 문업에 종사하면서 동서(東西)의 사(史)[12]를 이루고 있었다. 최제 등의 청원문에서 말하는 B-㉠의 두 집안도 이들을 말하는 것이다.

그런데도 진도는 왕인의 업적을 마치 자신의 선조의 업적이었던 것처럼 기록했고, 최제 등은 이에 대해 아무런 반론도 제기하지 않았다. 담담하게 자신들의 계보에 대해서만 말할 수밖에 없었던 것

---

10) 『일본서기』의 응신 16년 조에서는 왕인(王仁)을 서수(書首)의 조상이라고 했고, 『고사기』의 응신단(應神段)에서는 왕인(王仁)을 화이길사(和邇吉師)로 표기하면서 문수(文首)의 조상이라고 했다.
11) 『일본서기』 권제10 응신천황 20년, "왜한직(倭漢直)의 선조 아지사주(阿知使主)와 그 아들 도가사주(都加使主)가 그의 무리 17현을 거느리고 래귀하였다."; 『속일본기』 권제32 보귀(寶龜) 3년 4월, "선조 아지사주가가 경도풍월궁(輕嶋豊明宮)에서 천하를 다스리는 시대에 17현의 사람들을 거느리고 귀화했습니다. 조를 내려 고시군(高市郡) 회전촌(檜前村)을 주어 살게 했습니다. 무릇 고시군(高市郡)의 내에는 회전기촌(檜前忌寸)과 17현의 사람들이 많이 살아서 다른 성은 열에 한 둘이었습니다."
12) 『영집해(令集解)』 학령(學令) 대학생(大學生), "『고기(古記)』에서 말하기를, 동서사부(東西史部)로 말하자면 왜(倭)와 천내(川內)의 문기촌(文忌寸) 등을 본으로 하는 동서사(東西史)들이 모두 이들이다."

인데, 이는 아마도 자신들의 권세가 당시의 진도에게는 미치지 못했기 때문이었던 것 같다.

그뿐 아니라, 진도는 서기 553년의 흠명(欽明) 14년이 되어서야 기록에 등장[13]하는 왕진이(王辰爾)를 표문에서 진손왕의 5대손이라고 장황하게 주장했다.『일본서기』에서 왕진이는 민달(敏達)이 즉위하자 그때까지 동서(東西)의 사(史)들이 알지 못했던 선진 기술을 사용하여 고구려의 국서를 해독하는 활약을 펼친 인물이다[14]. 이때 민달(敏達)이 말한 A-⑧의 내용이 의미하는 것처럼, 왕진이는 기존의 동서제사(東西諸史)들과 달리 한 단계 높은 지식수준을 가지고 뒤늦게 도래한 유식자 중의 한 사람이었을 것이다.

그럼에도 불구하고 왕진이의 동생 우(牛)[15]의 후손인 진도는 표문의 A-①에서 자신의 선조가 백제 왕족의 후손이라고 주장하고 있는 것인데, 이는 당시 만연하던 소위 '시조가상(始祖加上)'의 전형적인 한 사례[16]일 뿐이다.

---

13) 『일본서기』 권제19 흠명천황 2년 여름 4월, "옛적에 우리 선조 속고왕(速古王), 귀수왕(貴首王)의 치세에 안라(安羅), 가라(加羅), 탁순(卓淳)의 한기(旱岐) 등이 처음 사신을 보내고 상통하여 친밀하게 친교를 맺었다.";『일본서기』 권제19 흠명천황 2년 가을 7월, "옛적에 우리 선조 속고왕(速古王), 귀수왕(貴首王)이 당시의 한기(旱岐) 등과 처음으로 화친을 맺고 형제가 되었다. 이에 나는 그대를 자제로 알고 그대는 나를 부형으로 알았다."
14) 『일본서기』 권제20 민달천황 원년 5월, "고구려가 올린 문서는 까마귀 깃털에 쓰여 있었다. 문자가 깃털의 검은 색에 헷갈려서 아무도 알아내는 사람이 없었다. 진이가 밥의 김으로 쪄서 부드러운 비단에 올려 글자를 모조리 옮겼다. 조정의 사람이 모두 다 기이하게 여겼다."
15) 『일본서기』 권제20 민달천황 3년 겨울 10월, "선사(船史) 왕진이의 아우 우(牛)에 조(詔)하여 성을 주어 진사(津史)라 하였다."
16) 熊谷公男, 「令制下のカバネと氏族系譜」『東北學院大學論集』歷史學·地理學14, 1984, 118-119쪽; 김은숙,「西文氏의 '歸化'傳承」『역사학보』제118집, 1988년; 서보경,「「同祖」계보의 변화를 통해 본 王仁, 王辰爾系 씨족」,『한일관계사연구』제53집, 2016년; 연민수,「왕진이(王辰爾) 일족의 문서행정과 시조전승」,『동북아역사논총』제62호, 2018년

시조의 가상이란 자신의 선조가 오래되고 존귀하게 보이도록 타인의 계보를 끌어다 붙이거나 올려붙이는 것을 말한다. 이러한 풍조는 일본이 율령국가로 이행하는 단계에서 만들어진 새로운 신분제도의 부작용이라고도 할 수 있다.

새로운 신분제도란 서기 684년의 천무(天武) 13년에 제정된 소위 팔색(八色)의 성(姓)을 말하는 것인데, 이는 신(臣), 련(連), 반조(伴造), 국조(國造) 등으로 불리던 과거 호족에 대한 신분을 왕실에 가깝거나 공헌해 온 정도에 따라 진인(眞人), 조신(朝臣), 숙녜(宿禰), 기촌(忌寸) 등, 8개의 계급으로 나눈 것이다.

그러나 본격적인 체제가 정비되는 나라 시대[17]에 들어서서는 각 분야의 전문적인 지식에 대한 수요가 폭발하게 되고, 이에 따라 새로운 관료 체제에 진입하는 전문가 집단의 개성을 위한 청원도 대폭 늘어나게 된다.

이 과정에서 자신의 시조가 왕실에 봉헌해온 연원이 깊다거나 원래부터 고귀한 명족이라는 것을 강조하기 위한 허위 또한 폭증하게 되는데, 이는 개성의 청원이 일단 승인되면 그 청원에 부속하는 해당 씨족 계보의 내용이 함께 공인되어 버리기 때문이었다.

이에 따른 폐단은 『신찬성씨록』의 표문(表文)[18]에서도 심각하게

---

17) 대개 서기 710년 원명(元明)천황이 나라(奈良)의 평성경(平城京)으로 천도한 이래 서기 794년 환무(桓武)천황이 평안경(平安京)으로 천도하기까지의 시대를 말한다. 천황을 중심으로 하는 체제가 정비되는 시기이기도 하다.
18) 『신찬성씨록』「상(上) 신찬성씨록 표(表)」, "덕이 널리 퍼지자 상서로운 구름의 모습을 보고 백성이 되고자 별처럼 몰려왔습니다. 혹은 구릉(丘陵)처럼 높아지려 하고 혹은 대부(大夫) 이상이 타는 수레를 타고 와서 과시하였습니다. 또 조상을 늘리거나 거짓으로 꾸미고 멋대로 부유한 명족인 것처럼 말하고 신(神)이나 천황의 후예라고 주장하여 존귀한 집안인 것처럼 꾸몄습니다."

지적된 바 있다. 그러나 이러한 진도의 시조가상에도 불구하고, 실제로 진손왕이 진사왕의 아들 지종이었는지, 또는 진손왕이 백제 왕계에서 실제로 존재한 인물이었는지 등에 대해서는 정확히 확인할 길은 없다.

다만, 3인의 백제왕씨(百濟王氏)[19]가 진도의 표문에 함께 참여하여 백제 왕계와 관련된 내용을 보증하고 있는 이상, 일각의 주장처럼 그가 전적으로 가공의 인물이었을 것이라는 주장에 대해서는 공감하기 어려울 것 같다. 당시 백제 왕족의 후손을 대표하는 입장[20] 이었던 백제왕씨가 타인의 주장을 위해 자신들의 조상에 관한 계보까지 창작했을 가능성은 그리 높아 보이지 않기 때문이다. 오히려, 왕인이 파견된 바로 그 시기에 진손왕이라고 하는 인물이 실제로 존재하지 않았다면, 백제 왕계에 관한 내용을 감수할 위치에 있었던 그들이 진도의 표문에 함께 이름을 올리는 것이 불가능했을 지도 모른다.

하지만 이에 대한 진위 여부를 떠나서, 진도의 표문을 그대로 따르는 한, 자신의 선조가 파견되었다고 주장하는 시기는 원래 왕인이 파견되었던 바로 그 시기이다. A-③의 국주로서의 귀수왕과 왕인을 파견한 B-②의 구소왕은 동일한 백제왕인 것이다. 그렇다고 한다면, 진도나 최제 두 사람 모두가 응신의 시대에 실제로 재위하던 아신왕을 실제의 왕명이 아닌 귀수왕이나 구소왕으로 호칭했다

---

19) 『신찬성씨록』 제24권 우경 제번 하, "백제왕(百濟王)은 백제국 의자왕(義慈王)으로부터 나왔다."
20) 김선민,「日本古代國家와 百濟王氏」,『일본역사연구』제26집, 2007년; 송완범,「간무(桓武)천황과 百濟王氏」,『일본역사연구』제31집, 2010년; 崔恩永,「百濟王氏の成立と動向に關する硏究」,『滋賀県立大学大学院 博士学位論文 人文課 第33号』, 2017년 참조

는 것인데, 도대체 그 이유는 무엇이었을까?

이에 대해서는, 아신왕이 실제로 재위하던 응신 16년으로부터 120년이 인상된 시대에, 실제로 초고왕의 아들 구수왕이 재위하고 있었을 가능성 외에는 마땅히 짐작할 만한 단서가 없을 것 같다. 잘 알려진 대로, 『일본서기』에서 신공기의 시간과 응신기의 일부 시간이 실제의 시대보다 120년이 인상되어 있기 때문이다.

그러나 잘 알려져 있다고는 하지만, 그 인상된 시간이 정확히 언제부터 언제까지 유효한 것인지, 또는 그 근거가 무엇인지 등에 대해서는 의외로 잘 알려져 있지 않다. 다소 식상한 주제이기는 하겠으나, 이는 본서에서 취급되는 모든 시간에 관한 기준점이기도 한 만큼 잠시 아래에서 그 내용을 정리해두기로 한다.

C1. 『일본서기』 권 제9 신공황후 39년 :

이해는 태세 기미(己未)년이다. [위지(魏志)에 말하였다. 명제(明帝)의 경초(景初) 3년 6월, 왜의 여왕이 대부 난두미(難斗米; 難升米의 오기) 등을 보내 군(郡)에 와서 천자를 알현할 것을 청하고 조공하였다. 태수 등하(鄧夏; 劉夏의 오기)는 관리를 딸려서 경도(京都)로 보냈다.]

C2. 『일본서기』 권 제9 신공황후 40년 :

위지(魏志)에 말하였다. 정시(正始) 원년 건충교위(建忠校尉) 제휴(梯携; 梯儁의 오기이다) 등을 보내 조서(詔書)와 인수(印綬)를 지니고 왜국에 가게 하였다.

C3. 『일본서기』 권 제9 신공황후 43년 :

위지(魏志)에 말하였다. 정시(正始) 4년 왜왕이 다시 사자인 대부 이성자(伊聲者; 伊聲耆의 오기이다)와 액사균(掖耶約; 掖邪狗의 오기이디) 등 8인을 보내 헌상하였다.

C4. 『일본서기』 권 제9 신공황후 66년 :

[이 해는 진(晉)의 무제(武帝)의 태초(泰初; 泰始의 오기이다) 2년이다. 진(晉)의 기거(起居)의 주(注)에서, 무제(武帝)의 태초(泰初) 2년 10월, 왜의 여왕이 통역을 통하여 공헌하였다고 하였다.]

즉, 기록 C1은 여왕 비미호(卑彌呼)의 위(魏)에 대한 첫 조공 기사이다. 『위지(魏志)』는 이때의 일을 경초(景初) 2년[21]으로 기록하고 있고, 『양서(梁書)』는 경초 3년[22]으로 기록하고 있다. 그러나 실제 조공의 시기가 언제였었는지의 문제를 떠나서 경초 3년은 틀림없는 서기 239년이다. 신공 39년이 서기 239년이라면 신공 섭정 원년은 당연히 서기 201년이고, C2와 C3의 시점도 이와 모순이 없다. 다만, C4의 태초(泰初) 2년은 『진서(晉書)』의 무제기(武帝紀)를

---

21) 『삼국지』 권30 위서30 오환선비동이전 왜, "경초 2년 6월 왜 여왕이 대부 난승미(難升米) 등으로 하여금 군에 이르게 하여 천자에게 나아가서 조헌 하기를 요청하기를 태수 유하(劉夏)가 관리를 시켜서 전송하게 하여 경도(京都)에 이르게 하였다."

22) 『양서(梁書)』 권54 열전 제48 제이전 동이 왜, "위 경초 3년에 이르러 공손연(公孫淵)이 주살된 후 비미호는 비로소 사신을 보내어 조공하였는데, 위는 친왜왕(親魏王)으로 삼고 금인자수(金印紫綬)를 내렸다."

참조할 때[23] 서기 266년의 태시(泰始) 2년의 오기(誤記)일 것이고, 이때라면 비미호가 사망하고 13세로 즉위한 일여(壹與)의 시대이다.[24]

당연한 일이겠지만, 하나의 신공기에 두 사람의 여왕이 등장하므로 신공은 비미호도 아니고 일여도 아니다. 이들 4건의 기록은 단지 신공의 섭정 원년이 서기 201년의 신사년(辛巳年)이라는 것을 선언하기 위한 시간에 관한 설정용이었던 것이다. 그러나 같은 신공기임에도 불구하고, 그 속에는 전혀 다른 시간 축을 가리키는 4건의 기록이 별도로 존재하고 있다.

D1. 『일본서기』 권 제9 신공황후 55년 :
  백제의 초고(肖古)왕이 훙(薨)하였다.

D2. 『일본서기』 권 제9 신공황후 56년 :
  백제의 왕자 귀수(貴須)가 왕이 되었다.

D3. 『일본서기』 권 제9 신공황후 64년 :
  백제국의 귀수(貴須)왕이 훙(薨)하였다.

---

23) '진(晉)의 기거주(起居注)'는 사료로 현존하지 않지만, 『진서(晉書)』 무제기(武帝紀)에는 왜의 조공 기사가 실려 있다. (『진서(晉書)』 권3 제기 제3 무제(武帝) 태시(泰始) 2년, "11월 기묘, 왜인이 와서 방물을 바쳤다.")
24) 『삼국지』 권30 위서30 오환선비동이전 왜, "[정시 8년에] 비미호가 죽어…(중략)…다시 비미호 종실

D4. 『일본서기』 권 제9 신공황후 65년 :

    침류왕이 훙(薨)하였다. 왕자 아화(阿花)는 나이가 어려 숙부 진사(辰斯)가 빼앗아 왕이 되었다.

즉, 『삼국사기』와의 대조에 의하면 D4의 백제왕들은 모두 서기 385년의 백제왕들이다. 이에 따르면 D1의 초고왕은 근초고왕을 가리키고 D2와 D3의 귀수왕은 근구수왕을 가리킨다. 신공 55년부터 신공 65년까지의 시간 축은 서기 375년부터 서기 385년까지의 시간을 반영하고 있는 것이다.

그러나 이때의 시간 축에 대응하는 신공의 섭정 원년이라면 서기 201년의 신사년(辛巳年)이 아니라 서기 321년의 신사년이어야 한다. 『일본서기』 스스로가 신공기에는 120년의 시차를 가지며 흐르는 두 개의 시간 축이 존재한다는 것을 공개적으로 밝히고 있는 것이다. 하지만 아래의 기록에 따르면, 이러한 시간의 2중 구조는 신공기에서 그치는 것이 아니라 응신 16년까지 지속된다.

E1. 『일본서기』 권 제10 응신천황 3년 :

    백제의 진사왕이 서서 귀국의 천황에게 무례하였다. 그래서 기각숙녜(紀角宿禰), 우전시대숙녜(羽田矢代宿禰), 석천숙녜(石川宿禰), 목도숙녜(木菟宿禰) 등을 보내 무례함을 책하였다. 이 때문에 백제국은 진사왕을 죽여 사죄하였다. 기각숙녜(紀角宿禰) 등은 아화(阿花)를 왕으로 세우고 돌아왔다.

E2. 『일본서기』 권 제10 응신천황 8년 3월 :

백제인이 내조하였다. [『백제기』에 말하였다. 아화(阿花)가 왕이 되어 귀국에 무례하였다. 이 때문에 우리의 침미다례(枕彌多禮), 현남(峴南), 지침(支侵), 곡나(谷那), 동한(東韓)의 땅을 빼앗겼다. 이 때문에 왕자 직지(直支)를 천조에 보내 선왕의 수호를 다시 하였다.]

E3. 『일본서기』 권 제10 응신천황 16년 2월 :

이해, 백제의 아화(阿花)왕이 훙(薨)하였다. 천황은 직지(直支)왕을 불러 "그대는 본국에 돌아가 왕위를 계승하시오."라고 말했다. 또, 동한(東韓)의 땅을 주어 보냈다.

E4. 『일본서기』 권 제10 응신천황 25년 :

백제의 직지(直支)왕이 훙(薨)하여 그 아들 구이신(久爾辛)이 왕이 되었다. 왕은 나이가 어렸다. 목만치(木滿致)가 국정을 잡았다.

즉 『삼국사기』와의 대조에 의하면, E1은 서기 392년에 있었던 아신왕의 즉위에 대응하고, E2는 서기 397년에 있었던 전지 태자의 파견[25]에 대응하며, E3은 서기 405년에 있었던 아신왕의 사망에 대응한다.

하지만 이러한 실제 시대의 연속성은 E4의 응신 25년부터는 성립하지 않는다. 『삼국사기』에 의하면 구이신왕의 즉위는 서기 420년이고, 응신 25년은 서기 414년이기 때문이다. 그러나 『삼국사기』와의 대조만으로는 응신 16년과 응신 25년 사이의 정황을 알 수 없다. 현 단계에서 말할 수 있는 것은, 120년의 시차를 가지며 신공기를 관통하는 두 개의 시간 축은 적어도 응신 16년까지 유효하다고 하는 사실이다.

---

25) 『삼국사기』권25 백제본기 제3 전지왕 즉위년, "그는 아신왕의 맏아들이다. 아신왕 재위 3년에 태자가 되었고, 6년에 왜국에 볼모로 갔다."

2. 병립하는 백제 왕계

　이제, 진도와 최제의 청원문이 모두 응신 16년의 시점을 묘사하고 있다는 사실과, 그 시점은 120년의 시차를 가지는 두 개의 시간축이 공존하는 시점이라는 사실에 주목하기로 한다. 응신 16년의 시점이 실제의 시대로는 서기 405년이기도 하지만 기록의 시대로는 서기 285년이기도 하다는 것인데, 이는 기록상의 응신 16년인 서기 285년에 실제로 백제에서 귀수왕이 재위하고 있었을 가능성을 의미하는 것이기도 하다.

　물론 지금의 백제본기에는 그렇게 기록되어 있지 않다. 하지만 지금의 백제 왕계에서 구수왕의 시대도 그의 아들 비류왕의 시대로부터 비현실적으로 멀리 떨어져 있다는 사실도 함께 주목해야 한다. 지금의 백제 왕계에서 구수왕의 재위 시기도 원래의 시대로부터 인상되어 있을 가능성을 배제할 이유는 없기 때문이다.

　실제로, 관구검(毌丘儉)이 고구려를 공격할 때의 상황을 묘사한 고이왕의 재위 기록[26]이나 진(晉)에 조공한 근초고왕의 재위 기록[27]

이 실제의 기록이라면, 그 사이의 구간에서 재위한 비류왕의 시대 또한 실제 시대였을 것이다. 그러나 비류왕은 지금의 백제 왕계에서 부친인 구수왕이 사망하고도 70년[28]이 지나서야 즉위하는 것으로 기록되어 있다.

비류왕이 초고왕의 손자인 것은 『신찬싱씨록』에서도 마찬가지[29]이다. 이것이 초고왕 부자의 재위 시기가 실제 시대인 비류왕의 시대로부터 인상되어 있을 가능성에 대한 구체적인 단서인데, 만약에 초고왕 부자의 재위 시기가 현실의 시대에 부합하기 위해서는 구수왕의 사망시점이 비류왕의 즉위 시점으로 바로 이어져야 할 것 같다.

하지만 초고왕 부자의 재위 시기가 지금의 재위 시기에서부터 인하되는 조건이란, 초고왕 부자의 69년간과 실제 시대인 고이왕 3대의 71년간이 서로 병립해야 하는 조건이다. 다소 도발적으로 보일 수도 있겠으나, 이러한 조건에 해당하는 백제 왕계(이하 '병립하는 백제 왕계'라 부르기로 한다)는 【그림1】과 같은 구조의 왕계일 것이다.

---

26) 『삼국사기』 제24권 백제본기 제2 고이왕 13년. "가을 8월에 위(魏)나라 유주자사(幽州刺史) 관구검(毌丘儉)이 낙랑태수(樂浪太守) 유무(劉茂), 삭방(朔方)태수 왕준(王遵)과 함께 고구려를 쳤다. 왕이 빈틈을 타서 좌장(左將) 진충(眞忠)을 보내 낙랑의 변경 주민을 습격하여 빼앗으니 유무가 듣고 노하였다. 왕이 침략당할 것을 염려하여 그 주민들을 돌려주었다."
27) 『삼국사기』 제24권 백제본기 제2 근초고왕 27년. "봄 정월에 사신을 진(晉)나라로 보내 조공하였다."; 『진서(晉書)』 권9 제기(帝紀) 제9 간문제(簡文帝), "함안(咸安) 2년 봄 정월 신축. 백제와 임읍왕(林邑王)이 각각 사신을 보내 방물을 바쳤다. …(중략)… 6월, 사신을 보내 백제왕 여구(餘句)를 진동장군(鎭東將軍) 낙랑태수(樂浪太守)로 하였다.
28) 『삼국사기』에 의하면, 초고왕의 장자 구수왕은 서기 234년에 사망하고 구수왕의 둘째 아들 비류왕은 그로부터 70년이나 지난 서기 304년에 즉위한다.
29) 『신찬성씨록』 제24권 우경 제번 하. "춘야련(春野連)은 백제 속고왕(速古王)의 손(孫) 비류왕으로부터 나왔다."

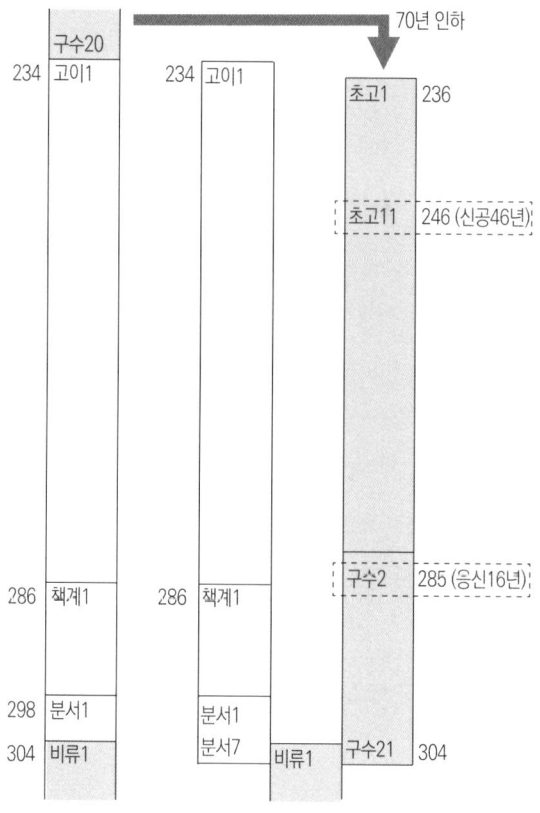

【그림1】 병립하는 백제 왕계

그러나, 이때의 병립하는 백제 왕계는 초고왕 3대가 가지는 비현실적인 내부 시간을 완전히 제거할 뿐 아니라, 놀랍게도 『일본서기』의 신공기에 등장하는 초고왕이나 진도나 최제 등의 청원문에 등장하는 귀수왕의 시간과도 완전한 정합성을 가진다.

실제로, 『일본서기』는 신공 46년이 반영하는 실제 시대인 서기

366년에 등장하는 백제왕을 근초고왕이 아니라 초고왕이라고 기록했다. 하지만 병립하는 백제 왕계에 의한다면, 초고왕이 당시 일본에서 통용되었던 근초고왕의 약칭이거나 별칭이어서 그렇게 기록한 것이 아니었다[30]. 기록상의 신공 46년은 서기 246년을 가리키고, 서기 246년은 병립하는 백제 왕계에서 조고왕 11년이며, 이때는 백제에서 실제로 초고왕이 재위하고 있었기 때문이었다. 즉, 『일본서기』는 신공기를 실제 시대로부터 120년 인상하여 기록하면서, 그 인상을 정당화하기 위해 인상된 시점에서 실제로 재위하고 있던 백제의 초고왕을 해당 기록에 등장시킨 것이다.

물론, 120년이 인상된 신공기의 시간은 최제 등이 기록한 응신 16년까지도 연속성을 가지며 실제 시대를 반영한다. 왕인이 파견된 응신 16년은 실제의 시대로 서기 405년이고, 그로부터 120년이 인상된 기록의 시대는 서기 285년이며, 서기 285년은 고이왕 52년이기도 하지만 병립하는 백제 왕계에서 구수왕 2년이기도 하다. 최제 등이 이때의 백제왕을 실제 시대의 아신왕이 아니라 구소왕이라고 기록한 이유는, 120년이 인상된 기록상의 응신 16년에 실제로 재위하던 백제왕이 바로 구수왕이었기 때문이다.

물론, 이러한 시간 관계는 왕인의 도래 전승을 도용한 진도의 표문에도 그대로 성립한다. 다만 진도의 표문은 아신왕으로부터 120

---

30) 『신찬성씨록』에서도 초고왕과 근초고왕의 이름은 잘 구분되어 있다(『신찬성씨록』 제24권 우경 제번 하, "진야조(眞野造)는 백제국 초고왕(肖古王)으로부터 나왔다"; 『신찬성씨록』 제24권 우경 제번 하, "삼선숙녜(三善宿禰)는 백제국 속고대왕(速古大王)으로부터 나왔다."; 『신찬성씨록』 제22권 좌경 제번 하, "대구조(大丘造)는 백제국 속고왕(速古王) 12세손 은솔(恩率) 고난연자(高難延子)로부터 나왔다."; 『신찬성씨록』 제22권 좌경 제번 하, "석야련(石野連)은 백제국 사람 근속고왕(近速古王) 손(孫) 억뢰복류(憶賴福留)로부터 나왔다.").

년이 인상된 시대에 실제로 재위하던 귀수왕과, 실제 시대에서 근구수왕을 의미하는 귀수왕을 중의적으로 표현하고 있는 점이 다를 뿐이다. 그러나 병립하는 백제 왕계에 따르면, 이러한 중의적인 문장 구성도 진도가 진손왕의 파견 시점을 왕인의 파견 시점으로 맞추어야 했던 특별한 입장에 따른 불가피한 사정의 결과로 이해된다.

즉, 응신이 사신을 보내 지식인을 요청한 백제의 왕은 『일본시기』의 기년 체계와 병립하는 백제 왕계로 볼 때 마땅히 구수왕으로 표기되어야 한다. 하지만 응신 16년의 실제 시대는 근구수왕의 손자인 아신왕의 시대이고, 그 시점에 파견될 수 있는 백제의 왕족이라면 당연히 근구수왕의 손자 중의 한 사람이어야 한다. 그러나 이러한 시간상의 조건 때문에 그의 표문은 복잡하게 표현되어야 했던 것인네, 사실 복잡한 표현이라는 것도 실세 시내와 120년이 인상된 시대가 공존하는 신공기의 본질적인 모순에서 비롯된 것이다.

즉, 『일본서기』의 찬자는 신공기의 시간 중에 근초고왕과 근구수왕이 실제로 사망하자 신공 46년 이래의 호칭을 그대로 유지하기 위해 초고왕과 귀수왕이 사망했다고 각각 표기해 버렸다. 하지만 이는 병립하는 백제 왕계의 시간에 위배 되는 일이다.

근초고왕이 사망한 시점으로부터 120년 전이라면 병립하는 백제 왕계에서 초고왕의 시대에 해당하지만, 근구수왕이 사망한 시점으로부터 120년 전이라면 병립하는 백제 왕계에서 구수왕이 아직 즉위하기도 전이기 때문이다. 그러나 『일본서기』의 찬자는 근초고왕 부자가 사망하고 난 이후의 시점에 대해, 자신의 기록에서 더 이상 그들을 언급하지 않는다면 아무도 그들의 호칭에 대해 문제 삼지 않으리라 생각한 듯하다.

하지만, 신공기에서의 이러한 모순은 그 이후의 시대를 표현해야 하는 진도가 고스란히 떠안게 되었다. 그는 응신이 인재를 요청힌 백제왕도 『일본서기』의 기년 체세에 따라 귀수왕으로 기록해야 했고, 응신의 시대에 파견되는 근구수왕의 손자도 신공기가 기록한 선례에 따라 귀수왕의 손자라고 표현해야 했던 것이다. 이것이 그가 표문에서 중의적인 문장을 구성하게 된 이유였다.

그러나 진도가 이렇게 표현하더라도, 그가 자신의 선조에 대해 설명하면서 직면하게 되는 어려움이 완전히 해결되는 것은 아니라고 생각했던 것 같다. 그의 표문 어디에도 근구수왕이라는 이름이 없기 때문인데, 아마도 그는 진손왕이 근구수왕의 손자가 아니라 120년 전에 재위하던 진짜 구수왕의 손자로 오해되어 질 가능성을 염려한 것 같다.

그가 표문의 첫머리에서 신공의 시대를 회고할 때 당시의 백제왕을 초고왕이 아니라 A-②의 근초고왕이라는 실제 시대의 이름을 사용했기 때문이다.[31] 이렇게 신공의 시대를 실제 시대로 미리 인하하여 표현해 둔다면, 이어지는 응신의 시대를 아무리 귀수왕의

---

31) 진도(眞道)는 120년을 오르내리는 백제왕의 호칭 방법에 대해서는 이미 신공기에서 여러 가지 선례가 있었으므로 이렇게 표현하는 것 자체에 문제는 없다고 생각한 듯하다. 실제로 신공기에서는 근초고왕의 활동에 대해서는 120년이 인상된 시대의 백제왕인 초고왕(肖古王)의 호칭을 사용했고, 근초고왕이나 근구수왕이 사망할 때도 활동 기록과의 연속성을 나타내 보이기 위해 실제 백제 왕계와의 모순에도 불구하고 초고왕(肖古王)과 귀수왕(貴首王)이라는 호칭을 사용했다. 하지만 그 이후에 등장하는 침류왕(枕流王), 아화왕(阿花王), 진사왕(辰斯王)의 즉위나 사망에 대해서는 모두 실제 시대의 왕명을 사용했다.

시대라고 표현하더라도, 진손왕이 진짜 구수왕의 손자로 오해되지는 않을 것이라고 기대했던 것 같다.

결국, 병립하는 백제 왕계는, 120년의 시차를 가지며 신공기에서 응신기로 이어지는 두 개의 시간 축과 입체적으로 정합할 뿐 아니라, 진도가 표문에서 자신의 선조를 근구수왕의 손자라고 주장해야 하는 상황에서 겪게 되는 표현상의 제약에 대해서도 완전한 해석 능력을 가지게 된다. 그러나 이러한 시간에 관한 정합성과 해석 능력은, 그 자체로서 병립하는 백제 왕계가 당시에 실체적으로 존재한 왕계였다는 사실을 설명하는 것이기도 하다.

만약에 병립하는 백제 왕계가 당시 실체적으로 존재하지 않았다면, 『일본서기』가 신공기의 시대를 120년 인상하면서 그 인상을 정당화할 수단으로 초고왕을 기록에 내세울 수도 없었을 것이고, 진도나 최제 등도 120년이 인상된 응신의 시대를 묘사하면서 당시에 실제로 재위하던 백제왕으로 구수왕을 똑같이 언급할 수 없었을 것이다.

이처럼, 병립하는 백제 왕계가 당시 잘 알려져 있던 실체를 가진 백제 왕계였다면, 『삼국사기』에 실려 있는 지금의 백제 왕계는 『일본서기』나 『속일본기』가 완성된 이후 언젠가의 시점에서 지금의 모습으로 변조된 것이라고 말할 수 있겠다. 그러나 【그림1】의 병립하는 백제 왕계에서도 개루왕의 사망이 초고왕으로 이어졌는지 고이왕으로 이어졌는지는 아직 확인되지 않았다.

만약에 실제 시대에서도 초고왕이 개루왕을 잇고 있었다면, 지금의 백제 기년은 실제의 시대로부터 70년이 인상된 것이고, 백제본기의 기록과 달리 실제 시대에서 고이왕이 개루왕을 잇고 있었다면, 지금의 백제 기년은 실제의 시대로부터 68년이 인상된 것이다. 다행히, 이에 대해서는 후술하는 신라 왕계와의 대조에 의해 확정될 수 있다.

2부

병립하는 신라 왕계

1. 탈해왕 즉위년의 비밀
2. 해석되는 의혹들
   [1] 삼성 씨족의 시간
   [2] 왜 여왕의 시간
   [3] 포상팔국의 전쟁
   [4] 흘해왕과 벽골제

1. 탈해왕 즉위년의 비밀

앞에서 살펴본 바와 같이, 병립하는 백제 왕계는 『일본서기』의 신공기에 등장하는 초고왕의 재위 시기와 완전한 정합성을 가진다. 그러나 신공기에는 백제의 초고왕뿐 아니라 신라의 파사왕도 파사매금(波沙寐錦)이라는 이름으로 등장한다.

만약에 병립하는 백제 왕계가 신공기를 관통하는 두 개의 시간 축과 입체적으로 정합하는 것이 우연한 일이 아니었다면, 신라왕 파사도 지금의 『삼국사기』가 기록하는 신라 왕계와 달리, 신공기가 기록하는 시점에 실제로 재위하고 있었을 가능성이 클 것이다.

만약에 이것이 사실이라면, 그때의 신라 왕계 또한 병립하는 백제 왕계와 신공기의 시간 축을 공유하는 실제 시대의 왕계라 말할 수 있을 것이다. 실제로 이 같은 기대를 반영하듯이, 『일본서기』에서 신공기의 섭정 전기에 기록되어 있는 소위 신라정벌 사건에는 두 사람의 신라왕이 등장한다.

신라를 정벌했다고 한 중애(仲哀) 9년 10월의 기록에서는 당시의 신라왕을 파사매금(波沙寐錦)이라고 했고, 정벌을 마치고 귀국하여 응신을 낳았다고 한 중애 9년 12월의 기록에서는 우류조부리지간(宇流助富利智干)을 신라왕이라 했기 때문이다.

F1. 『일본서기』 권 제9 신공황후 섭정 전기 중애천황 9년 10월 :

　화이진(和珥津)에서 출발하였다. 때에 풍신이 바람을 일으키고, 해신이 파도를 일으켜, 바닷속의 큰 고기들이 다 떠올라 배를 도왔다.

　…(중략)…

　그때 어떤 사람이 "신라왕을 죽입시다."라고 하였다. 이에 황후가, "처음에 신의 가르침에 따라 장차 금은의 나라를 얻으려고 하였다. 또 삼군에 호령하여 '자복하는 자를 죽이지 말라'라고 말한 바 있다. 지금 이미 재보의 나라를 얻었다. 또 사람이 스스로 항복하였다. 죽이는 것은 상스럽지 못하다"라고 말하고 그 결박을 풀어 양마의 일을 맡겼다.

　…(중략)…

　신라왕 파사매금(波沙寐錦)은 미질기지파진간기(微叱己知波珍干岐)를 인질로 삼아 금, 은, 채색(彩色), 릉(綾), 라(羅), 겸견(縑絹)를 가지고 80척의 배에 실어 관군에 따라가게 하였다.

　…(중략)…

　이에 고구려 백제 두 나라의 왕은 신라가 지도와 호적을 거두어 일본국에 항복하였다는 것을 듣고 가만히 그 군세를 엿보게 하였다. 도저히 이길 수 없다는 것을 알고는 스스로 영외에 와서 머리를 땅에 대고 "금후는 길이 서번(西蕃)이라 일컫고 조공을 그치지 않겠습니다."라고 말하였다. 그래서 내관가둔창(內官家屯倉)을 정하였다. 이것이 소위 삼한(三韓)이다. 황후는 신라에서 돌아왔다.

F2. 『일본서기』 권 제9 신공황후 섭정 전기 중애천황 9년 12월 :
예전(譽田)천황을 축자(築紫)에서 낳았다. 그때 사람이 그곳을 우미(宇瀰)라고 했다. [어떤 글에서 말하였다. 중애(仲哀)천황이 축자(築紫)의 강일궁(橿日宮)에 있었다.
　…(중략)…
이 밤에 천황은 갑자기 병이 나서 붕(崩) 하였다. 연후에 황후는 신의 가르침대로 제사를 지냈다. 황후는 남장하고 신라를 쳤다. 그때 신이 인도하였다. 배에 따른 파도가 멀리 신라 나라 안까지 미쳤다. 이에 신라왕 우류조부리지간(宇流助富利智干)이 마중 나와 무릎을 꿇고 배를 잡아 머리를 땅에 대고, "신은 금 후 일본국에 계시는 신의 아들에게 내관가(內官家)로서 끊이지 않고 조공하겠습니다."라고 말하였다.]

[어떤 글에서 말하였다. 신라왕을 포로로 하고, 해변에 와서 무릎 근(筋)을 뽑고서, 돌 위에 포복시켰다. 조금 있다가 베어서 모래 속에 묻었다. 한 사람을 남겨 신라에 있는

일본의 재(宰)로 하고 돌아갔다. 그 후에 신라왕의 처는 남편의 시신이 묻혀 있는 곳을 모르고, 혼자서 재(宰)를 유혹할 생각을 하였다. 재(宰)를 꾀어서 "그대는 왕의 시신을 묻은 곳을 알려주면 마땅히 후하게 보답하겠다. 또 그대의 처가 되겠다."라고 말하였다. 재(宰)는 꼬이는 말을 믿고 가만히 시신이 묻혀 있는 곳을 말하였다.

왕의 처와 국인이 공모하여 재(宰)를 죽였다. 왕의 시신을 꺼내어 다른 곳으로 묻었다. 그때 재의 시신을 왕의 묘의 흙 밑에 묻고, 왕의 관 아래에 놓으며, "존비의 순서는 실로 이와 같을 것이다."라고 말하였다. 천황이 듣고 심히 노하여 군사를 크게 일으켜 신라를 멸망시키려 하였다. 군선은 바다에 가득하여 건너갔다.

신라의 국인들이 모두 두려워하여 어찌할 바를 몰랐다. 서로 공모하여 왕의 처를 죽이고 죄를 사하였다.]

F3 『삼국사기』 제45권 열전 제5 석우로 :

7년 계유년에 왜국의 사신 갈나고(葛那古)가 사관에 있는데 우로가 주관이 되었다. 사신과 농담하면서 말하기를, "조만간에 네 왕을 염노(鹽奴)로 삼고 왕비를 찬부(爨婦)로 삼을 것이다." 하니 왜왕이 듣고 노하여 장군 우도주군(于道朱君)을 보내 우리를 치므로 대왕이 유촌(柚村)으로 출거(出居) 하였다.

우로는 말하기를, "지금의 걱정은 내가 말을 삼가지 않앉기 때문이니 내가 당할 것이다." 하고 드디어 왜의 군중에 가서 말하기를, "전일의 말은 농담인데 어찌 군사를 일으켜 여기까지 이를 줄 생각하였겠습니까." 하니 왜인이 대답도 하지 않고 잡아서 나무를 쌓아 그 위에 올려놓고 소살(燒殺)하고 떠났다.

우로의 아들이 어려서 걷지 못하므로 사람이 안아 말에 태우고 돌아갔는데, 뒤에 흘해이사금이 되었다.

미추왕 때 왜국의 대신이 내빙 했었는데 우로의 아내가 국왕께 청하여 사사로이 왜국의 사신을 대접하였다. 그가 만취하자 장사를 시켜 뜰 아래로 끌어내리게 하여 불태워 죽이고 전일의 원한에 보복하였다. 왜인은 분히 여겨 금성을 공격해 왔으나 이기지 못하고 돌아갔다.

즉, 기록 F1에서 말하는 신라왕 파사매금과 달리, F2에서 말하는 신라왕 우류조부리지간(宇流助富利智干)은 F3의 『삼국사기』 열전을 참조할 때 의심의 여지가 없는 석우로(昔于老)이다. 『일본서기』는 신라정벌이라고 하는 사건을 통하여 전혀 다른 시대의 인물인 파사매금과 석우로를 마치 동일한 신라왕인 것처럼 일체화 하고 있는 것이다.

물론, 기록 F2에서 일본국이라는 국명이나 천황이란 존재의 등장도 비현실적이지만, 미사흔으로 보이는 미질기지파진간기(微叱己知波珍干岐)도 이때의 인질로 등장하는 등, 명백히 서로 다른 시대의 인물들이 한꺼번에 등장하는 이러한 장면이 실제로 있었던 사건일 리는 없다.

그러나 여기서는 기록의 진실성을 떠나서, 명백히 서로 다른 시대인 석우로의 시대와 파사왕의 시대를 동일한 것으로 본 신공기의 시간 개념에 주목하기로 한다. 같은 신공기에서 신공 46년에 활동한 근초고왕이 초고왕으로 기록된 시간 개념에 비추어 볼 때, 첨해왕의 시대에 있었던 석우로 사건의 120년 전에 실제로 파사왕이 재위하고 있었을 가능성을 살펴볼 필요가 있기 때문이다.

물론 백제 왕계의 경우와 마찬가지로, 지금의 신라 왕계는 그렇게 기록되어 있지 않다. 『삼국사기』에서 석우로의 사건은, 신라본기에서는 첨해왕 3년으로 기록되어 있고 열전에서는 첨해왕 7년으로 기록되어 있어 혼란스러운 것도 사실이다. 하지만 지금의 신라 왕계에서 첨해왕 3년이나 첨해왕 7년의 120년 전에는 파사왕의 시대가 아니라 지마왕 또는 일성왕의 시대이다.

그러나 지금의 백제 왕계에서 구수왕으로부터 비류왕으로 이어질 때의 70년과 마찬가지로, 지금의 신라 왕계에서 가장 현실성이 의심되는 왕위 계승의 구간 또한 파사왕을 중심으로 하는 탈해왕의 시대에서 아달라왕 시대 사이의 구간이다.

탈해왕이 사망하자 유리왕의 차남인 파사왕이 왕위를 계승했고, 파사왕의 아들 지마왕이 사망하자 그제서야 유리왕의 적장자인 일성왕이 위를 계승했기 때문인데, 부친이 사망하고 77년이 되어서야 적장자인 일성왕이 즉위하는 것은 매우 비현실적으로 보인다.

이에 대해서는, 백제 구수왕의 경우와 마찬가지로 지금의 신라 왕계에서 이 구간이 실제 시대서부터 인상되어 있을 가능성이 크게 의심되는 것인데, 실제로 신라본기의 탈해왕 즉위 조에는 이러한 의심을 뒷받침할 만한 매우 흥미로운 모순이 기록되어 있다. 탈해왕이 혁거세왕 39년에 진한(辰韓)의 아진 포구에 도착하여 아이로 태어나 62세에 즉위했다는 내용이다[32].

그러나 혁거세왕 39년에 태어난 탈해가 62세가 되는 해는 유리왕이 아직 사망하기도 전인 유리왕 20년이다. 지금까지 이러한 모순은 신라본기에서 발견되는 수많은 시간에 관한 의혹 중의 하나로 치부되어 경시되어 온 듯하지만, 실제로는 탈해왕이 유리왕 20년부터 15년간에 걸쳐 유리왕과 병립하고 있었던 흔적일 가능성이 있다.

만약에 이러한 가능성이 사실이라면, 원래 계보를 달리하던 유리왕과 탈해왕의 병립 상태는 【그림2】의 모습처럼 각각 일성왕과 피시왕의 시대를 거쳐 아달라왕과 지마왕의 시대까지 이어졌을 것 같다. 그러나 이러한 병립 상태는 두 사람 모두 후사를 남기지 못하고 사망하는 아달라왕과 지마왕에서 종료되었을 것이고, 지마왕의 사망은 당연히 벌휴왕의 시대로 이어졌을 것이다.

하지만 이러한 병립 구조는 탈해왕과 파사왕의 시대를 지금의

---

32) 『삼국사기』 제1권 신라본기 제1 탈해이사금(脫解尼師今) 원년, "탈해이사금이 왕이 되었다. 일설에는 토해(吐解)라고도 한다. 이때 나이가 62세였다. 왕의 성은 석씨(昔氏)로, 왕비는 아효(阿孝)부인이다. 탈해는 본래 다파나국(多婆那國)에서 태어났다. 그 나라는 왜국(倭國)의 동북 1,000리에 있다. 처음에 그 나라 왕이 여국(女國) 왕의 딸을 맞아 아내로 삼았는데, 임신한 지 7년 만에 큰 알을 낳았다. 왕이 말하기를, '사람이 알을 낳은 것은 상서롭지 않다. 마땅히 버려야겠다.'라고 하니, 그 여자가 차마 그렇게 하지 못하고 비단으로 알을 싸서 보물과 더불어 궤짝에 넣어 바다에 띄워 가는 대로 가게 하였다. 처음에 금관국(金官國) 해변에 닿았는데, 금관국 사람들이 괴이하게 여겨 취하지 않았다. 다시 진한(辰韓)의 아진포구(阿珍浦口)에 이르니, 바로 시조 혁거세(赫居世) 재위 39년의 일이었다."

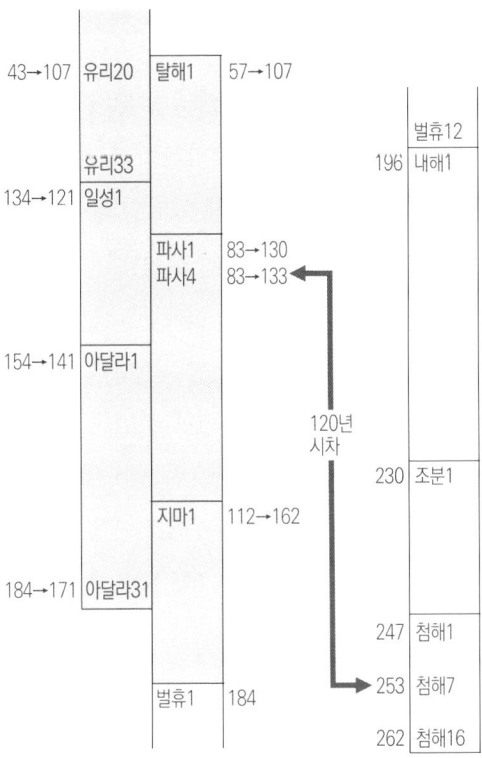

【그림2】 파사왕 시대의 50년 인하

신라 왕계보다 50년을 인하하고, 비록 첨해왕 3년은 그렇지 않다 하더라도, 첨해왕 7년의 시점과 파사왕 4년의 시점이 정확히 120년의 시차[33]를 가지도록 한다. 이는 놀랍게도 신공의 섭정 전기에

---

33) 지금의 신라 왕계에서 파사왕은 서기 80년에 즉위하고 첨해왕은 서기 247년에 즉위하여 167년의 시차가 있다. 그러나 파사왕의 시대가 지금의 신라 왕계로부터 50년이 인하된다면, 파사왕의 즉위년과 첨해왕의 즉위년 사이는 117년 시간으로 축소된다. 결국, 50년이 인하된 파사왕 4년과 첨해왕 7년은 정확히 120년의 시차를 가지게 된다.

서 신라왕을 파사라고도 하고 우로라고도 한 신공기의 시간 개념에 완전히 부합하는 결과인 것이다.

실제로, 신공의 섭정 전기에서 파사왕과 석우로가 번갈아 언급된 이유가, 『일본서기』의 찬자가 【그림2】의 왕계 구조를 참조했기 때문이었다고 한다면, 석우로 사건은 신라본기가 기록한 첨해왕 3년이 아니라 열전이 기록한 첨해왕 7년에 있었던 일이었을 것이다.

그러나 『일본서기』의 시간에서 신공의 섭정 개시는 서기 201년이고, 기록상의 서기 201년이 반영하는 실제 시대는 서기 321년이다. 만약에 신공의 섭정 전기가 기록한 신라정벌의 사건이 역사적 사건이어서, 석우로가 사망한 첨해왕 7년에 있었던 일을 가리키는 것이었다면, 실제 시대의 신라 왕계는 【그림2】의 시간으로부터 전체가 67년이 인하되어 첨해왕 7년이 서기 320년을 가리키도록 조정되어야 할 것 같다. 중애가 사망한 후 그해 10월에 신라를 정벌하고 12월에 돌아와 응신을 낳고, 그 이듬해야 섭정을 시작했기 때문이다.

그러나 서로 다른 시대의 인물이 한꺼번에 등장하는 신라정벌의 장면이 역사적 사실일 수는 없는 일이다. 신공의 섭정 전기가 묘사하는 신라의 정벌이나 삼한의 정벌은 단순히 새로 탄생하는 응신의 한반도에 대한 위상을 과장하기 위해 창작된 이야기일 뿐, 실제의 사건이 아니기 때문이다.

실제로 『일본서기』의 기록에서 응신은 태중(胎中)에 있을 때부터 삼한(三韓)을 가지고 태어나는 인물로 설정되어 있다[34]. 이 때문에 소위 신라의 정벌이나 삼한의 정벌은 신공의 임신 중에 일어난 일로 묘사되어야 하고, 반면에 섭정이라고 하는 것은 당연히 응신이 태어난 이후라야 성립하는 개념이다.

응신이 태중에 있을 때 삼한을 정벌해야 하고, 응신이 태어난 후에 신공기가 개시되어야 한다면, 『일본서기』의 칭원(稱元) 방식으로는 삼한의 정벌과 섭정의 개시 사이에 발생 되는 1년의 시차는 어떤 경우에도 피할 수 없는 것이다.

결국 신공의 섭정 전기에 기록되어 있는 신라와 삼한의 정벌 장면은, 신공이 섭정을 개시하는 서기 201년의 시점과 분리해서 생각해야 할 사건이 아니라, 신공기의 시작을 알리는 상징적인 모습 그 자체일 뿐이다. 그렇다면, 『일본서기』의 찬자가 참조한 실제 시대의 신라 왕계는 【그림2】의 시대로부터 67년이 아니라 68년이 인하되어서, 파사왕 4년이 서기 201년을 가리키고 첨해왕 7년이 서기 321년을 가리키는 【그림3】의 모습으로 조정되어야 할 것 같다.

하지만, 이에 대한 최종적인 판단은 병립하는 백제 왕계와 함께 이루어져야 한다. 즉, 병립하는 백제 왕계는 지금의 백제 왕계에서 초고왕 부자의 69년간이 분리되어서 그로부터 70년이 인하되는 왕계이다. 하지만 초고왕 부자의 시간이 분리되면서 개루왕 이전의 시대가 인하되는 시간은, 실제의 시대에서도 초고왕이 개루왕을 계승하고 있었느냐 아니었느냐에 따라 두 가지의 경우로 나뉜다.

만약에 실제 시대에서도 초고왕이 개루왕을 계승하고 있었다면,

---

34) 『일본서기』 권제10 응신천황 즉위전. "처음 천황이 임신이 되었을 때 천신지기(天神地祇)가 삼한을 주었다.": 『일본서기』 권제17 계체천황 6년 12월. "주길대신(住吉大神)이 처음으로 해외의 금은의 나라인 고구려, 백제, 신라, 임나 등을 태중(胎中)의 응신천황에게 주었습니다."

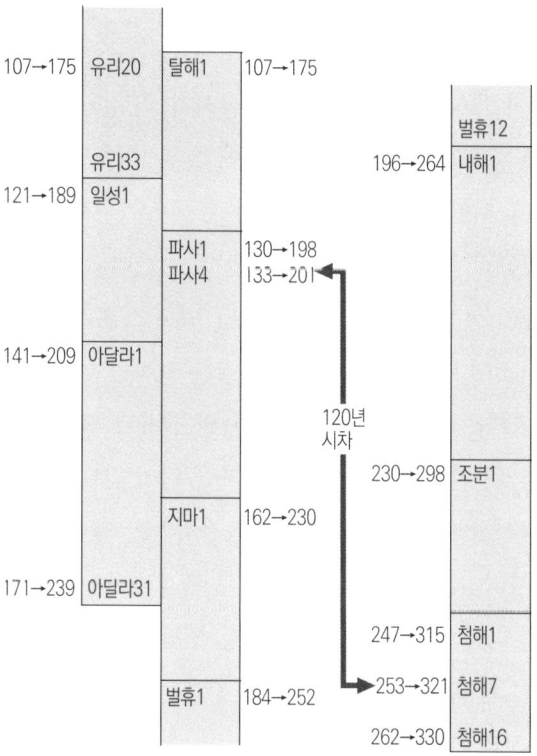

【그림3】 첨해왕 이전 시대의 68년 인하

실제 시대의 개루왕은 지금의 기록보다 70년이 인하된 시대에 재위하고 있었던 셈이고, 기록과 달리 실제로는 고이왕이 개루왕을 계승하고 있었다면, 실제 시대의 개루왕은 지금의 왕계로부터 68년이 인하된 시대에 재위하고 있었던 셈이 된다. 즉, 지금의 백제 왕계로부터 병립하는 백제 왕계로 인하될 때 개루왕의 시대가 인하되는 시간은 70년과 68년 두 가지의 경우밖에 없는 것이다.

그런데, 지금의 신라 왕계에서 파사왕은 백제의 기루왕과 동시대의 왕으로, 당연히 개루왕 이전의 시대이다. 기루왕 또는 개루왕이 지금의 백제 왕계로부터 70년 또는 68년이 인하되는 실제 시대에 재위하고 있었다면, 파사왕도 【그림2】의 시간으로부터 67년이 이니라 70년 또는 68년이 인하되는 시대에 재위하고 있있을 것이다.

그러나 파사왕의 시대가 【그림2】의 왕계로부터 70년이 인하되는 경우는 신공기가 중시하는 신라정벌의 시간에 위배 되기 때문에 채택될 수 없다. 【그림2】의 왕계에서 파사왕 4년이 70년 인하되는 경우, 그때의 파사왕 4년은 신공 섭정의 원년인 서기 201년이 아니라 그 보다 훨씬 지난 서기 203년과 만나게 되기 때문이다.

결국, 개루왕 이전의 실제 시대나 파사왕의 실제 시대는 지금의 왕계로부터 68년이 인하되는 시대일 수밖에 없다. 일성왕과 파사왕이 병립하는 【그림2】의 구조가 실제 시대의 왕계로 인정되기 위해서는, 그로부터 다시 68년이 인하된 【그림3】의 모습이어야 하는 것이다. 이는, 실제 시대에서 개루왕을 계승한 백제왕은 지금의 『삼국사기』가 기록하고 있는 초고왕이 아니라 고이왕이었다는 사실을 동시에 설명하는 것이기도 하다.

이처럼, 실제 시대에서 초고왕이 고이왕 2년에 갑자기 나타난 또 다른 백제왕이었다면, 지금의 백제 왕계는 병립하는 백제 왕계에서 초고왕과 구수왕의 69년간을 개루왕과 고이왕의 사이에 삽입하여 68년을 인상한 변조의 결과물이라고 말할 수 있을 것이다.

이렇게 개루왕의 실제 시대가 지금의 백제 왕계에서 68년이 인하되는 시대이고, 온조왕에서부터 개루왕까지의 시간도 지금의 기록 그대로라고 가정한다면, 백제의 실제 건국은 『삼국사기』가 기록한 BC 18년이 아니라 그로부터 68년이 인하된 서기 51년으로 수정되어야 할 것이다.

마찬가지로, 【그림2】로부터 68년이 인하된 【그림3】의 신라 왕계가 신공기의 시간에 부합하는 실제 시대의 왕계이고, 탈해왕이 태어나기 이전의 혁거세왕의 시간도 지금의 기록과 같다고 가정한다면, 신라의 건국은 『삼국사기』가 기록한 BC 57년으로부터 132년이 인하된 서기 76년으로 수정되어야 할 것이다[35].

이렇게 첨해왕 시대까지의 신라 왕계가 신공기가 가리키는 실제 시대에서 얻어진 이상, 첨해왕 이후의 왕계를 실제 시대에 맞게 복원하는 것도 어렵지 않게 되었다. 만약에 내물왕이 부견(苻堅)에게 사신을 보낸 서기 381년의 기록[36]이 실제의 시대였다면, 첨해왕이 사망한 서기 330년으로부터 그때까지의 구간도 실제 시대일 것이

---

[35] 파사왕의 시대를 중심으로 하는 탈해왕에서 지마왕까지의 실제 시대가 지금의 모습으로부터 50년과 68년이 인하되어 최종적으로 118년이 인하되고, 여기에다 유리왕의 시대가 추가로 14년이 인하되어야 한다면, 결과적으로 실제 시대의 신라 건국은 지금의 모습으로부터 132년이 인하된 시점이 된다.

[36] 『삼국사기』 제3권 신라본기 제3 내물이사금 26년, "위두(衛頭)를 부씨(苻氏)의 진(秦)에 보내 토산물을 바쳤다. 부견(苻堅)이 위두에게 묻기를, "경이 말하는 해동(海東)의 일이 옛날과 같지 않으니 무엇 때문인가?"라고 하였다. [위두가] 답하여 말하기를, '역시 중국과 마찬가지로 시대가 바뀌고 명칭이 바뀌었으니 지금 어찌 같을 수 있겠습니까?'라고 하였다."; 『태평어람(太平御覽)』 권781 사이부(四夷部) 2 동이(東夷) 2 신라, "『진서(秦書)』에서 말하기를, 부견(苻堅) 건원(建元) 18년에 신라 국왕 루한(樓寒)이 사신 위두(衛頭)를 보내 미녀를 바쳤다."

[37] 실제 시대에서 첨해왕이 사망하는 서기 330년으로부터 내물왕이 부견(苻堅)에게 사신을 보냈다고 한 서기 381년까지의 실제 시간은 52년간이다. 그러나 지금의 신라 왕계에서는 첨해왕이 사망한 서기 262년부터 서기 381년까지를 120년간으로 기록하고 있다. 즉, 52년 동안의 실제 시대에서 다양한 형태로 재위하던 미추왕, 유례왕, 기림왕, 흘해왕, 내물왕의 5명의 신라왕은 각각 재위 시기의 변조를 통해 120년에 걸쳐 재위한 것으로 기록된 것이다.

고, 이는 52년에 불과한 짧은 시간이기 때문이다.

지금의 신라 왕계는 이 52년간의 실제 시대에서 제각각의 모습으로 재위하던 5명의 신라왕[37]에 대하여, 각각의 재위 시기를 변조하여 첨해왕 이전의 시대가 68년만큼 인상되도록 밀어 올린 것인데, 이러한 변조는 석씨와 김씨의 실제 계보를 알고 있는 이상 그리 어렵지 않게 복원될 수 있는 것이다. 즉, 신라본기에 따르면 유례왕은 조분왕의 장자이고, 기림왕은 조분왕의 손자이며, 흘해왕은 우로가 조분왕의 딸 명원부인(命元夫人)을 얻어서 늦게 본 아들이다.

이러한 석씨의 계보에 따른다면, 흘해왕은 실제의 시대에서 어떤 경우에도 서기 356년 이전에 재위할 수 없다. 첨해왕의 사망으로부터 이어져야 하는 유례왕과 기림왕의 합친 재위 시간이 27년간이고, 첨해왕의 사망으로부터 27년이라면 그 시간만으로도 정확히 서기 356년과 만나기 때문이다.

그럼에도 불구하고 68년이 인상된 지금의 신라 왕계에서 흘해왕은 서기 356년 이전의 구간에 재위하고 있는 것인데, 이는 당연히 68년 인상에 따른 변조의 결과다. 그러나 『삼국사기』의 칭원 기준으로 68년의 인상을 위해서는 모두 69년의 재위 시간이 필요하다. 이는 흘해왕의 47년 외에도 23년만큼의 또 다른 재위 시간이 있어서, 그 시간이 변조에 의해 서기 356년 이후의 구간에서 그 이전의 구간으로 이동되었음을 의미하는 것이다.

실제로, 지금의 신라 왕계에는 흘해왕 외에도 미추왕이 내물왕의 시대로부터 비현실적으로 동떨어진 서기 356년 이전의 구간에서 23년간을 재위하고 있다. 이때 미추왕의 재위 시기 또한 68년 인상을 위한 변조의 결과일 것인데, 결국 52년간의 실제 시대 구간에서 각기 재위하고 있던 5명의 신라왕 중에서, 68년의 인상에 직접 동원된 신라왕은 흘해왕과 미추왕이었던 셈이다.

그러나 흘해왕과 미추왕이 서기 356년 이후의 구간에서 함께 재위해야 하는 것이 실제 시대에서의 요구조건이라고 한다면, 서기 356년에 내물왕이 즉위했다고 하는 지금의 기록 또한 실제 시대에서 사실이 될 수 없다. 김씨의 계보라면 내물왕에 앞서 반드시 미추왕이 재위해야 하기 때문이다.

그럼에도 불구하고 지금의 신라 왕계에서 내물왕은 서기 356년에 즉위한 것으로 기록되어 있다. 하지만 그 이유는, 실제 시대에서 서로 병립하고 있던 흘해왕과 미추왕이 68년 인상을 위해 서기 356년 이전의 구간으로 함께 이동하면서 생겨난 공백의 처리 문제 때문이었을 것이다. 즉, 서기 356년 이후의 구간에서 재위하던 흘해왕 시대의 이동은 석씨 계보의 마지막 시간을 실제보다 47년 앞당기는 것으로, 겉으로 보기에 별다른 처리가 필요해 보이지 않는다.

그러나 미추왕의 이동은 김씨 계보의 시간에서 도중의 23년간을 공백으로 만들어버리게 된다. 변조의 당사자로서는 이에 대한 조치로서 아무래도 내물왕의 즉위 시점을 23년만큼 인상하여, 원래 미추왕이 재위하던 공백의 시간을 같은 김씨의 재위 시간으로 채울 수밖에 없다고 생각했던 것 같다.

결국, 지금의 신라 왕계가 기록하고 있는 내물왕의 47년 재위 시간 중 첫 23년은 실제 시대에서 원래 미추왕의 재위 시간이었고, 이에 해당하는 실제 시대의 신라 왕계는 【그림4】와 같았을 것이다. 이렇게 볼 때, 흘해왕은 기림왕의 사망 이후 새로 들어선 초기 김씨 왕조와 시간상으로 공존하던 마지막 석씨 계보의 신라왕이었던 셈이다.

이처럼 실제 시대에서 미추왕이 서기 356년에 즉위하여 23년을 재위했고 내물왕이 그 뒤를 이어 25년을 재위했다면, 내물왕이 부견(苻堅)에게 사신을 보냈다고 하는 서기 381년의 일은, 지금의 신라본기가 기록하는 내물왕 26년의 일이 아니라, 사실은 서기 378년에 즉위한 내물왕 4년의 일이었던 셈이다. 마찬가지로, 근초고왕이 보냈다고 하는 두 차례의 사신[38]도 사실은 내물왕이 아니라 미추왕의 시대에 있었던 일인 것이다. 이렇게 하여, 【그림3】으로부터 이어지는 첨해왕 시대 이후의 신라 왕계가 실제의 시간 축에서 모두 재배열 되었다.

이렇게 얻어진 【그림3】과 【그림4】의 신라 왕계(이하 '병립하는 신라 왕계'라고 부르기로 한다)는 지금의 왕위 계승에서 발견되는 비현실적인 시간을 모두 제거할 뿐만 아니라, 서기 201년의 신공기가 기록하는 파사왕의 재위 시기나 그 신공기의 기록이 반영하는 석우로 사건의 시점과도 모두 입체적으로 정합한다. 결국, 병립하는 신라 왕계는 병립하는 백제 왕계와 마찬가지로,『일본서기』가

---

[38] 『삼국사기』 제24권 백제본기 제2 근초고왕 21년, "봄 3월, 신라에 사신을 보내 예방하였다.";『삼국사기』 제24권 백제본기 제2 근초고왕 23년, "신라에 사신을 보내 좋은 말 두 필을 주었다.";『삼국사기』 제3권 신라본기 제3 내물이사금 11년, "봄 3월, 백제인이 와서 예방하였다."『삼국사기』 제3권 신라본기 제3 내물이사금 13년, "봄, 백제가 사신을 보내 좋은 말 두 필을 바쳤다."

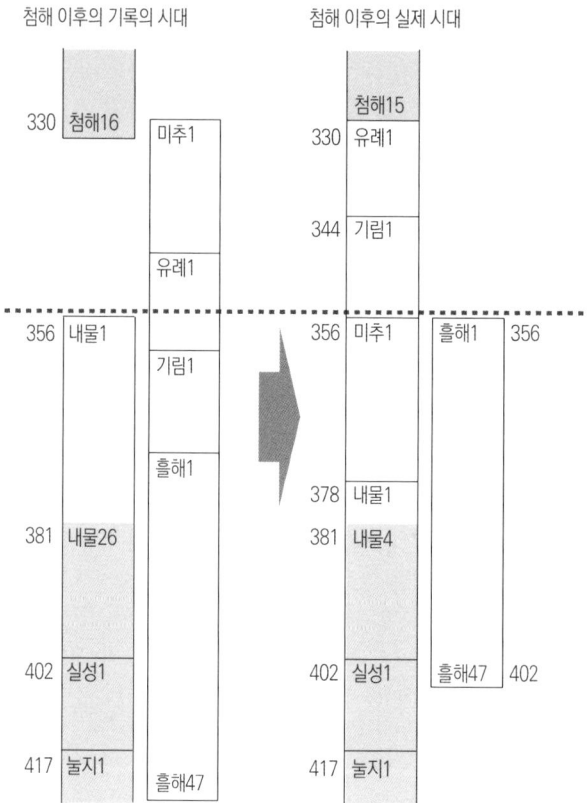

【그림4】 68년이 인하된 첨해왕 이후의 시대

신공기의 120년 인상을 정당화하기 위해 참조한 실제 시대의 신라 왕계였던 것이다.

그런데 지금에 와서 생각해보면, 백제 왕계나 신라 왕계에서 기록의 시대와 실제의 시대를 결정짓는 시간에 69년이라고 하는 공통의 재위 시간이 있다. 이 69년 시간에 의해 실제의 시대가 복원되어 진 것도 사실이지만, 이 시간에 의해 실제의 시대로부터 지금의 백제와 신라 왕계의 모습으로 변조된 것도 사실이다.

그렇다고 한다면, 백제와 신라 왕계에서 68년 인상을 위한 변조가 이루어질 당시, 실제 시대의 시간으로 추출된 초고왕과 구수왕의 시간이나 흘해왕과 미추왕의 시간이 똑같이 69년이라고 하는 사실이 과연 우연이었는지에 대한 의문이 드는 것도 사실이다. 실제 시대의 재위 시간 임에도 불구하고, 68년이라는 공통의 인상 결과를 만들어내기 위해, 그 재위 시간 자체에도 사전에 다소의 조정이 가해지지 않았는지에 대한 의심이 제기되는 것이다.

실제로, 백제의 경우 인상에 동원된 초고왕 부자의 재위 시간은 고이왕 3대의 시간에 대응하고, 신라의 경우 흘해왕 한 사람의 재위 시간이 미추왕과 내물왕의 2대에 걸친 시간에 대응한다. 이러한 재위 시간의 부자연스러움에 주목한다면, 실제 시대의 백제 왕계에서 갑자기 출현하는 초고왕의 재위 시간이나 석씨 왕계의 마지막을 장식하는 흘해왕의 재위 시간이란 것도, 사실은 68년 인상을 위한 변조 과정에서 사전에 다소의 조정이 가해진 시간이었을 가능성 또한 배제할 수 없을 것 같다.

하지만 이러한 의심에도 불구하고, 이에 관한 실제 사정을 객관적으로 밝힌다는 것은 당연히 불가능한 일이다. 지금으로서는, 병립하는 백제 왕계와 병립하는 신라 왕계로부터 68년이 인상될 때 변화되는 시간 그 자체에 집중할 수밖에 없다.

2. 해석되는 의혹들

[1] 삼성(三姓) 씨족의 시간

앞에서 살펴본 바와 같이, 지금의 신라 왕계는 병립하는 신라 왕계로부터 매우 복잡하고 독특한 시간의 구조로 변조되어 있다. 벌휴왕에서 내물왕까지의 시대는 첨해왕 이전의 시대가 68년이 인상되도록 변조되어 있고, 벌휴왕 이전의 시대는 파사왕의 시대가 추가로 50년이 인상 되어 있다.

이를 반영하듯이, 신라본기에는 신라왕뿐만 아니라 각 씨족을 대표하는 인물들이 등장하는 다양한 장면에서도 시간의 왜곡이 의심되는 기록들이 다수 발견된다. 만약에 병립하는 신라 왕계가 진정한 실제 시대의 신라 왕계라고 한다면, 그로부터 68년과 50년이 차례로 인상되면서 왜곡되는 시간의 구조와 신라본기가 묘사하는 각 등장인물이 가리키는 시간은 서로 일치해야 할 것이다. 그렇지 않고, 병립하는 신라 왕계를 통해 지금의 모습으로 왜곡되어 진 시간의 구조로 신라본기에서 관찰되는 다양한 시간의 의혹을 설명할 수 없다면, 그 인상된 시간의 근거가 되는 병립하는 신라 왕계가 실제 시대의 왕계였다고 말하기 어려울지도 모른다.

실제로, 신라본기에 등장하는 각 씨족의 인물들이 실제의 시간으로부터 왜곡되어 진 시간 구조에 부합하도록 묘사되어 있는지 여부를 확인하기 위해서는, 해당 등장인물이 속한 각 씨족 계보의 시간이 변조에 왜곡되는 정도를 정량화하여 해당 기록과 대조할 필요가 있다. 그러나 그것보다 간단하게는, 변조에 의해 왜곡되는 각 씨족 계보의 시간을 도식화하여 실제의 기록과 비교하는 방법이 직관적으로 유용할 것 같다. 이를 위해서는 먼저 변조가 이루어지기 이전의 각 씨족 계보를 작성해 둘 필요가 있겠고, 이는 【그림3】과 【그림4】의 실제 왕계를 참조할 때 【그림5】의 모습으로 나타낼 수 있다.

세로축에 시간의 개념을 가지도록 한 이 계보는, 신라본기의 남해왕 5년 조[39]와 탈해왕 9년 조[40]가 가리키는 각 시조의 상대적인 시차[41]와 알지(閼智)에서 미추왕에 이르는 모든 김씨[42]를 반영하고

---

39) 『삼국사기』 제1권 신라본기 제1 남해차차웅 5년. "봄 정월에 왕은 탈해가 어질다는 말을 듣고 장녀를 아내로 삼기로 했다."
40) 『삼국사기』 제1권 신라본기 제1 탈해이사금 9년. "봄 3월에 왕이 밤에 금성(金城)의 서쪽 시림(始林)의 나무 사이에서 닭이 우는 소리를 들었다. 날이 밝자 호공(瓠公)을 보내 살피게 하니 금빛의 작은 궤짝이 나뭇가지에 걸려 있고, 흰 닭이 그 아래에서 울고 있었다. 호공이 돌아와 보고하니, 왕이 사람을 시켜 궤짝을 가져다가 열어보았다. 작은 사내아이가 그 속에 들어 있었는데, 모습이 뛰어나고 훌륭하였다. 왕이 기뻐하며 좌우 신하들에게 이르기를, '이 아이는 어찌 하늘이 나에게 좋은 후계를 보낸 것이 아니겠는가?'라고 하고, 거두어 길렀다. 장성하자 총명하고 지략이 많았다. 이에 이름을 알지(閼智)라고 하고, 금궤에서 나왔기에 성을 김(金)씨라고 하였다."
41) 남해왕 5년에 왕이 탈해를 사위로 삼았으므로 석씨는 박씨보다 두 세대가 늦고, 탈해왕 9년에 알지가 태어났으므로 김씨는 석씨보다 한 세대가 늦다.

있고, 특히 박씨의 경우 열전의 박제상(朴堤上)전이 기록하고 있는 파사왕의 5세손[43]까지 반영하고 있다.

그러나 이 계보로 바로 알 수 있다시피, 파사왕의 5세손이라면 그 인물은 실제 시대에서 석우로와 동시대의 인물이다. 그런데도 『삼국사기』의 열전은 명백히 내물왕 시대의 인물인 박제상을 파사왕의 5세손이라고 소개하고 있는데, 이는 물론 오류이다.

아마도, 열전의 찬자는 석우로 사건과 미사흔 탈출 사건을 섞어서 각색한 『일본서기』 신공 5년 조의 기록[44]을 참조하면서, 이때 등장하는 3인의 사자를 미사흔 탈출 사건과 관련한 인물로 혼동했을 가능성도 있을 것 같다.

실제로 열전의 모말(毛末)이 신공 5년 조에 등장하는 모마리질지(毛麻利叱智)였다면, 모말(毛末)을 포함하는 3인의 사자는 미사흔 탈출 사건이 아니라 석우로 사건 당시의 인물이어야 할 것이다. 【그림5】에서는 이를 반영하여 비록 박제상은 아니나 파사왕의 5세손에 해당하는 인물을 모말(毛末)로 나타내었다.

---

42) 『삼국사기』 제2권 신라본기 제2 미추이사금 원년, "그의 선조 알지(閼智)는 계림(鷄林)에서 태어났는데, 탈해왕(脫解王)이 거두어 궁중에서 기르다가, 나중에 대보(大輔)에 임명하였다. 알지는 세한(勢漢)을 낳고, 세한은 아도(阿道)를 낳고, 아도는 수류(首留)를 낳고, 수류는 욱보(郁甫)를 낳고, 욱보는 구도(仇道)를 낳았는데, 구도가 바로 미추의 아버지이다."
43) 『삼국사기』 제45권 열전 제5 박제상전, "박제상[혹은 모말(毛末)이라고도 한다]은 시조 혁거세의 후손이며 파사이사금의 5세손이다. 조부는 갈문왕 아도이고, 아버지는 파진찬 물품이다."
44) 『일본서기』의 신공 5년 조에 따르면, 신라를 정벌할 때 데려간 인질 미질기지파진간기(微叱己知波珍干岐) 혹은 미질허지벌한(微叱許智伐旱)을 구출하기 위해, 위례사벌(汗禮斯伐), 모마리질지(毛麻利叱智), 부라모지(富羅母智) 등 3인의 사자(使者)가 파견되었고, 모마리질지(毛麻利叱智) 등이 미질한기(微叱旱岐)를 탈출시키는 바람에, 갈성습진언(葛城襲津彦)이 3인의 사자를 죽이고 신라로 가서 초라성을 함락했다. 그러나 이때 등장하는 미사흔이나 갈성습진언(葛城襲津彦)이나 3인의 사자들은 모두 다른 시대의 인물들로, 이때의 기록이 사실을 묘사한 것일 수는 없다. 만약에 이때의 모마리질지(毛麻利叱智)가 파사의 5세손인 모말(毛末)이라면, 모마리질지(毛麻利叱智)를 포함하는 3인의 사자는 당연히 석우로 시대의 인물이었을 것이다.

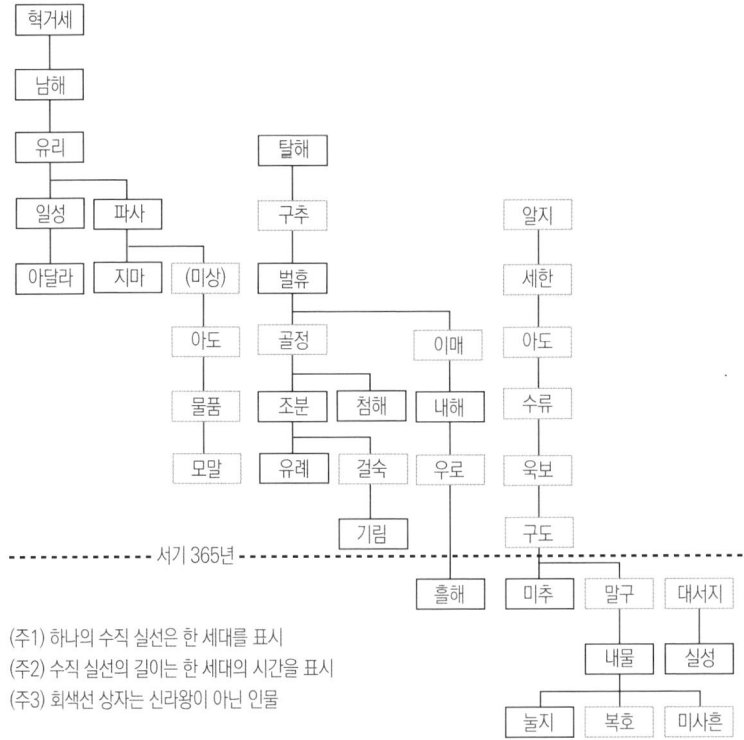

【그림5】 신라3성의 씨족 계보

(주1) 하나의 수직 실선은 한 세대를 표시
(주2) 수직 실선의 길이는 한 세대의 시간을 표시
(주3) 회색선 상자는 신라왕이 아닌 인물

    지금의 신라 왕계는 이러한 실제 시대로부터 첨해왕의 이전 시대가 68년이 인상되고 파사왕의 시대가 추가로 50년이 인상된 것인데, 이를 두 단계로 나누어서 먼저 68년 인상에 따른 시간의 왜곡을 도식에 반영하여 기록과 대조해보기로 한다. 이미 살펴본 바와 같이, 이때의 인상은 【그림4】의 실제 시대로부터 미추왕과 흘해왕이 함께 서기 356년 이전의 구간으로 이동하는 변조로 이루어진다.

그러나 이때의 이동은 단순히 첨해왕의 시대를 68년 인상하는 것에 그치는 것이 아니라, 김씨와 석씨의 병립 상태가 해소되는 과정에서 불가피하게 두 계보 사이에 상대적인 시차를 발생시키게 된다.

하지만 정작 지금의 신라 왕계를 보면, 이때 발생 된 상대적인 시차는 생각보다 극대화 되어 있다. 즉, 흘해왕은 68년 인상에 기여하는 구간으로 이동하면서 석씨의 계보를 단순히 46년 인상[45]시키는 데 그치는 데 반해, 미추왕은 같은 구간으로 이동하면서도 인상할 수 있는 범위의 상한선인 서기 262년까지 올라가 김씨의 계보 자체를 94년이나 인상[46]시키고 있는 것이다.

아마도 이것은 첨해왕의 시대를 68년 인상하는 전체의 변조 결과에는 영향을 주지 않으면서도, 김씨 왕조의 창업 시기를 최대한 위로 올려놓으려는 변조 당사자의 의도가 작용한 때문인 듯하다. 이러한 인상의 결과, 전체계보의 시간은 【그림6】의 모습으로 변형된다.

그러나, 실제의 시대에서 서기 356년 이전의 구간이라면 탈해왕의 7세 손과 알지의 6세 손까지가 살아가던 구간이다. 이러한 실제 시대에 대해 탈해왕의 7세 손인 흘해왕과 알지의 7세 손인 미추왕이 서기 356년 이전의 구간으로 함께 진입하게 되면, 해당 구간에서 석씨의 세대수는 변하지 않으나 김씨의 세대수는 한 세대가 증

---

45) 병립하는 신라 왕계에서 흘해왕은 서기 356년에 즉위하는 반면에, 지금의 신라 왕계에서 흘해왕은 서기 310년에 즉위하고 있다. 46년의 인상이다.
46) 병립하는 신라 왕계에서 미추왕은 서기 356년에 즉위하는 반면에, 지금의 신라 왕계에서 미추왕은 서기 262년에 즉위하고 있다. 94년의 인상이다.

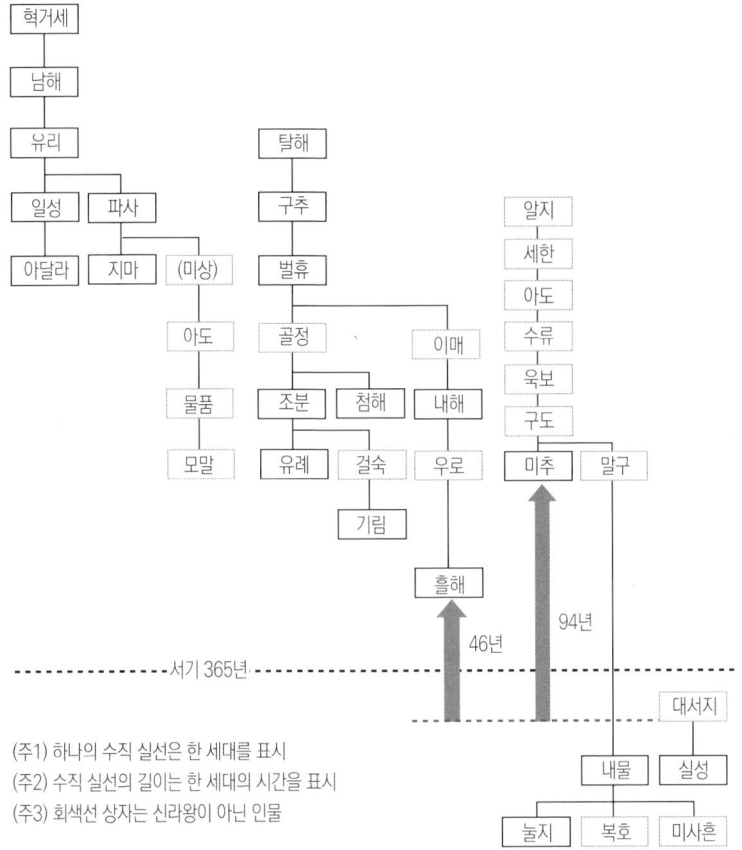

【그림6】 68년이 인상된 3성의 씨족 계보

(주1) 하나의 수직 실선은 한 세대를 표시
(주2) 수직 실선의 길이는 한 세대의 시간을 표시
(주3) 회색선 상자는 신라왕이 아닌 인물

가하게 된다.

　석씨보다 한 세대 늦게 출발한 김씨와, 김씨보다 한 세대 앞서 출발한 석씨가 흘해왕과 미추왕의 이동에 의해 해당 구간에서 동일한 세대수를 가지게 되는 것인데, 여기에 더하여 김씨의 미추왕이 흘해왕보다 48년이나 더 인상되는 바람에 알지로부터 미추왕까지의 시간은 더욱 압축된다.

지금의 신라본기에서 이 구간에 해당하는 김씨의 시간이 석씨의 시간보다 현저하게 짧게 보이는 것은, 김씨가 석씨보다 특별히 단명해서가 아니라 68년의 인상에 따른 필연적인 시간 왜곡의 결과였던 것이다.

이렇게 숨겨져 있는 시간의 왜곡 외에도, 신라본기에는 【그림6】의 시간 구조에 부합하는 보다 적극적이고 의도적인 설정이 이루어져 있다. 미추왕의 비(妃) 광명부인(光明夫人)이 조분왕의 딸[47]이라고 한 미추왕 즉위 조의 기록과, 말구가 이벌찬으로 등용되었다고 한 유례왕 8년의 기록이 그것이다.

물론 【그림5】의 실제 시대라면 말구도 유례왕 시대의 인물이 될 수 없겠지만, 미추왕도 할머니뻘에 해당하는 두 세대나 위의 여성인 조분왕의 딸과 혼인했을 리 없다. 아마도 신라 왕계를 변조한 당사자는, 미추왕의 재위 시기에 대한 특별한 취급 때문에 생겨난 석씨와의 상대적인 시차를 정당화하기 위해, 【그림6】의 시간 구조에 부합하는 별도의 설정이 필요하다고 판단했던 것 같다.

하지만, 이렇게 미추왕의 비 광명부인이 조분왕의 딸로 설정됨에 따라 그 이후로부터 실제 시대 사이의 시간에는 필연적으로 왜곡이 발생하게 된다. 광명부인은 미추왕과 혼인하여 보반부인(保反

---

[47] 『삼국사기』 제2권 신라본기 제2 미추이사금 원년. "미추이사금이 왕위에 올랐다[또는 미조(味照)라고도 하였다]. 성은 김씨이다. 어머니는 박씨로 갈문왕 이칠(伊柒)의 딸이다. 왕비는 석씨 광명부인(光明夫人)으로 조분왕의 딸이다."

夫人)⁴⁸⁾을 낳았고, 보반부인은 내물왕과 혼인하여 눌지왕과 복호와 미사흔을 낳았기 때문이다.

그러나 병립하는 신라 왕계와 그로부터 변조된 【그림6】의 시간을 대조해 볼 때, 실성왕과 눌지왕이 재위하던 시기는 명백한 실제 시대이다. 지금의 신라본기에서 광명부인의 딸 보반부인이 내물왕과 혼인하고 눌지왕을 포함하는 자식들을 낳기까지의 시간이 비현실적으로 보이는 것은, 단순히 광명부인이 조분왕의 딸로 변신한 것에 따른 당연한 결과인 것이다. 물론, 이러한 무리한 관계의 설정도 【그림6】의 시간 구조에는 완전히 부합하는 일이다.

한편, 파사왕에 대한 50년의 추가 인상은, 이미 68년이 인상된 【그림2】의 왕계로부터 일성왕과 아달라왕의 시대가 벌휴왕의 시대와 직접 연결되고, 동시에 탈해왕에서 지마왕까지의 시대가 유리왕의 시대로 직접 연결되는 변조로 이루어진다.

이때도 각 씨족 계보의 시간은 변조에 연동하면서 모두 크게 왜곡되는데, 박씨의 경우는 파사왕 이후 모말(毛末)까지의 구간이, 석씨의 경우는 탈해왕과 구추각간의 구간이, 김씨의 경우는 이미 인상이 완료된 미추왕 이전의 전체 구간이 영향을 받게 된다.

이 결과 각 씨족 계보의 시간은 【그림7】의 모습으로 변형되는데, 이는 지금의 신라본기에서 관찰되는 구추각간과 벌휴왕 사이의 공백이나, 구도와 미추왕 사이의 공백에 대한 이유를 직접 설명하는

---

48) 『삼국사기』 제3권 신라본기 제3 눌지마립간 원년, "그는 내물왕의 아들이다. 어머니는 보반부인 (保反夫人)[또는 내례길포(內禮吉怖)라고 한다]으로 미추왕의 딸이다. 왕비는 실성왕의 딸이다."

【그림7】 50년이 추가 인상된 3성의 씨족 계보

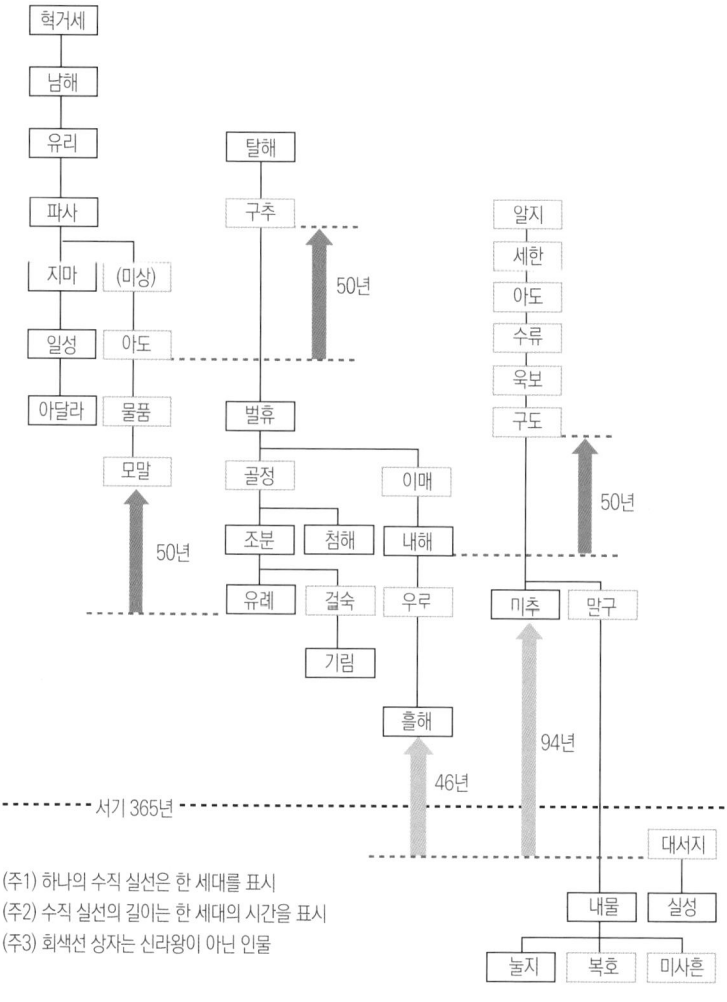

(주1) 하나의 수직 실선은 한 세대를 표시
(주2) 수직 실선의 길이는 한 세대의 시간을 표시
(주3) 회색선 상자는 신라왕이 아닌 인물

것이기도 하다. 즉, 이때의 공백은, 지금까지 많은 사람이 상상해왔던 것처럼 해당 구간에서 신라본기의 찬자가 누군가를 한 세대 누락시켰기 때문이 아니라, 파사왕의 50년 인상에 따른 당연한 결과였던 것이다.

이 외에도, 신라본기는 이때의 인상과 관련하여 크게 두 가지의 시간에 관한 설정 기록을 의도적으로 남기고 있는데, 일성왕 15년에·박아도(朴阿道)를 갈문왕(葛文王)[49]으로 봉했다고 하는 기사가 그중 하나이다.

일성왕이 자신과 병립하던 동생의 손자가 자신의 재위 중에 먼저 죽어서 그를 왕으로 추봉해 주었다는 내용인데, 병립하는 신라 왕계에서라면 결코 일어날 수 없는 이러한 황당한 일도, 변조에 의해 파사왕의 3세손인 박아도가 정확하게 일성왕과 동시대의 인물로 격상되어 진 이상, 시간상으로 전혀 불가능한 일이 아니게 된 것이다.

또 다른 설정은 모두 구도(仇道)에 관한 것으로, 그가 아달라왕 19년에 파진찬으로 등용된 이래 벌휴왕 7년에 부곡성주로 좌천되기까지 19년간에 걸쳐 활동했다는 기록이나, 조분왕의 어머니가 구도의 딸인 옥모부인(玉帽夫人)[50]이라고 소개한 기록이 그것이다.

---

49) 『삼국사기』 제1권 신라본기 제1 일성이사금 15년, "박아도(朴阿道)를 갈문왕(葛文王)에 봉했다[신라에서는 죽은 뒤에 봉하는 왕을 모두 갈문왕이라 부르는데, 그 뜻은 확실하지 않다]."

50) 『삼국사기』 제2권 신라본기 제2 조분이사금 원년, "조분이사금(助賁尼師今)이 왕위에 올랐다[또는 제귀(諸貴)라고도 하였다]. 성은 석씨로 벌휴이사금(伐休尼師今)의 손자이다. 아버지는 골정(骨正)갈문왕[또는 홀쟁(忽爭)이라고도 하였다.]이고, 어머니 김씨 옥모부인(玉帽夫人)은 구도갈문왕(仇道葛文王)의 딸이다. 왕비 아이혜부인(阿爾兮夫人)은 내해왕(奈解王)의 딸이다. 전왕[내해이사금]이 돌아가실 때 유언으로 사위인 조분이 왕위를 이으라고 하였다."

물론 옥모부인이 구도의 딸일 수는 있겠지만 구도는 이 시대의 인물이 아니다. 따라서 구도의 딸 옥모부인도 조분왕의 어머니가 될 수 없는 것이다.

그럼에도 불구하고 신라 기년의 변조 당사자가 이러한 설정을 하게 된 것은, 원래 조분왕보다 두 세대가 늦어야 할 구도가 두 단계의 인상을 거치면서 오히려 조분왕보다 두 세대나 앞서게 된 결과를 정당화할 필요가 있다고 판단했던 때문인 것 같다.

만약에, 실제 시대에서 조분왕의 외조부가 정말로 김씨 계보의 인물이었다면, 그는 구도가 아니라 【그림5】의 실제 시대를 참조할 때 벌휴왕의 시대에 해당하는 알지의 아들 세한일 수는 있겠다. 지금의 신라본기에서 볼 수 있는 구도의 활동 기록이 모두 실제 시대에서 세한이 활동한 기록일지도 모를 일이다.

그러나 구도에 관한 이러한 설정은, 광명부인이 조분왕의 딸이었다고 한 68년 인상에서의 설정과 합쳐질 때 더욱 비현실적으로 나타난다. 미추왕 장인의 외조부가 바로 미추왕 자신의 부친이었다는 결론에 이르기 때문인데, 이러한 황당한 친인척 관계는 첨해왕 시대의 68년의 인상과 파사왕 시대의 50년 인상을 정당화하기 위한 각각의 개별적인 설정이 충돌한 결과이다.

하지만 현실 세계에서 성립할 수 없는 이러한 모순도 【그림7】의 모습으로 왜곡되어 진 시간에는 정확히 부합하게 된다. 오히려, 이러한 모순들은 【그림7】의 시간에서만 정당화될 수 있는 의도적인 설정이라고 말하는 것이 더 정확한 표현일 것이다.

이처럼, 신라본기에서 발견되는 시간에 관한 각종 의혹은 【그림

7]의 시간에 의해 완전히 식별되고 해석된다. 이러한 신라본기의 시간에 대한 해석 능력은 【그림7】의 근거가 되는 병립하는 신라 왕계가 진실한 것이었다는 사실을 다시 한 번 증명하는 것이라 말할 수 있을 것이다.

만약에 실제의 시대에서 신라 왕계가 【그림3】과 【그림4】의 모습과 달랐다면, 그로부터 지금의 모습으로 왜곡되어 진 각 씨족 계보의 시간은 마치 암호처럼 복잡한 【그림7】의 모습과 달랐을 것이고, 그러한 시간 구조로는 지금의 신라본기가 기록하고 있는 시간에 관한 의혹을 완전하게 설명할 수 없을 것이기 때문이다.

결국, 병립하는 신라 왕계는 실제 시대의 3성 씨족 계보의 내부 시간에도 완전히 부합하면서, 병립하는 백제 왕계와 함께 신공기를 관통하는 두 개의 시간 축과도 입체적으로 정합하는, 실제 시대의 신라 왕계라고 말할 수 있다.

[2] 왜 여왕의 시간

『삼국사기』의 신라본기에 따르면 아달라왕 20년에 왜 여왕 비미호(卑彌呼)가 사신을 보내 내빙했다고 했고, 지금의 신라 왕계에 의하면 아달라왕 20년은 서기 173년이다. 그러나 아래의 기록에 의하면, 서기 173년은 비미호가 즉위하기도 전이다.

G1. 『후한서』 권85 동이열전 제75 왜(倭) :
건무(建武) 중원(中元) 2년에 왜의 노국(奴國)이 공물을 바치고 조하(朝賀)하였는데, 사인(使人)은 대부(大夫)를 자칭하였다. 노국은 왜국에서 가장 남쪽에 있는 나라이다. 광무제(光武帝)는 인수(印綬)를 하사하였다.

안제(安帝) 영초(永初) 원년에 왜의 국왕 수승(帥升) 등이 생구(生口) 160인을 바치고 황제에게 알현하기를 원하였다.

환제(桓帝)와 영제(靈帝)의 치세에 왜국에서 대란이 일어나서 서로 공격하고 치니 오랫동안 군주가 없었다. 이름이 비미호(卑彌呼)라는 한 여자가 있었는데, 나이가 들었으나 시집을 가지 않고 귀신의 도를 섬기면서 괴이한 술수로 사람들을 미혹하였다. 이에 사람들이 그녀를 공동으로 세워 왕으로 삼았다.

G2. 『삼국지』 권30 위서(魏書) 제30 오한선비동이전 제30 왜(倭):

그 나라도 본래 남자를 왕으로 삼았으나 70년에서 80년이 지나자 왜국에서 난리가 일어나 서로 공벌(攻伐)한 지 여러 해가 되었다. 마침내 모두 함께 한 여자를 추대하여 왕으로 삼았는데, 이름은 비미호(卑彌呼)라고 한다.

…(중략)…

경초(景初) 2년 6월에 왜의 여왕이 대부(大夫) 난승미(難升米) 등으로 군(郡)에 이르게 하여, 천자에게 나아가서 조헌(朝獻)하기를 요청하므로, 태수인 유하(劉夏)가 관리를 시켜 전송하게 하여 경도(京都)에 이르게 하였다. 그해 12월에는 조서(詔書)를 내려서 왜의 여왕에게 답하여 말하였다. "친위왜왕 비미호(卑彌呼)에 제조(制詔)하노라.

…(중략)…

금인자수(金印紫綬)를 수여하노라. 장봉(裝封)하여 대방태수에게 보내어 수여토록 하겠다.

…(중략)…

난승미(難升米)와 도시우리(都市牛利)에게 부친다. 그들이 귀환하면 기재된 그대로 받을 것이다.

…(중략)…

정시(正始) 원년에 태수 궁준(弓遵)이 건충교위(建忠校尉) 제준(梯儁) 등으로 하여금 조서와 인수(印綬)를 받들고 왜국에 도착하여 왜왕에게 수여하였고, 아울러 조서를 가져와서 금, 비단, 비단으로 짠 융단, 칼, 거울 그리고 채물(采物)을 하사하였다. 왜왕은 이에 사신을 파견하여 은조(恩詔)에 감사하는 답서의 표문을 올렸다. 정시(正始) 4년에도 왜왕은 다시 사신으로 대부 이성기(伊聲耆)와 액사구(掖邪狗) 등 8인을 파견하여

…(중략)…

액사구(掖邪狗) 등은 솔선중랑장(率先中郎長)의 인수를 똑같이 하사받았다. 그 6년에는 조서를 내려서 왜의 난승미(難升米)에게 황당(黃幢)을 하사하고, 군을 통해서 수여하였다. 그 8년에 태수 왕기(王頎)가 관부(官府)에 도착하였

다. 왜의 여왕 비미호(卑彌呼)는 구노국(狗奴國)의 남왕(男王)인 비미궁호(卑彌弓呼)와 본래부터 불화하여, 왜인의 재사(載斯)와 오월(烏越) 등을 군에 파견하여, 서로 공격한 상황을 보고하였다. 왕기는 새조연사(塞曹掾史)인 장정(張政) 등을 파견하고, 아울러 조서와 황당을 보내 난승미(難升米)에게 수여하고, 격문을 만들어서 알리고 깨닫도록 하였다. 비미호(卑彌呼)가 마침내 죽자 크게 무덤을 만들었는데, 지름이 백여 보였고 순장된 자는 노비 백여 명이었다.

새롭게 남자 왕을 세웠으나 국중(國中)의 사람들이 승복하지 않아서 다시 서로 주살(誅殺)하여, 당시 피살된 사람의 수가 천여 명이었다. 다시 비미호(卑彌呼) 종실(宗室)의 여자 일여(壹與)를 세웠는데, 나이 13세에 왕이 되었지만, 국중은 마침내 안정되었다. 장정(張政) 등이 격문을 써서 일여(壹與)에게 알려서 깨우쳤다. 일여(壹與)는 왜의 대부인 솔선중랑장 액사구(掖邪狗) 등 20인으로 하여금 장정(張政) 등을 송환시켰고, 이때 대(臺)에 도착하여 남녀 생구 30인을 헌상하고, 백주(白珠) 5천 개, 공청대구주(孔青大句珠) 2매, 그리고 이문잡금(異文雜錦) 20필을 공물로 바쳤다.

G3. 『양서(梁書)』 권54 열전 제48 제이(諸夷) 왜(倭) :

한(漢)의 영제(靈帝) 광화(光和) 연간에 왜국에 난이 일어나, 서로 공격하여 여러 해가 지나서, 드디어 비미호(卑彌呼)라는 여자를 공립하여 왕으로 삼았다. 미호(彌呼)는 남편이 없었으며 귀도로서 능히 무리를 미혹할 수 있었으므로, 나라 사람들이 왕으로 세운 것이다.

G4. 『태평어람(太平御覽)』 권782 사이부(四夷部)3 동이(東夷)3 왜(倭):

「위지(魏志)」에서 또 말하기를, 왜국은 본래 남자를 왕으로 세웠는데, 한영제(漢靈帝)의 광화중(光和中)에 왜국에서 난이 일어나 서로 공벌하며 그치지 않자 한 여자를 왕으로 세웠으니 그의 이름이 비미호(卑彌呼)이다.

즉, G1의 『후한서』의 기록에 의하면, 비미호보다 앞서 서기 57년과 서기 107년 두 차례에 걸쳐 왜국으로부터 조공이 있었는데, 환제(桓帝)와 영제(靈帝) 때 왜국에서 대란이 일어나고 수습되지 않자 국인들이 함께 여왕 비미호를 세웠다고 했다.

그러나 G2의 『위지』 왜전에 의하면 이때의 대란은 남왕(男王)의 시대로부터 70년에서 80년이 지난 시대이다. 이를 근거로 단순히 계산할 때 왜국의 난은 환제의 치세[51]라기보다 영제의 치세[52]에 해당하는 서기 177년에서 서기 187년 사이에 일어난 일로 보인다.

실제로 G3의 『양서(梁書)』 왜전이나 『위지(魏志)』의 또 다른 판본을 인용한 것으로 보이는 G4의 『태평어람(太平御覽)』에서는, 왜국의 대란이 영제의 광화중(光和中)에 일어났다고 범위를 좁혀 기록

---
51) 서기 146년에서 서기 167년까지 22년간이다.
52) 서기 167년에서 서기 189년까지 21년간이다.

하고 있다.

영제의 광화라고 하면 서기 178년부터 서기 183년까지의 6년간이다. 『후한서』나 『위지』의 왜전, 『양서』나 『태평어람』 등 모든 기록을 보더라도, 신라본기가 기록한 서기 173년은 비미호가 재위하던 시기이기는커녕 왜국의 난도 일어나기 전이었던 것이다.

대개 이러한 시간적인 모순에 대해, 비미호의 위(魏)에 대한 조공이 서기 239년부터 시작하여 서기 247년까지 빈번하게 일어났다는 사실을 들어, 신라로의 내빙도 서기 173년이 아니라 그 무렵의 일일 수 있다고 추정하는 경우도 있는 것 같다. 물론, 이는 아무런 근거가 없는 상상일 뿐이다. 서기 239년부터 서기 247년까지의 일이라면 G2에 기록되어 있는 왕래를 말하는 것이겠지만, 아달라왕 20년은 병립하는 신라 왕계로 볼 때 의심할 여지 없이 서기 228년인 것이다.

사실, 왜국의 사신으로서는 탈해왕 3년에 신라가 처음으로 왜국과 결호(結好)한 지 기록상 두 번째의 내빙이고, 죽령(竹嶺)을 개통할 때의 누군가까지 포함하면 기록상 세 번째 왜인의 내빙이다. 아무래도 죽령의 위치와 왜인의 내빙 경로가 연계되어 있을 가능성도 있어 보이지만 현재로서 확인할 길은 없다.

다만, 병립하는 신라 왕계에 의하면, 탈해왕 3년의 교빙도 『삼국사기』가 기록하는 서기 59년이 아니라 서기 177년의 일이었고, 아달라왕 5년에 있었던 죽령의 개통도 『삼국사기』가 기록하는 서기 158년이 아니라 서기 213년의 일이다.

[3] 포상팔국의 전쟁

포상팔국의 전쟁은 내해왕 14년부터 내해왕 20년까지 7년 동안 있었던 신라와 포상의 소국들과의 전쟁이다. 이 전쟁이 특별한 이유는, 과거 가야 사회의 주도국으로 여겨졌던 가라(加羅)와 안라(安羅)가 포상팔국의 도전을 받아 신라에 구원을 요청했다는 사실과 이때 구원의 요청을 받은 신라가 포상의 8국을 제압하고 전쟁에 승리했다는 사실에 있다.

> **H1. 『삼국사기』 제2권 신라본기 제2 내해이사금 14년 :**
> 가을 7월에 포상(浦上)의 8국이 모의하여 가라국(加羅國)을 침범하니, 가라 왕자가 구원을 청하므로 왕은 태자 우로(于老)와 이벌찬 이음(利音)에게 명하여 6부의 군사로서 구원토록 하여 8국의 장군을 쳐서 죽이고 사로잡혔던 6천 명을 빼앗아 돌려주었다.
>
> **H2. 『삼국사기』 제2권 신라본기 제2 내해이사금 17년 :**
> 봄 3월에 가야(加耶)에서 왕자를 보내어 볼모로 삼았다.
>
> **H3. 『삼국사기』 제48권 열전 제8 물계자(勿稽子)전 :**
> 물계자는 내해이사금 때의 사람이다.
> …(중략)…
> 이때 8포상국이 같이 모의하여 아라국(阿羅國)을 쳤다.

아라국의 사자가 와서 도움을 청했다. 이사금이 왕손인 내음(㮈音)으로 하여금 인근의 군 및 6부의 군사를 이끌고 가서 구하게 했다. 8국의 병사들을 패배시켰다.

…(중략)…

삼 년 뒤에 골포(骨浦), 칠포(柒浦), 고사포(古史浦) 삼국의 군대가 와서 갈화성(竭火城)을 공격해 오니 왕이 군사를 이끌고 나가 삼국의 군대를 크게 패배시켰다.

…(중략)…

(물계자가 말하기를) 전날의 포상, 갈화의 싸움은 위험하고 어려운 것이었다.

H4. 『삼국유사』 제5권 피은(避隱) 제8 :

제10대 내해왕이 즉위한 지 17년인 임진년에 보라국(保羅國), 고자국(古自國)[지금의 고성(固城)], 사물국(史勿國)[지금의 사주(泗州)] 등 8국이 힘을 합하여 변경지역을 침범해 왔다. 왕이 태자 내음(㮈音)과 장군 일벌(一伐) 등에게 명하여 군사를 이끌고 막게 하였다. 8국이 모두 항복했다.

…(중략)…

즉위 10년 을미년에 골포국(骨浦國)[지금의 합포(合浦)이다] 등의 삼국 왕이 각각 군사를 이끌고 갈화(竭火)를 공격해 왔다[갈화는 아마도 굴불(屈佛)일 것이다. 지금의 울주(蔚州)이다]. 왕이 친히 군대를 이끌고 가서 막았다. 삼국이 모두 패했다.

…(중략)…

(물계자가 말하기를) 보라[아마도 발라(發羅)로서 지금 나주(羅州)이다.], 갈화의 전쟁은 참으로 나라의 환란이었고 임금의 어려움이었소.

먼저, 위의 사료 H3과 H4에는 골포국(骨浦國) 등의 3국이 신라의 갈화(竭火)를 공격하는 사건이 똑같이 기록되어 있다. 이 두 기록을 함께 참조한다면, H4에서 갈화를 공격할 때 내해왕 10년이라고 한 을미년은 내해왕 20년의 을미년에 대한 오기(誤記)일 것이다. 그렇다고 한다면 H3의 8국과의 전쟁 또한 내해왕 17년에 일어난 사건일 것이다.

즉, 내해왕 14년에도 내해왕 17년에도 포상의 8국이 가라(加羅)와 아라(阿羅)와 신라를 향해 전쟁을 일으켰다는 것인데, 이에 대해 다산(茶山) 정약용(丁若鏞)은 H3에 기록되어 있는 아라(阿羅)를 가라(柯羅)의 오기(誤記)로 보았다[53].

하지만 최근에는 내해왕 14년의 전쟁과 내해왕 17년의 전쟁이 그 표현의 형식만 유사할 뿐 모든 면에서 내용을 달리한다는 사실이 중시되면서, 지금은 이 두 기록이 서로 다른 전쟁이었을 것이라고 정리되는 것 같다. 만약에 이것이 사실이라면, 신라는 당시 가야 사회의 주도국이었던 가라와 아라가 처했던 곤경에 휘말려 포상의

---

53) 『강역고(疆域考)』 권2 변진별고(弁辰別考), "물계자전에 이르기를, 포상팔국이 아라국(柯羅國)을 치기를 함께 모의하니, 아라(柯羅)는 사신을 보내 구원을 청했다."

소국들과 7년 동안 세 차례의 전쟁을 치른 셈이 될 것이다.
　그러나 신라본기의 시간에서 내해왕 14년은 서기 209년이다. 이 기록상의 시점 때문에, 당시의 신라가 과연 가라나 아라가 감당할 수 없었던 주변국과의 분쟁을 대신 해결할 정도의 국력이었느냐 하는 의문이 오랫동안 제기되어 온 것도 사실이다. 하지만 신라와 가야와의 관계에 대해서라면, 바로 직전의 기록이라 하더라도 탈해왕과 지마왕의 시대까지는 거슬러 올라가야 한다.

I1. 『삼국사기』 제1권 신라본기 제1 탈해이사금 21년 :

　가을 8월에 아찬 길문(吉門)이 가야의 군사와 더불어 황산진(黃山津) 입구에서 싸워 1천여 명을 잡았다. 길문을 파진찬으로 삼았는데 공에 대한 상이다.

I2. 『삼국사기』 제1권 신라본기 제1 파사이사금 8년 :

　가을 7월에 영을 내리기를, "짐이 부덕함으로써 이 나라를 다스리게 되어 서로 백제와 이웃하고 남으로 가야와 접하였는데, 덕으로 무마하지 못하고 위엄으로 두렵게도 못하니 마땅히 성루(城壘)를 튼튼히 하여서 적의 침략에 대비토록 하라." 하였다. 이 달에 가소(加召) 마두(馬頭)의 두 성을 쌓았다.

I3. 『삼국사기』 제1권 신라본기 제1 파사이사금 15년 :

　봄 2월에 가야적(加耶賊)이 마두성을 포위하므로 아찬

길원(吉元)을 보내어 기병 1천 명으로 물리쳤다.

14. 『삼국사기』 제1권 신라본기 제1 파사이사금 17년 :

9월에 가야 사람이 남비(南鄙)를 습격하므로 가성주(加城主) 장세(長世)를 보내어 막게 하였는데 적에게 죽임을 당하였다. 왕이 노하여 용사 5천 명을 인솔하고 나아가 싸워 무너뜨리니 노획이 매우 많았다.

15. 『삼국사기』 제1권 신라본기 제1 파사이사금 18년 :

봄 정월에 군사를 일으켜 가야를 치려다가 그 나라 왕이 사신을 보내어 사죄하므로 이내 중지하였다.

16. 『삼국사기』 제1권 신라본기 제1 파사이사금 23년 :

가을 8월에 음즙벌국(音汁伐國)이 실직곡국(悉直谷國)과 경계를 다투다가 왕을 찾아와 판결해줄 것을 청하니, 왕은 난처하게 여기고 금관국(金官國)의 수로왕(首露王)이 연로하여 지식이 많다 하고 불러 문의하니, 수로왕이 의견을 내세워 다투던 땅을 음집벌국에 속하게 하였다.

이에 왕은 6부에 명하여 수로왕을 대접하게 하였는데, 5부는 모두 이찬을 주로 삼고 오직 한지부(漢祇部)만이 지위 낮은 자를 주로 삼으니, 수로왕이 노하여 종(奴) 탐하리(耽下里)에게 명하여 한지부주(漢祇部主) 보제(保齊)를 죽이게 하고 돌아갔다.

종이 도망하여 음즙벌주(音汁伐主) 타추간(陁鄒干)의 집에 의탁하고 있으므로 왕이 사람을 보내어 그 종을 수색하였으나 타추가 보내지 않았기 때문에 왕이 노하여 군사로서 음즙벌국을 치니 그 주(主)가 군중과 더불어 스스로 항복하고, 실직(悉直), 압독(押督)의 두 나라 왕도 와서 항복하였다.

17. 『삼국사기』 제1권 신라본기 제1 파사이사금 27년 :
봄 정월에는 압독에 순행하여 빈궁한 자에게 구호양곡을 주었고, 3월에 압독에서 돌아왔다. 가을 8월에 마두성주에게 명하여 가야를 치게 하였다.

18. 『삼국사기』 제1권 신라본기 제1 지마이사금 4년 :
봄 2월에 가야가 남변을 침구하였다. 가을 7월에 왕은 친히 가야를 치기 위하여 보기병(步騎兵)을 거느리고 황산하(黃山河)를 건너는데, 가야 사람이 복병하고 초목이 무성한 곳에서 기다렸다. 왕은 모르고 곧장 나아가니 복병이 일어나 여러 겹으로 포위하므로 왕은 군을 지휘하여 들이쳐 포위를 뚫고 물러났다.

19. 『삼국사기』 제1권 신라본기 제1 지마이사금 5년 :
가을 8월에 장수를 보내어 가야를 침범하게 하고 왕은 정병 1만여 명을 거느리고 뒤를 이었으나 가야는 성문을 닫고 굳게 지키고, 때마침 비마저 오래 내리므로 이내 환군하였다.

I10. 『삼국사기』 제2권 신라본기 제2 내해이사금 6년 :
봄 2월에 가야국(加耶國)이 화친을 청하였다.

즉, 신라와 가야는 탈해왕 21년부터 지마왕 5년까지 40년 동안 황산하(黃山河)를 사이에 두고 공방을 펼치면서 한동안 충돌을 이어갔다. 이 과정에서 특히 파사왕과 수로왕이 등장하는 I6의 사건은 그때까지 가야가 가지고 있던 주변국에 대한 위상의 변화를 보여주는 것 같아 흥미롭다.

즉, 사건의 발단은 읍즙벌국과 실직국 사이에 일어난 영토의 분쟁이었고, 이때 가야는 읍즙벌국에 유리한 영향력 또는 조정을 행사한 것 같다. 이때 신라는 가야의 영향력 행사에 동의하지 않은 듯하고, 가야는 이러한 신라의 입장에 대해 일종의 응징을 가하였으며, 신라는 다시 이에 반발하여 읍즙벌국을 치게 되었다는 것이다.

결말은 읍즙벌국은 물론 실직국과 압독까지도 신라에 항복하는 신라의 실익으로 돌아갔지만, 이는 그동안 가야가 이들 소국에 대해 가지고 있었던 권위가 신라의 등장으로 제한되는 하나의 상징적인 사례로 보이는 것이다. 그러나 신라와 가야가 충돌한 40년간의 일은 신라본기가 기록한 서기 77년부터 서기 116년까지의 일이 아니라, 병립하는 신라 왕계의 시간에서 서기 195년부터 서기 234년까지의 일이다.

마찬가지로 가야가 신라에게 화친을 요청한 내해왕 6년은 서기 201년이 아니라 실제로는 서기 269년의 일이었고, 이때는 신라와 가야가 마지막으로 충돌하던 지마왕 5년으로부터 85년 후의 일이 아니라 불과 35년 후의 일이었다.

그러나, 탈해왕의 시대 이래로 지마왕 5년 때까지만 해도 가야와 대등한 공방전을 벌이던 신라가 홀로 어떠한 성장 과정을 거쳤기에 불과 43년만인 서기 277년의 내해왕 14년에는 가라를 구원할 정도의 국력을 가질 수 있었을까?

사실, 『위지』 동이전이 묘사한 한(韓)이나 변진(弁辰)의 모습만 기억하는 사람들은 이러한 정황을 선뜻 이해하기 어려울 수도 있을 것 같다. 『위지』 동이전에서 신라는 변진 사회를 구성하는 평범한 사로국(斯盧國)으로 기록되어 있는 반면에, 가라와 안라를 가리키는 구야(狗邪)와 안야(安邪)는 주변국으로부터 우대받는 특별한 나라로 묘사되어 있기 때문이다[54].

하지만 지금까지 흔히 알려진 것과 달리, 『위지』 동이전은 서기 246년 이후의 한반도의 실상을 반영하는 기록이 아니다. 잠시 당시의 시대로 거슬러 올라가 보기로 하자.

---

54) 『위지』 동이전의 한(韓)조에는 "신지(臣智)에게는 간혹 우대하는 호칭인 臣雲遣支報 安邪□支 □ 臣離兒不例 狗邪秦支廉의 稱號를 더하기도 한다."라고 하여, 안야(安邪)와 구야(狗邪)의 신지(臣智)에 대한 호칭을 예로 들었다. 이는 당시 안라와 가라가 주변국들로부터 한 단계 높은 위상을 인정받고 있었다는 사실을 의미하는 것이다.

J1. 『삼국지』 권30 위서 30 오환선비동이전 30 한(韓) :

경초(景初) 연간에 명제(明帝)가 몰래 대방태수 유흔(劉昕)과 낙랑태수 선우사(鮮于嗣)를 파견하여 바다를 건너가서 두 군(郡)을 평정하였다. 그리고 여러 한국(韓國)의 신지(臣智)에게는 읍군(邑君)의 인수(印綬)를 더해 주고, 그다음 사람에게는 읍장(邑長)의 벼슬을 주었다.

…(중략)…

부종사(部從事) 오림(吳林)은 낙랑이 본래 한국(韓國)을 통치했다는 이유로 진한(辰韓)의 팔국(八國)을 분할하여 낙랑에 넣으려 하였다. 그때 통역하는 관리가 말을 옮기면서 틀리게 설명하는 부분이 있어, 신지(臣智)와 한인(韓人)들이 모두 격분하여 대방군(帶方郡)의 기리영(崎離營)을 공격하였다. 이때 태수 궁준(弓遵)과 낙랑태수 유무(劉茂)가 군사를 일으켜 이들을 정벌하였는데, 준(遵)은 전사하였으나 2군(郡)은 마침내 한(韓)을 멸하였다.

J2. 『삼국지』 권30 위서 30 오환선비동이전 30 예(濊) :

정시(正始) 6년에 낙랑태수 유무(劉茂)와 대방태수 궁준(弓遵)은 [단단대령](單單大領) 동쪽의 예(濊)가 구려에 복속하자, 군대를 일으켜 정벌하였는데, 불내후(不耐侯) 등이 고을을 들어 항복하였다.

[정시] 8년에는 조정에 와서 조공하므로, 불내예왕(不耐濊王)으로 하였다. 백성들 사이에 섞여 살면서 계절마다 군

(郡)에 와서 조알 했다. 2군에 전역(戰役)이 있어 조세를 거둘 일이 있으면 공급하게 하고, 사역(使役)을 시켜 마치 [군의] 백성처럼 취급하였다.

J3. 『삼국지』 권4 위서 4 삼소제기(三少帝紀) 제4 정시(正始) 7년 :

봄 2월, 유주자사 관구검이 고구려를 토벌했다. 여름 5월에는 예맥을 토벌하여 모두 깨뜨렸다. 한나계(韓那奚) 등 수십 국이 각각의 종락을 이끌고 항복했다.

즉, 사료 J1에 의하면 위(魏)는 서기 238년이 되자 요동의 공손연(公孫淵)을 제거하였고, 그에 따라 처음으로 접경하는 한(韓)에 대해서는 인수(印綬)를 더해주거나 벼슬을 주는 등, 그들을 대폭 위무하는 정책을 펼쳤다.

그러나 서로의 교류가 서툴렀던 탓인지 얼마 있지 않아 한인(韓人)들이 대방군(帶方郡)의 기리영(崎離營)을 공격하는 사건이 일어나게 되고, 정시 7년의 서기 246년에는 관구검(毌丘儉)이 고구려를 침공하여 동천왕이 겨우 목숨만 건지는 대사건[55]이 일어나게 된다.

---

[55] 『위지』의 삼소제기(三少帝紀)에는 이때의 전쟁을 서기 246년의 정시(正始) 7년으로 기록하고 있고 『삼국사기』도 이에 따르고 있다. 하지만 『위지』의 관구검전(毌丘儉傳)은 정시(正始) 연간(240~248)에 있었던 두 차례의 전쟁을 언급하고 있고, 그중 하나가 서기 245년의 정시 7년이다. 반면에 『위지』 동이전의 고구려전에는 서기 244년의 전쟁만을 언급하고 있다. 이 때문에 관구검의 침공을 서기 244년의 1차와 서기 245년의 2차로 구분하기도 하는데, 본서는 기록의 시간에 대한 일관성을 유지하기 위해 『위지』 본기의 삼소제기와 『삼국사기』 고구려본기의 기록을 따른다.

이러한 과정에서 대방태수 궁준(弓遵)은 사료 J2에서 서기 245년에도 활동하다가 사료 J1의 기리영 전투에서 사망했다. 궁준의 사망시점으로 볼 때 기리영 전투는 서기 245년 또는 그 이후에 일어난 일일 것이다. 그러나 J3의 기록에 따르면, 관구검이 고구려와 예맥을 토벌했다고 한 같은 해에 한(韓)의 수십 국도 항복했다. 아마도 이때의 대규모 항복은 사료 J1에서 마침내 한(韓)을 멸했다고 한 기리영 전투의 결과였을 가능성이 클 것 같다. 결국, 서기 246년 이후 고구려나 한(韓)의 위(魏)와의 관계는 일정 시간 단절될 수밖에 없었을 것이다.

하지만, 그로부터 얼마 되지 않아 위(魏)의 조정은 극심한 권력 다툼의 시간을 맞이하게 된다. 즉, 서기 249년에는 태부(太傅) 사마의(司馬懿)가 자신과 함께 황제를 보좌하던 대장군 조상(曹爽)을 제거하는 쿠데타를 일으킨다. 그 후 서기 251년에는 사마의의 부하 왕릉(王淩)이 반란을 일으키게 되고, 이를 진압한 사마의가 사망하자 아들 사마사(司馬師)도 부친의 권세에 이어 서기 252년에 대장군에 오른다.

사마사는 서기 254년에 이풍(李豐)의 모반을 진압하면서 황제 조방(曹芳)을 폐위시켰고, 이듬해에는 진동대장군 관구검(毌丘儉)이 일으킨 대규모 반란까지도 진압해야 했다. 사마사가 사망하자 동생 사마소(司馬昭)도 서기 257년에는 정동대장군 제갈탄(諸葛誕)이 일으킨 반란을 진압해야 했고, 서기 260년에 이르러서야 황제 조모(曹髦)를 시해함으로써 완전한 자기 사람인 조환(曹奐)을 황제로 즉위시키기에 이른다.

그제야 사마소(司馬昭)에 저항하는 세력은 모두 제거된 셈인데, 위(魏)로서는 이때부터 촉한(蜀漢)의 정벌을 계획하는 등, 외부로 눈을 돌릴 수 있는 여건이 마련된 것이다. 실제로 이때, 서기 247년 이후로는 처음으로 주변국과의 외교 접촉이 일어나게 되는데 그에 대한 기록은 아래와 같다.

K1. 『삼국지』 권4 위서 4 삼소제기(三少帝紀) 제4 경원(景元) 원년 :

11월 연왕(燕王)이 표(表)를 올려 동지(冬至)를 경하하면서, 자신을 신하라고 일컬었다. 조서를 내렸다. "고대의 왕 중에서 어떤 왕은 신하로 칭하지 않았으니, 연왕(燕王) 또한 이러한 의례에 따라야 할 것이다. 표에서 자신을 신하라고 칭하지 않도록 하라. 그리해야 내가 회답을 쓸 때 부르기가 좋다. 무릇 대종(大宗)을 계승한 자라 해도 자기를 낳아준 부모 앞에서는 자신을 낮추거늘 하물며 이와 같이 중임을 계승하는 것임에랴. 그러나 만일 부모를 신하와 똑같이 대해야 한다면 내 마음이 편치 못할 것이다."

…(중략)…

"연왕(燕王)이 스스로 신하라고 칭하는 것을 제지할 수는 없습니다. 성조께서는 확실히 연왕(燕王)을 통상과는 다른 제도로서 숭상하고 있으니 신하의 예(禮)가 아닌 것으로 받들어야 합니다. 신(臣)들이 심사숙고하여 논의한 결과,

…(중략)…

제조연왕(制詔燕王)이라 해야 합니다.
…(중략)…
그를 특별하게 대우하여 다른 제후들의 위에 위치하도록 하십시오."

K2. 『삼국지』 권4 위서 4 삼소제기(三少帝紀) 제4 경원(景元) 2년 :

가을 7월 낙랑(樂浪) 바깥의 한(韓)과 예맥(濊貊)이 각각 부락민을 이끌고 와서 조공을 바쳤다.

K3. 『삼국지』 권4 위서 4 삼소제기(三少帝紀) 제4 경원(景元) 3년 :

4월 요동군에서 숙신국(肅愼國)이 사자를 파견하여 여러 번 통역을 거쳐 공물을 바쳤다.

K4. 『진서(晉書)』 제97 열전 제67 사이(四夷) 왜인 :

선제(宣帝)가 공손씨를 평정하자 여왕이 사신을 대방(帶方)에 파견하여 입조 알현하였다. 그 뒤 조공과 빙례가 끊이지 않았다. 문제(文帝)가 상(相)이었을 때도 여러 번 조공을 보냈다. 태시(泰始) 연간의 초에는 사자를 파견하여 중역(重譯)하며 들어와 조공하였다.

위의 사료 K1에서 표를 올린 연왕(燕王)은 바로 황제 조환(曹奐)

의 부친 조우(曹宇)이다. 연왕은 갑자기 11월에 표를 올리면서 황제에게 동지(冬至)를 축하한다고 했지만, 사실은 자기 아들 조환(曹奐)의 즉위를 축하하는 의미였을 것이다.

이때의 정황을 좀 더 자세히 알아보기 위해 잠시 사마소와 황실과의 관계를 돌이켜 보면, 이미 2년 전 사마소가 제갈탄의 반란을 종식시켰을 때 황실은 그를 진공(晉公)에 봉하고 상국(相國)에 임명했다. 하지만 그는 사양했다. 그러나 황실은 서기 260년의 4월이 되자 관청에 직접 조서를 내려 이전에 내린 명을 실행하라고 독촉하면서, 다시 한 번 그를 상국(相國)에 임명하고 진공(晉公)에 봉했다. 하지만 이러한 우대에도 불구하고 그는 반복해서 황실을 무시했고, 그러한 태도에 격분한 조모(曹髦)는 결국 홀로 저항하다가 시해된 것이다.

황제가 폐위되고 시해되는 일까지 이어지자 이제 세상은 누구도 사마소의 권력에 도전할 수 없다는 사실을 분명히 알게 되었다. 서기 260년 11월에 시작된 일련의 조공도, 비록 황제의 부친인 연왕에 의해 시작된 일이긴 하지만, 조환(曹奐)의 즉위야말로 사마소에 의한 권력 장악의 실질적인 완성이라는 사실을 한(韓)과 예맥(濊貊)을 포함하는 주변국에서 모두 알게 되었기 때문일 것이다.

특히 왜(倭)는 이러한 통교의 문이 열리기를 누구보다 기다렸을 것 같다. 사료 K4에서 입조(入朝) 이래 조공과 빙래가 끊이지 않았다고 한 것은, 앞의 사료 G2의 내용처럼 10년간 5차례에 걸쳐 이어진 조공을 말하는 것이고, 특히 마지막 정시(正始) 8년의 기록은 위(魏)와 왜(倭)와의 친밀한 관계를 잘 나타내고 있기 때문이다.

실제로 이때 왜(倭)는 새로 부임한 대방태수 왕기(王頎)에게 구노국(狗奴國)과의 불화를 보고하면서 구원을 요청했고, 왕기(王頎)는 장정(張政)을 파견하여 구노국과의 전쟁을 도왔다. 그뿐 아니라 그곳에 파견된 장정은 비미호(卑彌呼)의 사망을 수습하면서 일여(壹與)를 세웠고, 국중(國中)의 안정을 확인한 다음에야 귀국하는 성의를 보였다. 말하자면 위(魏)는 왜국을 구해준 은인이나 다름이 없었다.

그러나 다른 동이의 모든 나라와 마찬가지로, 왜와의 통교 기록도 그로부터 여지없이 끊어져 버린다. 이는 왜(倭)가 변심하여 위(魏)를 소홀히 했기 때문이 아니다. 그렇다고 동이전에서 왜전이 차지하는 비중으로 볼 때 위(魏)가 왜를 소홀히 한 것도 아니다. 교류를 중지할 수밖에 없는 불가피한 사정이 위(魏)의 내부에 있지 않았다면 설명할 수 없는 일인 것이다.

그러나 사료 K4에 의하면 왜의 조공은 사마소가 상(相)이었을 때 재개되었다. 사마소가 정식으로 상(相)이었을 때라면 서기 263년 10월부터 그가 사망하는 서기 265년 8월까지이다. 이 짧은 시간에 여러 번 조공했다는 것도 다소 과장된 것일 수 있겠으나, 그러기 위해서는 적어도 서기 263년의 10월경에는 왜의 사신이 이미 낙양에 도착해 있었을 것 같다.

실제로 이때가 왜의 조공이 재개된 시점이라면, 한동안의 공백을 거쳐 바다를 건너 위(魏)의 소식을 접해야 하는 왜(倭)의 사정을 고려할 때, 그보다 한발 앞서 서기 261년에 이루어졌던 한(韓)과 예맥(濊貊)의 조공이나, 서기 262년에 이루어졌던 숙신(肅愼)의 조공보다 너무 늦었다고 말할 수는 없을 것 같다.

결국, 『위지』 동이전이 정시 8년인 서기 247년 무렵 이후 10여 년간 주변국과의 기록을 남기지 못한 것은 우연이 아니며, 실제로 국내 정치의 혼란으로 교통하지 못했기 때문이었다. 특히, 이러한 단절을 고구려나 한(韓)과의 관계로 국한해서 본다면, 『위지』 동이전이 기록한 시대의 하한은 서기 246년이다.

위(魏)는 관구검 전쟁과 기리영 전투 이후 고구려나 한(韓)과의 관계를 회복할 기회를 전혀 얻지 못했고, 진수(陳壽)는 위(魏)가 멸망할 때까지 고구려나 한(韓)에 대해 추가로 기록을 갱신할 아무런 기초사료도 가지지 못했을 것이다.

그러나 이러한 단절의 시간 동안 한반도의 변진(弁辰) 사회는 적지 않은 변화를 겪었을 것 같다. 조공 무역을 대표하는 위세품인 위경(魏鏡)이 한반도에서 전혀 발굴되지 않는 것이 의미하듯이 조공 무역은 완전히 단절되었고, 공손씨의 시대까지만 해도 해상 경로를 통해 운송되던 대량의 철제품도 더 이상 위(魏)로 공급되지 못했을 것이다.

이러한 교역 체제의 변화가 남해안의 포상소국들에게는 경제적으로 매우 도전적인 환경이 되었을 것 같다. 이것이 포상8국의 전쟁이 일어난 무렵의 시대적 상황이었을 것이다. 반면에, 아래의 기록에 따르면, 관구검의 고구려 침공 이후 신라는 오히려 새로운 기회를 맞이하고 있었던 것 같다.

L1. 『북사(北史)』 권94 열전 제82 신라 :

신라는 그 선조가 본래 진한(辰韓)의 종족이었다. 그 땅은 고려 동남쪽에 있는데, 한(漢)나라 때의 낙랑 지역이다. 진한(辰韓)을 진한(秦韓)이라고도 한다. 대대로 전해오는 말에 의하면 진(秦)나라 때 유망인(流亡人)들이 역(役)을 피하여 가자, 마한(馬韓)에서는 그 동쪽 지경을 분할하여 그들을 살게 하고, 그들이 진(秦)나라 사람인 까닭에 그 나라 이름을 진한(秦韓)이라 하였다고 한다.

…(중략)…

또 진한(辰韓)의 왕은 항상 마한 사람을 세워 대대로 이어가고, 진한 스스로 왕을 세울 수 없었으니, 그들이 분명히 흘러 들어와 산 사람이기 때문이다. 항상 마한(馬韓)의 지배를 받았다.

진한(辰韓)은 처음 6국이었다가 차츰 나뉘어 12국이 되었는데, 신라는 그중 한 나라이다. 일설에 의하면 위(魏)나라 장수 관구검(毌丘儉)이 고려를 토벌하여 격파하니, 옥저(沃沮)로 쫓겨 갔다가 그 뒤 다시 고국으로 돌아갔는데, 남아 있던 자들이 마침내 신라가 되었다고 한다. 사로(斯盧)라고도 한다. 그 나라는 중국, 고려, 백제의 족속들이 뒤섞여 있으며, 옥저(沃沮), 불내(不耐), 한(韓), 예(濊)의 땅을 차지하고 있다.

그 나라의 왕은 본래 백제 사람이었는데, 바다로 도망쳐 신라로 들어가 마침내 그 나라의 왕이 되었다. 애초에는 백제에 부용(附庸)하였는데, 백제가 고려를 정벌하여 [고구려 사람들이] 군역(軍役)을 견디지 못하고 무리를 지어와 신라에 귀화하니, 마침내 강성하여 졌다. 그리하여 백제를 습격하고, 가라(迦羅)에 부용(附庸)했다.

L2. 『수서(隋書)』 권81 열전 제46 동이 신라 :

신라국은 고려의 동남쪽에 있는데, 한대(漢代)의 낙랑 땅으로서 사라(斯羅)라고도 한다. 위(魏)나라 장수 관구검(毌丘儉)이 고려를 토벌하여 격파하니, 옥저(沃沮)로 쫓겨 갔다. 그 뒤 다시 고국으로 돌아갔는데, 남아 있던 자들이 마침내 신라가 되었다고 한다.

그러므로 그 나라는 중국, 고려, 백제의 족속들이 뒤섞여 있으며 옥저(沃沮), 불내(不耐), 한(韓), 예(濊)의 땅을 차지하고 있다. 그 나라의 왕은 본래 백제 사람이었는데 바다로 도망쳐 신라로 들어가 마침내 그 나라의 왕이 되었다.

…(중략)…

그의 선대는 백제에 부용(附庸) 하였는데, 뒤에 백제의 고려 정벌로 말미암아 고려인이 군역(軍役)을 견디지 못하고 무리를 지어와 신라에 귀화하니, 마침내 강성하여 백제를 습격하고 가라(迦羅)에 부용(附庸) 했다.

우선, 위의 사료 L1에서 신라의 선조가 진한(辰韓)이라고 하는 부분은 중국의 정사에서 신라전(新羅傳)을 처음으로 편성한 『양서(梁

書)』의 동이열전을 계승한 것이고, 진한의 내용 자체는『후한서』나『삼국지』의 기록을 그대로 계승한 것이다.

그러나 그 후로 이어지는 신라의 성장 과정에 대해서는『북사』나『수서』가 동일한 내용을 기록하고 있다. 즉, 관구검의 공격으로 고구려가 옥저까지 쫓겨 갔을 때 고국으로 돌아가지 않고 남아 있던 자들이 신라가 되었다고도 했고, 백제인이 바다로 도망해서 신라왕이 되었다고도 했으며, 처음에는 백제에 부용 하다가 백제가 고구려를 정벌할 때 강해져서 백제를 습격하고 가야에 부용 했다고 한 것이다.

그러나 여기에는 시점을 확인할 수 있는 두 가지 사실과 시점을 확인할 수 없는 두 가지 백제와의 관계, 그리고 한 가지의 명백한 오류가 포함되어 있다. 실제로 신라에 대해『북사』나『수서』와 동일 내용을 기록한『통전(通典)』에서는, "백제를 습격하고 가라에 부용했다."라고 하는 부분이 "가라(加羅)와 임나(任那)의 제국(諸國)을 습격하여 멸했다."라고 이미 수정되어 있다[56].

이제, 위의 사료 중에서 사실 확인이 곤란한 백제와의 관계부터 잠시 정리해보면, 백제인이 바다로 도망하여 신라로 들어가 그 나라의 왕이 되었다는 기록은『삼국사기』로 볼 때 아마 석탈해를 말하는 듯하다. 하지만 석탈해는 왜국 동북쪽 1천 리 밖에 있는 다파나국(多婆那國)에서 알로 태어나 금관국을 거쳐서 진한(辰韓)의 아진포구(阿珍浦口)로 들어간 인물이다.

---

56)『통전(通典)』 권185 변방(邊防)1 동이(東夷) 상 신라국, "因襲加羅·任那諸國,滅之."

그가 백제와 관련한 인물인지에 대해서는 지금으로서는 알 길이 없다. 다만, 병립하는 신라 왕계로 볼 때 석탈해가 태어난 혁거세 39년은 『삼국사기』의 기록에서 마한왕이 사망한 해이기도 하다. 짐작 해보건대, 이 기록은 마한과 백제와 탈해의 신라진입이 합성되거나 변형된 전승일 수도 있을 것 같다.

또 한 가지 확인되지 않는 백제와의 관계는 처음에 신라가 백제에 부용 했다는 기록이다. 하지만 이것은 백제가 원래 마한의 한 나라이고, 신라의 선조가 진한의 종족이며, 진왕은 자립하지 못했다는 과거의 기록으로부터 비롯된 오해일 가능성이 크다.

특히 『양서』에서는 신라가 나라가 작아서 독자적으로 사신을 보낼 수 없었다고 하면서, 서기 521년 무령왕이 고조(高祖)에게 사신을 보냈을 때 신라가 백제를 따라가서 방물을 바친 사례를 기록했는데[57], 이러한 기록 등의 영향을 받았을 수도 있을 것 같다.

하지만 신라는 이미 서기 381년에도 전진(前秦)의 부견(苻堅)에게 사신을 보낸 바 있다[58]. 부용국이라는 표현은 과거 마한과 진한의 관계로부터 과장되어 졌거나, 그러한 과장이 백제를 통해 남조(南朝)로 와전되었을 가능성도 있겠다.

이제 사료 L1과 L2에서 시점이 명기된 두 가지 기록에 집중할 수 있게 되었다. 우선, 관구검이 고구려를 침공한 서기 246년은 병립

---

57) 『통전(通典)』 권185 변방(邊防)1 동이(東夷) 상 신라국, "因襲加羅·任那諸國,滅之."
58) 『삼국사기』 제3권 신라본기 제3 내물이사금 26년, "위두(衛頭)를 부진(苻秦)에 보내어 방물을 바쳤다."; 『통전』 권185 변방(邊防)1 동이(東夷) 상 신라국, "부견(苻堅) 때, 그 왕(王) 루한(樓寒)이 위두(衛頭)를 보내 조공하였다."

하는 신라 왕계에서 지마왕 17년이다. 이때의 전쟁에서 도망했다가 고구려로 돌아가지 않고 옥저에 남은 자들이 신라가 되었다는 것인데, 이는 귀화나 건국을 의미하는 것이 아니라 고구려인이 머물던 옥저의 땅이 신라의 땅이 되었다는 것을 의미하는 것이다.

사실, 동천왕은 관구검과의 전쟁이 있기 전인 서기 245년까지만 해도 신라의 북변을 침범하기도 했지만[59], 관구검에게 대패하고 평양으로 천도하고 난 서기 248년에는 신라의 화친 요청을 거절할 수 없는 상황이었던 것 같다[60].

물론, 이러한 동천왕 시대의 사건들은 신라본기의 기록처럼 조분왕 16년과 첨해왕 2년의 일이 아니라, 병립하는 신라 왕계에서 지마왕 16년과 지마왕 19년의 일이다. 지마왕 17년에 해당하는 서기 246년 이후 언젠가의 시점에 신라가 고구려인이 잔류하던 옥저의 땅을 병합했다면, 아마도 그 시점 또한 고구려가 패전의 충격에서 빠져나오지 못하고 신라와 화친한 지마왕 19년 이전에 있었던 일이었을 것 같다.

그러나 이때 신라가 되었다고 하는 것은 단순히 어딘가의 옥저 땅이 신라로 병합되었다는 의미에 그치지 않는다. 그곳에는 선진적인 북방의 전쟁 수행 능력을 지닌 고구려인들이 있었다. 이들의 전쟁 경험이 신라의 한 단계 성장에 도움이 되지 않았을 리가 없을 것

---

59) 『삼국사기』 제17권 고구려본기 제5 동천왕 19년, "겨울 10월에 군사를 내어 신라의 북변을 침범하였다."
60) 『삼국사기』 제17권 고구려본기 제5 동천왕 22년, "봄 2월에 신라가 사신을 보내어 화친을 맺었다."

【그림8】 동천왕의 패전과 석씨 시대의 개막

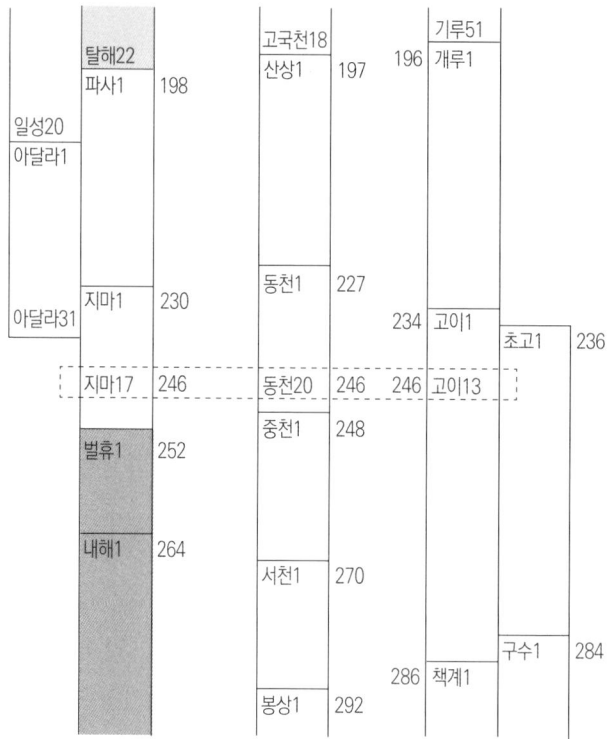

이다.

그렇다고 할 때, 【그림8】의 시간을 참조한다면 고구려의 전쟁 수행 능력을 손에 넣고 나서 즉위하게 되는 첫 번째 신라왕은 박씨의 지마왕에 이어서 서기 252년에 즉위한 석씨의 벌휴왕이다. 더 말할 필요도 없이, 벌휴왕은 탈해왕과 달리 박씨의 시대를 완전히 종식하고 안정적인 석씨의 시대를 열었던 첫 번째의 신라왕이다.

신라에서 석씨의 계보가 박씨의 계보를 완전히 극복한 시기와, 북방의 선진적인 전쟁 수행 능력이 유입된 시기가, 벌휴왕이 즉위하는 배경이 되는 시점에서 일치하고 있다. 결국, 신라는 벌휴왕의 즉위를 기점으로 『위지』 동이전이 기록한 평범한 박씨의 사로국(斯盧國)으로부터 『북사』나 『수서』가 기록하는 새로운 석씨의 신라로 한 단계 성장했다고 말할 수 있을 것 같다.

실제로, 서기 234년에 들어선 백제의 고이왕은 서기 240년부터 그가 사망할 때까지 무려 일곱 차례나 신라를 공격했다. 그러나 신라는 물러나지 않았고, 두 번에 걸친 화친의 요청에도 응하지 않았다[61].

다만, 지금의 신라본기에서 그 시기가 변조되어 조분왕, 첨해왕, 미추왕의 시대로 이동되어 기록되어 있을 뿐인데, 사실은 【그림8】에서 알 수 있는 것처럼 모두 실제 시대에서 지마왕, 벌휴왕, 내해왕의 시대에 있었던 일이다. 그뿐만 아니라 『진서(晉書)』의 사이전(四夷傳)에 의하면, 진한(辰韓)은 서기 280년부터 서기 286년까지 마한과 마찬가지로 세 차례에 걸쳐 당시 삼국을 통일한 서진(西晉)에게 조공했다[62].

---

61) 백제는 고이왕 재위 기간 중 7차례나 신라를 공격했다. 고이왕 7년(240년), 22년(255년) 9월, 22년(255년) 10월, 33년(266년), 39년(272년), 45년(278년), 50년(283년)의 전쟁이 그것이다. 그러나 이러한 충돌 중에서도 백제는 고이왕 28년(261년)과 고이왕 53년(286년) 두 차례에 걸쳐 신라에게 화친을 요청했고 신라는 받아들이지 않았다.
62) 『진서(晉書)』 권97 열전 제67 사이(四夷) 진한(辰韓), "[서진(西晋)] 무제(武帝) 태강(太康) 원년에 [진한] 왕이 사신을 보내어 방물을 바쳤다. [태강] 2년에 다시 와서 조공하였으며, [태강] 7년에도 또 왔다."

이때의 서기 280년이 바로 병립하는 신라 왕계에서 가라가 왕자를 볼모로 보낸 내해왕 17년이다. 당시 서진에 사신을 보냈던 진한의 왕이 바로 신라의 내해왕이었을 것이다. 즉, 동천왕의 고구려와 북쪽 국경을 마주하면서 화친한 이래로, 고이왕의 백제와 서쪽 국경을 두고 수십 년을 충돌해온 신라가, 서기 280년에 가야 왕자를 볼모로 잡거나 마한과 마찬가지로 진한을 대표하여 서진에 조공한 것은 매우 자연스러운 일이라 생각되는 것이다.

사실, 이러한 신라의 성장 과정에 대한 병립하는 신라 왕계의 해석 능력은, 이어지는 김씨의 왕조에서도 그대로 성립한다. 즉, 위의 두 사료에서 말하는 백제의 고구려 정벌이란 서기 371년에 있었던 근초고왕의 평양성 공격을 의미한다.

고구려는 먼저 서기 369년에 2만의 병사로 백제를 공격했으나 치양성에서 크게 패배했다. 서기 371년에 다시 백제를 공격했으나 백제가 3만의 군사로 반격하는 바람에 오히려 고국원왕이 전사하는 변이 일어난다. 서기 375년이 되자 고구려는 다시 백제를 공격하여 마침내 수곡성을 함락시켰고, 그 이듬해에도 다시 백제의 북변을 침범했다.

이에 대해 백제는 서기 377년이 되자 또다시 3만의 군사로 평양성을 침범하게 되었고, 이때 고구려는 반격하여 재차 백제 영역을 침범하게 된다. 이것이 고구려와 백제 사이에서 일어난 9년간의 공방전이다.

그로부터 8년의 공백을 거친 고구려는 고국양왕 3년에 다시 공방전을 재개하게 되지만, 그 이후로도 백제가 고구려를 정벌했다고

【그림9】고구려인들의 귀화와 김씨 시대의 개막

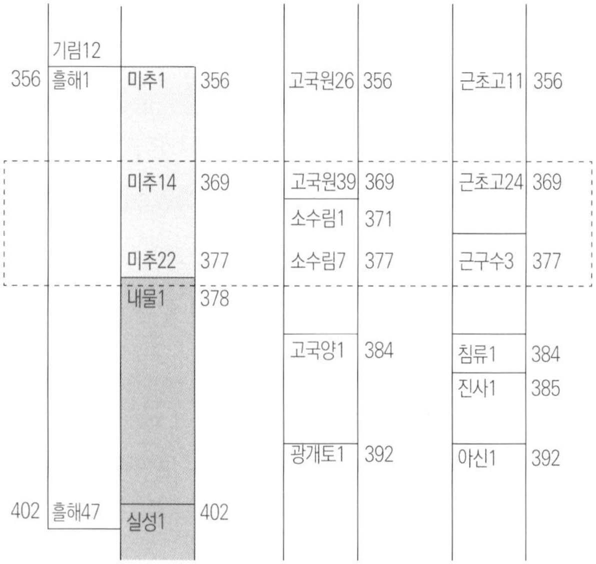

	기림12			고국원26	356	근초고11	356
356	흘해1	미추1	356				
		미추14	369	고국원39	369	근초고24	369
				소수림1	371		
		미추22	377	소수림7	377	근구수3	377
		내물1	378				
				고국양1	384	침류1	384
						진사1	385
				광개토1	392	아신1	392
402	흘해47	실성1	402				

할 만한 전쟁은 근초고왕의 평양성 공격 외에는 찾아볼 수 없다. 백제의 고구려 정벌로 고구려 사람들이 군역(軍役)에 힘들어한 시기란, 역시 근초고왕 24년으로부터 소수림왕 7년 또는 근구수왕 3년인 서기 377년까지 이어진 전쟁을 말하는 것이었다.

그런데, 서기 377년이라면 【그림9】의 병립하는 신라 왕계에서 미추왕 22년의 해이다. 이해는 석씨의 마지막 왕인 흘해왕과 김씨 왕조의 창업자인 미추왕이 서로 병립하면서 내물왕의 즉위를 1년 앞두고 있던 해에 해당한다. 이 시기에 이르기까지 군역에 지친 고구려인들이 대거 이탈하여 신라로 귀화했다는 것인데, 신라가 마침내 강성해졌다고 한 시기는 바로 병립하는 신라 왕계에서 석씨의 시대를 끝내고 김씨의 시대가 시작되는 바로 그 시기였던 것이다.

이것이 『북사』나 『수서』가 기록한 신라의 성장 과정에 대한 병립하는 신라 왕계의 두 번째 해석 능력이다. 이렇게 본다면, 위의 두 사료에서 옥저에 남겨진 고구려인들이 신라가 되었다거나 고구려인의 귀화로 신라가 마침내 강성해졌다고 하는 두 차례의 구체적인 시기는 모두 고구려가 곤궁에 빠졌던 시기에 해당한다.

신라는 고구려가 어려움에 빠졌을 때마다 북방의 선진적인 전쟁 수행 능력을 주입받을 수 있었고, 그때마다 군사력은 한 단계씩 도약할 수 있었을 것이며, 그 도약의 시기는 병립하는 신라 왕계에서 두 차례에 걸친 각 씨족의 교체 시기와 완전히 일치하는 것이다.

[4] 흘해왕과 벽골제

신라본기에 의하면, 흘해왕은 석우로가 조카 명원부인을 얻어서 늦게 본 아들이다. 신라본기나 열전의 기록대로라면 석우로는 서기 249년의 첨해왕 3년 또는 서기 253년의 첨해왕 7년에 사망했고, 흘해왕은 서기 310년에 즉위하여 47년을 재위했다. 그러나 부친이 사망하고 60년이 지나 즉위하여 그렇게 오래 재위했다는 것은 누가 보더라도 비현실적이다.

그러나 흘해왕 21년 조에는 벽골제의 완성 사실이 기록되어 있고[63], 1975년에는 벽골제의 발굴 당시 채취되었던 시료에 대해 연대측정도 이루어졌다. 그러나 그때의 측정 결과는 서기 330년, 서기 350년, 서기 374년이었던 것으로 알려져 있고, 특히 그중에서 서기 330년이라는 결과는 흘해왕 21년이라고 하는 기록의 시간과 정확히 일치하는 것이었다.

그 후 벽골제의 연대에 대해서는 기록과 실제가 잘 부합하는 것으로 평온하게 정리가 된 듯하다. 다만, 벽골제의 완성 사실이 신라본기에 실려 있다는 사실에 대해서는 많은 사람이 『삼국사기』의 오류라고 믿고 있는 것 같다. 서기 330년이라면 벽골제가 있는 김제 지역은 마한 또는 백제의 영역이었으므로 백제 비류왕의 재위 기록에 실리는 것이 타당하다는 것이다.

그러나 벽골제에 대해서는 『삼국유사』에서도 흘해왕 20년에 그 시축(始築) 사실이 기록되어 있다.[64] 김부식은 물론이고 일연까지도 백제와 신라를 구분하지 못했을 것이라는 생각은 너무 지나친 것이다. 더구나 4세기의 김제 지역이 백제의 영역이었다고 주장할 만한 근거는 어디에도 없다. 다만, 그동안 『일본서기』에 기록되어 있는 서기 369년의 신공 49년 조의 전쟁을 역사적 사실로 믿고 있는 사람이 많고, 그 전쟁으로 해당 지역이 백제의 땅이 되었을 것이라고 상상하는 사람이 많으며, 그때 등장하는 벽중(辟中)이나, 벽지산(辟支山) 등의 지명이 김제 지역으로 비정되어 있을 뿐이다.

하지만 지금까지의 고고학적 발굴성과에 의하면, 벽골제가 있는

---

63) 『삼국사기』 제2권 신라본기 제2 흘해이사금 21년, "처음으로 벽골지(碧骨池)를 열었는데, 둑의 길이가 1,800보였다."
64) 『삼국유사』 왕력 신라 제16대 걸해(乞解)이질금, "기축년에 처음으로 벽골제(壁骨堤)를 쌓았다. 둘레가 □만7,026보, □□가 166보, 수전(水田)이 14,070□이다."

김제 지역은 5세기까지도 백제의 석축 묘가 전혀 발견되지 않는 순수한 마한 분구묘의 축조지역이었다. 그뿐만 아니라, 벽골제의 축조 방식도 백제의 풍납토성에서 볼 수 있는 성토방식이 아니라 기존의 마한 분구묘에서 공통으로 사용되는 성토방식으로 알려져 있다. 신공 49년의 전쟁 이후 해당 지역이 백제의 땅으로 되었을 것이라고 하는 『일본서기』에 대한 믿음과 고고학적 발굴성과가 전혀 일치하지 않는 것이다.

이에 대해 혹자는 백제가 영역화한 서기 369년 이후에도 그 지역을 간접 지배했다면 기존의 마한식 분구묘가 지속되는 것이 문제될 수는 없다고도 한다. 하지만 영역화한 땅을 간접 지배한다는 것은 논리적으로도 성립되지 않는 이상한 표현이다. 직접 지배하지 않았다면 영역화가 되지 않은 것이다. 무엇보다도 후술에서 더 자세히 밝히겠지만 『일본서기』의 신공기는 현실의 역사기록이 아니다. 응신이 태중에 있을 때 이미 신라를 포함하는 삼한을 정벌했고, 응신이 즉위하기 전에 이미 백제를 번국(蕃國)으로 삼았다고 주장하기 위해 창작된 응신의 즉위 전기일 뿐이다.

반면에, 병립하는 신라 왕계에 의하면, 흘해왕은 서기 321년에 우로가 사망한 지 35년이 지난 서기 356년에 즉위한 석씨 왕계의 마지막 신라왕이다. 부친이 사망하고 35년 만에 즉위하여 47년을 재위하였으니 꽤 장수한 것은 사실이나, 신라본기의 시간처럼 전혀 비현실적인 나이의 주인공은 아니다. 오히려 흘해왕 21년의 서기 376년에는 벽골제도 열었고, 흘해왕 36년의 서기 391년에는 왜국으로부터 절교의 국서를 받기도 한 특별한 신라왕이다.

그러나 그가 벽골제를 열었다는 것은 당시 그가 김제 지역을 포함하는 마한의 땅 어딘가를 다스렸다는 것을 의미할 것이다. 물론 해당 지역이 언제부터 신라왕이 자유로이 드나들 수 있었던 땅인지 지금으로서는 알 수가 없으나, 병립하는 신라 왕계를 참조할 때 그때의 상황을 전혀 상상할 수 없는 정도는 아닌 것 같다.

즉, 기림왕 3년에는 낙랑과 대방 양국이 신라에 귀복하는 일이 있었고[65], 기림왕 3년이라면 병립하는 신라 왕계에서 서기 346년이며, 그해는 바로 백제에서 근초고왕이 즉위한 해이다. 어쩌면, 그때 낙랑과 대방 사람들이 신라로 귀복을 한 이유가 근초고왕의 즉위와 관련한 피난이었을 가능성도 있을 것 같다.

그뿐만 아니라, 기림왕은 재위 10년인 서기 353년이 되자 자신이 다스리던 나라의 이름을 다시 신라라 했다[66]. 이는 혁거세왕의 건국[67] 이래 탈해왕 9년[68]에 이어 세 번째로 등장하는 국호에 관한 기록이다.

하지만, 탈해왕 9년의 경우는 김씨의 알지가 태어난 곳을 계림이라 불렀다는 것이었고, 그로 인해 계림이 나라의 이름으로 되었다(因以爲國號)는 것이었다. 탈해왕이 자신의 탄생지도 아닌 김씨의

---

65) 『삼국사기』 제2권 신라본기 제2 기림이사금 3년, "낙랑(樂浪)과 대방(帶方) 양국이 귀복(歸服)했다."
66) 『삼국사기』 제2권 신라본기 제2 기림이사금 10년, "다시(復) 국호를 신라(新羅)로 했다."
67) 『삼국사기』 제1권 신라본기 제1 시조 혁거세거서간 원년, "시조의 성은 박(朴)이고, 이름은 혁거세(赫居世)이다. 전한 효선제(孝宣帝) 오봉(五鳳) 원년 갑자년 4월 병진일[정월 15일이라고도 한다.]에 즉위하여 호칭을 거서간(居西干)이라고 하니, 이때 나이가 13세였다. 나라 이름은 서나벌(徐那伐)이라고 하였다."
68) 『삼국사기』 제1권 신라본기 제1 탈해이사금 9년, "시림의 이름을 계림(雞林)이라고 바꾸었는데, 이로 인해 계림이 국호가 되었다."

탄생지를 자신이 다스리는 나라의 이름으로 삼았다는 것을 그대로 믿을 수는 없는 일이다.

3성의 씨족으로 대표되는 다양한 신라의 계통을 생각할 때, 이때의 국호란 박씨나 석씨의 나라가 아니라 김씨의 나라를 가리키는 호칭이었을 가능성이 클 것 같다. 실제로, 『위지』의 변진(弁辰)전이나 지증왕 4년[69]의 국명에 관한 기록을 보더라도 계림이라는 국호는 어디에도 나타나지 않는다. 다만, 『삼국유사』의 김제상전에서 처음으로 김씨의 신라왕을 계림왕이라 부르고 김씨의 신라를 계림이라 부르는 사례[70]가 등장할 뿐이다.

만약에 계림이란 이름이 정식의 국호가 아니라 계림의 땅을 본거지로 하는 김씨의 신라를 가리키는 호칭이었다면, 기림왕이 서기 353년에 국호를 다시 신라로 했다고 한 것은, 그때 기림왕이 계림의 땅에서 나라 이름을 다시 바꾼 것이 아니라, 그가 계림이 아닌 신라의 땅으로 돌아가 나라를 다스렸다는 의미로 읽혀야 할 것 같다.

그렇다고 한다면, 적어도 기림왕의 시대에서 석씨 왕조는 이미

---

[69] 『삼국사기』 제4권 신라본기 제4 지증마립간 4년, 겨울 10월에 여러 신하가 아뢰기를, "시조(始祖)께서 나라를 세우신 이래, 나라 이름을 정하지 않아, 사라(斯羅)라고 부르거나 사로(斯盧)라고 부르고, 혹은 신라(新羅)라고도 말하였습니다. 신들이 생각하건대, '신(新)'은 '덕업(德業)이 날로 새로워진다.'는 뜻이고, '라(羅)'는 '사방(四方)을 망라한다.'라는 뜻이니, 이를 나라 이름으로 삼는 것이 마땅합니다. 또한 살펴보건대, 예로부터 국가를 가진 이는 모두 '제(帝)' 또는 '왕(王)'이라고 칭하였습니다. 우리 시조께서 나라를 세우시고부터 지금 22세(世)에 이르기까지 단지 방언(方言)으로만 부르고 존귀한 호칭으로 바로 잡지 못하였으므로, 이제 여러 신하가 한뜻으로 삼가 '신라국왕(新羅國王)'이라는 호칭을 올립니다."라고 하니, 왕이 이를 따랐다.

[70] 『삼국유사』 제1권 기이(紀異) 제1 내물왕 김제상, "그는 왜국에 도착해서 거짓말을 했다. '계림왕(鷄林王)이 아무 죄도 없는 우리 부형을 죽였기로 도망해서 여기 온 것입니다.' …(중략)… '나는 계림(鷄林)의 신하이지 왜국의 신하가 아니오.'… (생략)"

계림의 땅으로부터 떠나 있었던 셈이다. 그곳이 바로 서기 346년에 귀복한 낙랑과 대방의 사람들이 안치된 곳이기도 하고, 서기 356년에 기림왕이 사망하자 흘해왕이 즉위한 곳이기도 하며, 서기 376년에 벽골제의 축조가 필요하게 되었던 곳이기도 할 것이다. 이는 병립하는 신라 왕계에서 석씨와 김씨가 공존하는 현실적인 영역에 관한 모습일 수도 있을 것 같다.

이렇게 즉위한 흘해왕은 서기 390년이 되자 왜왕으로부터 딸을 달라는 청혼을 받게 되고, 이를 거절하자 그 이듬해에는 왜왕으로부터 절교의 국서를 받는다. 그러나 서기 391년이라면 미추왕에 이어서 내물왕이 즉위한 지 14년이 되는 해이자, 석씨와의 병립 상태를 끝내고 완전한 김씨의 시대를 여는 실성왕이 즉위하기 11년 전이다.

실제로, 서기 402년에는 실성왕이 즉위와 동시에 김씨 왕조로서는 처음으로 왜국과 통호(通好)를 맺게 되지만, 서기 391년의 석씨 왕조로서는 탈해왕이 재위 3년에 왜국과 결호(結好)한 지 실로 214년 만의 절교였던 셈이다.

그러나 이 해는 바로 광개토왕의 비문에서 왜가 바다를 건너왔다고 해서 유명한 신묘년(辛卯年)이기도 하다. 물론, 비문 상의 광개토왕 재위 시기도 고구려본기와 전체적으로 1년의 시차가 있고, 비문에 나타나 있는 전쟁의 공적도 고구려본기와 같은 기록이 없어 사건을 대조하기에는 어려움이 있다.

하지만, 병립하는 신라 왕계에 따르면 왜가 신묘년에 흘해왕의 신라에게 절교를 통보한 것도 사실이고, 비문으로 볼 때 신묘년에 왜가 와서 삼국의 외교 관계에 모종의 변화가 생겨난 것도 사실이다. 광개토왕의 비문과 병립하는 신라 왕계가 신묘년의 시점에서 공통의 접점을 가지고 있는 것이다.

실제로, 왜가 그동안 통호하고 있던 석씨 왕조에게 절교를 통보하자 그 이듬해인 서기 392년에 고구려는 새로 계림에 들어선 김씨 왕조에게 사신을 보냈고, 이때 내물왕은 주저하지 않고 실성을 볼모로 내어 주었다[71]. 이는 아직 왜와 통호하지 못한 김씨의 신라가 취할 수 있는 당연한 선택으로 이해되는 일이다.

반면에, 근초고왕의 평양성 공격 이래 고구려와 원수지간이던 백제는 같은 해인 서기 392년 7월과 10월에 고구려로부터 두 차례의 공격을 받고 석현성(石峴城)과 관미성(關彌城) 등 10여 개의 성을 잃고 말았다[72].

광개토왕의 비문이 말해주는 것처럼, 그로부터 이어지는 사건의 전개로 볼 때, 신라가 고구려와 연합하고 백제가 왜와 연합하는 체제는 흘해왕 36년이자 서기 391년의 신묘년에 있었던 모종의 외교적 상황이 그 계기가 되었던 것이다.

---

71) 『삼국사기』 제3권 신라본기 제3 내물이사금 37년. "봄 정월에 고구려에서 사신을 보냈다. 왕은 고구려가 강성하였기 때문에 이찬(伊飡) 대서지(大西知)의 아들 실성(實聖)을 보내 볼모로 삼았다."
72) 『삼국사기』 제25권 백제본기 제3 진사왕 8년. "가을 7월에 고구려왕 담덕(談德)이 40,000명의 군사를 거느리고 북쪽 변경을 공격하여 석현성(石峴城) 등 10여 성을 함락시켰다. 왕은 담덕이 군사를 잘 부린다는 말을 듣고 나가서 막지 못하니, 한수(漢水) 북쪽의 여러 마을을 많이 빼앗겼다."

3부
『일본서기』의 시간

1. 기년의 변조 구조
2. 설계된 시간
    [1] 응신기의 시간
    [2] 목만치와 소아의 시간
3. 변조의 파장과 수습

1. 기년의 변조 구조

앞에서 살펴보았던 것처럼, 병립하는 백제 왕계나 병립하는 신라 왕계는 실제의 시대에 부합하는 왕계이자, 『일본서기』의 찬자가 신공기의 연대를 120년 인상하면서 변조를 정당화하기 위해 기록에서 참조했던 왕계이다.

그러나 『삼국사기』에 나타나 있는 백제 왕계나 신라 왕계는 그러한 모습으로부터 지금 우리가 보는 모습으로 몰라보게 변조되어 있다. 변조가 가해진 결과의 범위로 보면, 백제의 경우 초고왕에서 비류왕이 즉위하기까지 139년간이고, 신라의 경우 유리왕 20년에서 내물왕의 사망까지 360년간이다.

변조의 구간으로 볼 때, 변조 자체가 삼국의 내부에서 존재하는 어떤 공통의 요인에 의해 이루어진 것 같지는 않다. 오히려, 두 왕계의 실제 시간이 신공기의 시간 축을 통해 서로 연결되어 있다는 사실에 주목할 때, 두 왕계에 대한 변조 구조가 『일본서기』의 기년 체계와 직접 관련되어 있을 가능성 또한 높아 보이는 것이다.

실제로, 지금의 초고왕이나 파사왕의 재위 시기를 『일본서기』의 관점에서 바라본다면, 초고왕은 그가 재위하던 실제 시대로부터 신공기 69년에 상당하는 시간만큼이 인상되어 있고, 파사왕은 그가 실제로 재위하던 시대로부터 신공기 69년에 상당하는 시간과 50년 이란 시간이 더해져서, 최종적으로는 경행(景行)과 동일한 시대의 인물[73]로 기록되어 있다고 말할 수 있다.

그뿐만 아니라, 파사왕이 실제의 시대로부터 118년이 인상되어 진 변조의 구간은, 『일본서기』의 기년 체계에서 경행(景行), 성무(成務), 중애(仲哀)의 3대(이하 '경행계(景行系)'라 부르기로 한다.)가 재위하는 130년의 구간에 해당한다. 3대가 130년이라면 그 구간 또한 실제 시대로부터 부풀려진 시간일 것 같다.

지금의 신라본기에서 파사왕의 재위 시기가 실제의 시대로부터 118년이 인상되어 있다는 것은 이미 앞에서 확인된 사실이고, 지금의 『일본서기』에서 경행의 재위 시기도 인상의 가능성이 의심되며, 이러한 두 사람이 서로 동시대의 인물로 각각 기록되어 있다는 것인데, 그렇다면 기록의 시간뿐 아니라 실제의 시대에서도 경행과 파사왕이 동시대의 인물이었을 가능성이 의심되는 것이다.

실제로 『일본서기』의 경행기(景行紀)를 살펴보면, 경행은 모두 80명의 자식을 두었다고 기록되어 있고, 그중에서 일본무존(日本武尊), 성무(成務), 오백성입언(五百城入彦)의 3인을 제외한 나머지 70

---

[73] 『삼국사기』에서 파사의 즉위년은 서기 80년이고, 『일본서기』에서 경행의 즉위년은 서기 71년이다.

여 명은 모두 국군(國郡)에 봉해져서 그 곳으로 갔다고도 기록되어 있다[74].

70여 곳의 국군(國郡)에 대한 통치자가 모두 같은 아버지를 둔 형제였다는 기록을 그대로 믿을 수는 없는 일이고, 이러한 의심을 반영하듯이 경행기에는 경행의 자식들에 관하여 모순된 기록이 다수 존재한다.

그 첫 번째의 사례는 경행 2년의 기록으로, 이해에 경행은 파마도일대랑희(播磨稲日大郎姫)를 황후로 맞아 대대(大碓)와 나중에 일본무존으로 불리게 되는 소대(小碓)를 쌍둥이로 낳았다고 했다. 그러나 경행 4년에는 대대(大碓)가 미농(美濃)으로 파견되어 그곳에서 밀통하여 복명하지 않았다는 기록이 있고, 경행 27년에는 일본무존이 16세의 나이로 웅습(熊襲)의 정벌에 나선다는 기록이 있다.

이에 따르면 대대(大碓)는 경행 2년보다 훨씬 이전에 태어났을 것이고 일본무존은 그보다 훨씬 후인 경행 12년에 태어났을 것이다. 결국, 대대(大碓)와 소대(小碓)가 쌍둥이라고 하는 형제 관계는 자체모순으로서 사실로 인정될 수 없다.

한편, 경행은 재위 4년에 팔판입원(八坂入媛)을 비(妃)로 맞아 성무(成務)와 오백성입언(五百城入彦)을 비롯한 7남 6녀를 낳았고, 성무의 즉위 전기에서는 그가 경행의 넷째 아들로 기록되어 있다.

『일본서기』가 설정하고 있는 기년 상의 시간으로만 놓고 본다면,

---

74) 『일본서기』 권제7 경행천황 4년. "천황의 황자, 황녀는 전후 합하여 80의 자식이다. 그런데 일본무존(日本武尊)과 성무(成務)천황과 오백성입언(五百城入彦) 황자를 제외하고 70여 명을 다 국군(國郡)에 봉하고 각각 그 나라에 보냈다."

성무는 60년을 재위하고 107세에 사망했으므로 48세에 즉위한 셈이고[75], 이에 앞선 경행도 60년을 재위했으므로 결국 성무는 경행 14년에 태어난 셈이다.

하지만 이는 즉위와 사망에 대한 기년 체계상의 생년일 뿐, 정작 경행계 시대의 내부 기록들은 성무의 탄생 시기와 관련하여 전혀 다른 이야기로 채워져 있다. 즉, 성무 3년의 기록에 의하면 성무와 무내숙녜(武內宿禰)는 같은 날에 태어났고, 경행 25년의 기록에 의하면 그때 무내숙녜가 북륙(北陸)과 동방(東方)으로 시찰을 떠난다.

만약에 성무가 기년 상의 시간대로 경행 14년에 태어났다면, 그와 동갑인 무내숙녜가 시찰을 떠나는 경행 25년에는 12세의 어린 나이가 되고, 이 나이로는 시찰을 떠나는 장면도 설명하기 어렵다.

반면에, 무내숙녜의 탄생에 대해서는 매우 구체적이고 직접적인 기록이 존재한다. 무내숙녜는 그의 부친 옥주인남무웅심명(屋主忍男武雄心命)이 경행 3년에 백원(柏原)으로 파견되어 9년을 머무르는 동안에 태어난 아들이라는 기록이다[76]. 이에 따르면, 무내숙녜나 성무는 어떤 경우에도 경행 12년에 태어난 일본무존보다 늦게 태어날 수 없다.

결국, 성무가 일본무존보다 동생이라고 한 성무 즉위 전기의 기록은, 경행과 성무가 각각 60년씩을 재위하는 『일본서기』의 기년

---

75) 『일본서기』 권제7 성무천황 60년, "천황이 붕(崩) 하였다. 그때 나이 107세였다."
76) 『일본서기』 권제7 경행천황 3년, "옥주인남무웅심명(屋主忍男武雄心命)이 아비(阿備)의 백원(柏原)에 가 있으며 신기(神祇)에 제사 지냈다. 거기에 머무른 지 9년이 되었는데, 그때 기직(紀直)의 원조(遠祖)인 도도언(菟道彦)의 딸 영원(影媛)에 장가들어 무내숙녜(武內宿禰)를 낳았다."

체계에서만 성립하는 관계일 뿐인 것이다. 더 나아가서, 성무로 말하자면 경행이 재위 4년에 팔판입원(八坂入媛)을 얻어서 낳은 장남이다. 성무나 무내숙녜는 그 이듬해인 경행 5년에서 경행 11년 사이의 어느 해인가에 태어났을 것이고, 가장 빠르게는 경행 5년에 태어났을 수도 있었을 것 같다.

지금까지의 사례들은, 경행계의 3대 130년이라고 하는 기년 상의 시간과 그 속에 등장하는 개별 인물들의 시간은 전혀 별개라는 사실을 설명한다. 이러한 사실에 주목한다면, 『일본서기』에 설정이 된 기년 상의 시간과는 별개로, 각 기록에 등장하는 개별 인물들의 생애 시간을 통해 그들과 함께하는 실제의 시간을 식별할 수 있을 것 같다.

이러한 가능성과 관련하여, 중애가 즉위하자마자 군신들 앞에서 자신이 미처 약관(弱冠)이 되지 못한 나이에 부친이 사망했다고 한 발언[77]이 주목된다. 경행기의 기록에 따르면, 그의 부친인 일본무존은 경행 12년에 태어나 30세로 요절했다[78]. 기년 상의 시간대로라면 친부가 사망하고 81년이나 지난 뒤에 아들 중애가 즉위했다는 것인데, 『일본서기』 스스로 경행계의 130년이 실제의 시간으로부터 부풀려진 시간이라고 밝히고 있는 셈이다.

일본무존이 30세의 젊은 나이에 사망했으므로 꽤 어린 나이에 중애를 낳았을 것 같다. 만약에 그가 15세의 어린 나이에 중애를 낳

---

77) 『일본서기』 권제8 중애천황 원년, "짐(朕)이 아직 약관(弱冠)이 되기 전에 부왕(父王)이 붕(崩) 하였다."
78) 『일본서기』 권제7 경행천황 40년, "능포야(能襃野)에서 붕(崩) 하였다. 그때 나이 삼십이었다."

앉다면 30세로 사망할 때 아들 중애는 16세였을 것이고, 조금 더 장성하여 20세에 중애를 낳았다면 30세로 사망할 때 그의 아들 중애는 11세에 불과했을 것이다.

중애가 이때를 약관이 되지 못한 나이였다고 표현한 것으로 보아 유년이라는 표현이 오히려 어울릴 것 같은 11세보다 어리지는 않았을 것 같고, 그렇다고 16세보다 많았다고 한다면 그의 부친이 너무 어린 나이에 그를 낳은 셈이 된다.

대략 이러한 시간 관계를 참고하여, 중애가 태어날 당시에 일본무존의 나이가 15세에서 20세 사이였다고 일단 가정해 볼 때, 이에 대응하는 중애의 탄생은 경행 26년에서 경행 31년 사이라고 말할 수 있을 것이다.

이렇게 중애의 탄생 시점을 경행의 기년으로 표현할 수 있다면, 경행의 즉위년으로부터 중애가 52세[79]로 사망하는 시점까지의 경과 시간도 중애의 탄생 년과 동일한 오차 범위로 식별할 수가 있게 된다. 즉, 중애가 경행 26년에 태어났다면 경행은 중애의 사망으로부터 76년 전에 즉위한 것이고, 중애가 경행 31년에 태어났다면 경행은 중애 사망으로부터 81년 전에 즉위한 것이다.

결국, 중애가 52년을 생존한 실제의 인물이었다고 가정할 때, 경행계의 3대가 실제로 재위한 시간은 77년에서 82년 사이의 어느 시간이었을 것이고, 이 경우, 130년이라고 하는 기년 상의 재위 시

---

79) 『일본서기』 권제8 중애천황 9년 봄 2월, "천황이 갑자기 몸이 아프더니 다음날 붕(崩)하였다. 그때 나이 52세였다."

【표1】 경행계의 실제 재위 기간

중애 탄생 시점		중애 사망 시점		경행계의 재위 기간에서 인상된 기간 (130-D)
일본무존의 나이 (A)	경행 기년 (B=A+11)	중애나이 (C)	경행계의 재위 기간 (D=B+C-1)	
15세	경행26년	52	77년	53년
16세	경행27년		78년	52년
17세	경행28년		79년	51년
18세	경행29년		80년	50년
19세	경행30년		81년	49년
20세	경행31년		82년	48년

간은 실제보다 48년에서 53년 사이의 시간이 인상된 시간이었다고 말할 수 있을 것이다. 【표1】은 이러한 시간의 상관관계를 각 연도별로 정리한 것이다.

이상과 같이, 기록 속에 등장하는 중애의 실제 생애 시간으로부터 경행계의 3대가 실제로 재위했던 시간이 비교적 좁은 추정범위 내에서 식별되어 졌다.

그러나 이러한 관점을 그보다 더 후대의 시대까지 확장해본다면, 경행의 시대 초기에 태어났을 무내숙녜나 성무의 동생 오백성입언(五百城入彦)과 관련된 비현실적인 시간에도 주목하게 된다. 즉, 무내숙녜는 응신 9년의 시점에도 생존하면서 그의 동생과의 다툼에서 겨우 살아남았고[80], 오백성입언은 그의 손녀가 응신의 황후가 되어 인덕(仁德)을 낳았다[81].

물론 『일본서기』에서 인덕은 87년이나 재위하는 것으로 기록되어 있고, 무내숙녜도 마치 인덕 50년의 시점에도 생존하고 있는 것처럼 묘사되어 있지만[82], 그때의 장면까지 실제 시대의 기록으로 인정될 수는 없다. 『삼국사기』와의 대조로 확인되는 응신 16년의 시점과 웅략(雄略)이 즉위하기 이전 사이의 구간은 신공기를 120년 인상하기 위해 부풀려진 구간이고, 인덕 50년도 그렇게 부풀려진 구간에 속하는 허위의 시점이기 때문이다.

사실, 신공기의 연대가 실제 시대보다 120년이 인상되어 있다는 사실 자체에 대해서는 널리 알려진 사실이나, 정작 그렇게 인상되도록 왜곡되어 진 신공기 이후의 시간에 대해서는 그렇지 않은 것 같다.

그러나 『일본서기』에서 응신의 시대 이후에 다시 『삼국사기』와의 연도 대조가 가능한 기록이 등장하는 시대가 웅략의 시대이다. 이 사이의 구간에서 신공기가 120년이 인상되도록 시간의 변조가 이루어진 것인데, 그 변조의 구조는 아래의 기록에 의해 식별된다.

---

80) 『일본서기』 권제10 응신천황 9년. "무내숙녜(武內宿禰)를 축자(築紫)에 보내 백성을 감찰하게 하였다. 그때 무내숙녜의 아우 감미내숙녜(甘美內宿禰)는 형을 제거하려고 천황에 참언하여, '무내숙녜는 천하를 바라는 마음이 있습니다. 지금 들으니 축자에서 밀모하여 축자를 갈라서 삼한(三韓)을 불러 자기에게 따르게 하면 천하를 얻을 수 있다고 말한다고 합니다.'라고 말하였다. 이에 천황은 사람을 보내 무내숙녜를 죽이려고 하였다. …(중략)… 무내숙녜와 감미내숙녜는 같이 기성천(磯城川)에 가서 탐탕(探湯)을 하였다. 무내숙녜가 이겼다. 큰 칼을 쥐고 감미내숙녜를 때려 눕혀 죽이려고 하였다. 천황이 칙하여 석방하였다. 기직(紀直) 등의 선조에게 주었다."
81) 『일본서기』 권제11 인덕천황 즉위전. "대초료(大鷦鷯)천황은 응신천황의 제4자이다. 어머니는 중희명(仲姬命)이라 한다. 오백성입언황자(五百城入彦皇子)의 손(孫)이다."
82) 『일본서기』 권제11 인덕천황 50년 봄 3월. "하내(河內) 사람이 주하여 '자전제(茨田堤)에 기러기가 새끼를 낳았습니다.'라고 말하였다. 그날로 사람을 보내 보게 하였다. '사실입니다.'라고 말하였다. 천황은 무내숙녜에게 노래로 물었다. …(중략)… 무내숙녜는 답하여 노래를 불렀다."

M1. 『일본서기』 권14 웅략천황(雄略天皇) 2年 :

    가을 7월, 백제의 지진원(池津媛)은 천황이 장차 부르려 하는데도 석천순(石川楯)과 통하였다[구본(舊本)에 석하고 합수(石河股合首)의 선조 순(楯)이라 하였다]. 천황이 크게 노하여 대반실옥대련(大伴室屋大連)에게 칙하여 래목부(來目部)로 하여금 부부의 사지를 나무에 묶어 매어 임시의 자리 위에 놓고 불로 태워 죽였다.

    [『백제신찬(百濟新撰)』에 말하였다. 기사년(己巳年)에 개로왕(蓋鹵王)이 즉위하였다. 천황이 아례노궤(阿禮奴跪)를 보내 미녀를 청하였다. 백제는 모니부인(慕尼夫人)의 딸을 단장하여 적계여랑(適稽女郎)이라 하였다. 천황에 바쳤다.]

M2. 『일본서기』 권14 웅략천황(雄略天皇) 5年 :

  여름 4월

    …(중략)…

  아우 군군(軍君)[곤지(昆支)이다]에게 고하여 "너는 일본으로 가서 천황을 섬겨라"라고 말하였다.

    …(중략)…

  6월 병술삭(丙戌朔), 임신한 부인은 과연 가수리군(加須利君)의 말대로 축자(筑紫)의 각라도(各羅島)에서 출산하였다. 그래서 그 아이의 이름을 도군(島君)이라 하였다. 그래서 군군은 배 한 척을 마련하여 도군(島君)을 그 어머니와 같이 백제로 돌려보냈다. 이를 무령왕(武寧王)이라 한다. 백제인은 이 섬을 주도(主島)라 하였다. 가을 7월, 군군이 경(京)에 들어왔다. 그로부터 5인의 아들을 두었다. [『백제신찬』에 말하였다. 신축년(辛丑年), 개로왕이 아우 곤지군(昆支君)을 보내어 대왜(大倭)로 가서 천왕을 모시게 하였다. 형왕의 수호를 닦았다.]

M3. 『일본서기』 권14 웅략천황(雄略天皇) 20年 :

겨울, 고구려왕이 크게 군사를 일으켜 백제를 쳐 멸망시켰다. 그때 조금 남은 잔병들이 창하(倉下)에 모여 있었다.
…(중략)…
[『백제기(百濟記)』에 말하였다. 개로왕 을묘년(乙卯年) 겨울, 맥(貊)의 대군이 와서 대성(大城)을 친지 7일7야에 왕성이 함락하여 드디어 위례(尉禮)를 잃었다. 국왕 및 대후, 왕자 등 다 적의 손에 죽었다.]

즉, 사료 M2는 곤지의 파견과 무령왕의 탄생에 관한 기록으로, 여기에는 웅략 5년이 서기 461년의 신축년(辛丑年)이라고 하는 『백제신찬(百濟新撰)』의 기사가 인용되어 있다. 무령왕의 탄생에 대해서는 『삼국사기』에는 실려 있지 않으나 「무령왕릉지석(武寧王陵誌石)」[83]에 의해 확인된다.

---

83) 「武寧王陵誌石」, "영동대장군(寧東大將軍) 백제 사마왕(斯麻王) 년62세 계묘년(癸卯年) 5월 병술삭 7일 임진 붕(崩)."

지석문에서 무령왕은 서기 523년의 계묘년(癸卯年)에 62세로 사망했다고 기록되어 있고, 사료 M2에서의 신축년은 서기 523년의 계묘년으로부터 정확히 62년 전의 해이다. 웅략 5년 조와 『백제신찬』은 실제 시대의 시간을 기록하고 있는 것이다. 또한, 사료 M3에 인용된 『백제기』도 한성백제가 멸망한 시점을 『삼국사기』와 마찬가지로 을묘년이라고 기록하고 있다.

시간의 연속성으로 볼 때 웅략 20년은 한성백제가 멸망한 이듬해에 해당하고, 기록의 내용으로 보아도 멸망한 이듬해의 모습에 잘 부합하는 것 같다. 사료 M3의 시점도 실제 시대인 것이다.

결국, 사료 M2의 웅략 5년과 사료 M3의 웅략 20년에 대한 시간적인 연속성으로 볼 때 웅략의 즉위년은 서기 457년이고, 그때가 정유년(丁酉年)이라고 한 웅략 즉위년의 기록과도 잘 부합한다. 즉, 웅략기의 모든 시간은 실제 시대의 구간으로 확인된다.

그러나 웅략의 즉위년이 실제의 시대라고 한다면, 『삼국사기』와의 대조를 통해 실제 시대로 확인되는 서기 405년의 응신 16년은 그로부터 불과 52년 전의 일이었던 셈이다. 『일본서기』는 신공기에서 적어도 응신 16년까지 이어지는 구간을 120년 인상하기 위하여, 응신 16년의 시점으로부터 웅략이 즉위하기 이전까지 52년간을 172년간으로 늘이는 변조를 한 것이다.

실제로, 이때 이루어진 시간에 관한 변조의 구조는 사료 M1에서 인용되어 있는 『백제신찬』에 의해 밝혀진다. 즉, 웅략이 개로왕에게 미녀를 청하여 개로왕이 지진원(池津媛)을 보냈는데, 그녀는 웅략이 부르기도 전에 석천순(石川楯)과 통하는 바람에 이를 안 웅략이 재위 2년이 되는 해에 그 부부를 죽였다는 것이다.

그런데 『삼국사기』에 의하면 개로왕은 서기 455년 9월에 즉위했고,[84] 『일본서기』의 칭원에 따른 개로왕의 즉위년은 서기 456년이며, 웅략은 그 이듬해인 서기 457년에 즉위했다. 개로왕의 즉위로부터 지진원이 처벌되는 웅략 2년 7월까지는 미처 3년이 되지 않는 가까운 과거사였던 것이다.

그럼에도 불구하고 M1의 『백제신찬』은 개로왕이 기사년(己巳年)에 즉위했다고 기록하고 있는 것인데, 웅략이 즉위하기 이전의 기사년이라면 서기 429년이나 그보다 60년 전인 서기 369년일 것이다. 하지만 서기 369년은 신공기가 기록하는 핵심 인물인 근초고왕의 활동 시대로 『일본서기』가 중복해서 기록할 시점이 아니다. 『백제신찬』이 말하는 기사년은 서기 429년일 수밖에 없다. 『백제신찬』은 개로왕이 『삼국사기』 기준의 서기 455년이나 『일본서기』 기준의 서기 456년이 아니라 서기 429년에 즉위했다고 기록하고 있고, 『일본서기』는 그것을 그대로 인용하고 있는 것이다.

실제로, 『일본서기』의 칭원을 기준으로 할 때 개로왕의 실제 즉위년은 서기 456년이고, 이 해는 『일본서기』의 시간으로 안강(安康) 3년이다. 그러나 서기 429년의 기사년은 『일본서기』의 시간에서 윤공 18년이다. 『일본서기』에서 원래 안강 3년의 일로 기록이

---

84) 『삼국사기』 권제25 백제본기 제3 비유왕(毗有王) 29년. "가을 9월 검은 용이 한강에 나타났는데 잠시 짙은 구름과 안개가 몰려 어두워지자 날아 갔다."; 『삼국사기』 권제25 백제본기 제3 개로왕 즉위년. "개로왕(蓋鹵王)[혹은 근개루(近蓋婁)라고도 한다]의 이름은 경사(慶司)이다. 비유왕의 맏아들이다. 비유왕이 재위 29년에 돌아가자 왕위를 이었다."

되어야 할 일이 윤공 18년의 일로 기록되었다는 것은 명백한 기년 인상에 해당하는 것이다.

여기에서, 안강의 재위 시간 자체가 3년으로 짧아 인상이 가해질 만한 구간이 아니라고 볼 때, 실제의 인상은 윤공의 재위 구간에서 일어났을 것이고, 그 방식은 【그림10】에 나타낸 것처럼 윤공의 즉위년을 27년 인상하는 방식이었을 것이다. 결국, 윤공은 지금의 『일본서기』에서 볼 수 있는 것처럼 42년간을 재위한 것이 아니라, 실제의 시대에서 서기 439년에 즉위하여 15년간을 재위한 것이고, 윤공 18년이란 시점도 실제의 윤공 시대에서 존재하지 않는 시간이었던 것이다.

그러나 윤공의 실제 즉위년이 이렇게 밝혀진다면, 윤공이 즉위하기 이전의 시간도 어렵지 않게 특정될 수 있다. 기록상 리중(履中)과 반정(反正)의 재위 시간이 짧아서 그 구간에 인상의 변조가 가해졌을 가능성은 없다고 보이기 때문이다. 즉, 『일본서기』에서는 인덕이 사망하자 리중이 즉위하여 6년을 재위했고, 이어서 즉위한 반정은 5년을 재위했으며, 반정이 사망하자 1년이 지나서 윤공이 즉위했다고 기록되어 있다[85].

이 재위 시간이 실제 시대에서도 그대로 적용된다면, 반정의 실제 즉위년은 서기 433년이고, 리중의 실제 즉위년은 서기 427년이며, 인덕이 실제로 사망한 해도 서기 426년으로 확정되는 것이다.

---

85) 『일본서기』의 기록에 의하면, 리중(履中)은 태세(太歲) 경자(庚子)에 즉위하여 6년을 재위하고, 반정(反正)은 태세 병오(丙午)에 즉위하여 5년을 재위했다. 하지만, 윤공(允恭)은 태세 임자(壬子)에 즉위하였으므로 반정과 윤공 사이에는 기록상으로 1년의 공백이 있다.

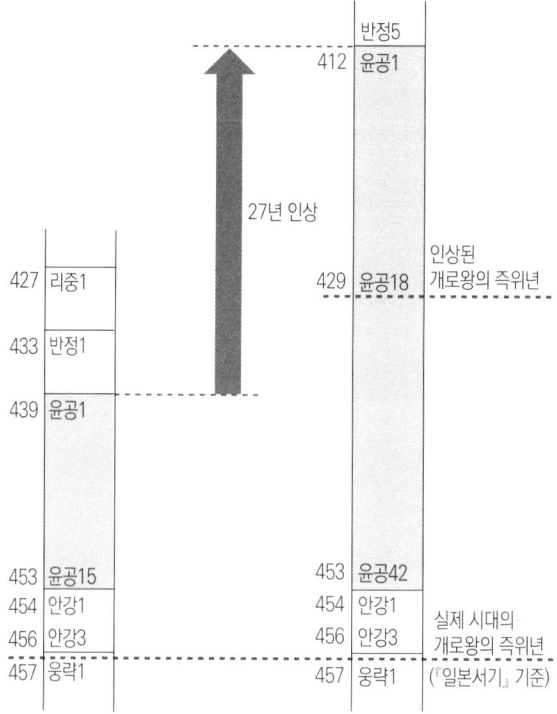

【그림10】 윤공기의 27년 인상 구조

【표2】는 이 같은 재위 시간을 기록과 실제 시대의 시간으로 정리한 것인데, 놀랍게도 응신이 즉위하고 나서 인덕이 사망하기까지의 실제 시간은 37년에 불과한 짧은 시간이었음을 알 수가 있다. 『일본서기』는 이 37년 시간에 93년을 추가하여 마치 응신과 인덕이 도합 130년을 재위한 것처럼 기록함으로써 신공기의 시간을 120년 인상한 것이다.

【표2】 신공기 120년 인상을 위한 변조 구조

	기록의 시간			실제의 시간	
	재위 시기(서기)	재위 년수		재위 시기(서기)	재위 년수
응신	270~310	41		390~426	37
(공위)	311~312	2			
인덕	313~399	87			
리중	400~405	6	184	427~432	6	64
반정	406~410	5		433~437	5
(공위)	411	1		438	1
윤공	412~453	42		439~453	15
안강	454~456	3	3	454~456	3	3
웅략	457~479	23	23	457~479	23	23

결국 【표2】에 따르면, 무내숙녜가 『일본서기』에서 마지막으로 등장하는 인덕 50년은 실제 시대에서 존재할 수 없는 시점이고, 신공기로부터 응신 16년으로 이어지는 시간은 『삼국사기』와의 대조로 볼 때 실제 시대를 120년 인상한 구간이다. 오백성입언의 손녀가 응신의 황후가 되거나 무내숙녜의 형제가 서로 다투었던 응신 9년의 시점도 분명히 120년이 인상된 실제 시대를 반영하는 구간인 것이다.

이렇게 볼 때, 앞에서 이미 경행계의 실제 재위 시간이 130년이 아니라 77년에서 82년 사이의 시간이라고 밝혀지기는 하였으나, 그런 경행계의 시간 자체도 실제의 시대를 반영하는 응신 초기의 시점으로부터 신공기를 사이에 두고 시간상 너무 멀리 떨어져 있다는 사실이 주목된다.

물론 이것이 무내숙녜가 전설적으로 장수한 인물이라고 널리 알려지게 된 이유이기도 하겠지만, 반대로 이것이 신공기의 120년 인상에 이은 또 다른 기년 인상의 단서라고 생각되는 것이다. 물론 이러한 가능성은 앞에서 살펴본 중애의 경우와 마찬가지로, 무내숙녜의 생애에 대한 실제성을 일단 긍정하는 전제에서 성립하는 것이다.

실제로, 무내숙녜가 경행 5년에 태어난 실제 시대의 인물이라고 가정해 본다면, 경행계의 실제 재위 시간을 고려할 때 중애가 사망하는 시점에서 그의 나이는 73세에서 78세의 사이였을 것이다. 그러나 『일본서기』에서 그가 등장하는 중애 9년과 응신 9년의 두 사건은 다른 사건과 비교할 때 압도적으로 많은 양의 기록을 남기고 있는, 말하자면 그의 생애를 대표하는 사건이다.

하지만 경행의 시대에 태어난 그의 생애가 이 두 시점을 모두 만나기 위해서는 기록상으로는 신공기의 69년을 관통해야 하고, 이 경우 응신 9년의 시점에서 그의 나이는 151세에서 156세 사이[86]에 이르게 된다. 이러한 비현실적인 나이는 오히려 그의 생애가 중애 9년의 시점을 지나 응신 9년에 이르기까지 신공기의 모든 시간과 함께하고 있기에 생겨나는 일이다.

만약에 무내숙녜가 중애 9년과 응신 9년의 두 시점에서 모두 현실적인 나이를 가지는 인물이 되기 위해서는, 오히려 그의 생애가

---

86) 만약에 무내숙녜(武內宿禰)가 경행 5년에 태어났다고 가정한다면 중애 9년에는 이미 73세에서 78세 사이의 나이가 된다. 이 경우, 신공기의 69년을 경과하고 난 응신 9년의 시점에는 78년이라는 시간이 추가되어서, 최종적으로는 151세에서 156세의 나이가 된다.

그 두 시점 사이에 존재하는 신공기의 69년을 관통하는 경우란 없어야 하는 것이다.

다시 말해서, 그가 중애 9년과 응신 9년 모두의 시점에서 실재성을 가지기 위한 유일한 조건은, 그의 생애에서 신공기의 69년 전체의 시간이 모두 제거되는 경우이다. 이 경우 무내숙녜는 자신의 생애를 대표하는 중애 9년과 응신 9년의 두 사건의 시점에서 모두 실재성을 회복하게 되고, 오백성입언의 손녀도 응신과 혼인할 수 있는 실제 시대의 인물로 거듭나게 되는 것이다.

그러나 이러한 조건에 부합하는 시대란, 중애 9년의 시점이 신공 69년의 시점으로 인하되어 신공기의 시대와 경행계의 시대가 서로 동시대가 되는 【그림11】과 같은 모습의 시대여야 한다. 실제 시대를 반영하는 경행의 즉위년은 지금의 『일본서기』가 기록하는 서기 71년이 아니라, 서기 188년에서 서기 193년 사이의 어느 시점[87]으로 인하되는 시대였을 것이다.

하지만 신공기의 시대 자체는 실제 시대로부터 120년이 인상된 시대이다. 응신 9년까지도 활동하는 무내숙녜나 응신과 혼인하는 오백성입언의 손녀가 실재성을 가지기 위해 서로 동시대여야 한다고 하는 신공과 경행계의 시간관계란, 사실은 서기 321년부터 시작하는 신공의 실제 시대에서 성립하는 관계의 반영인 것이다.

---

[87] 경행의 기록상 즉위년인 서기 71년으로부터 48년에서 53년 사이의 시간이 인하되고 다시 69년이 인하되는 시점은, 최종적으로 117년에서 122년 사이의 시간만큼이 인하되는 시점이다. 서기 71년으로부터 이렇게 인하된 경행의 즉위년은 서기 188년에서 서기 193년 사이의 범위에 있게 된다.

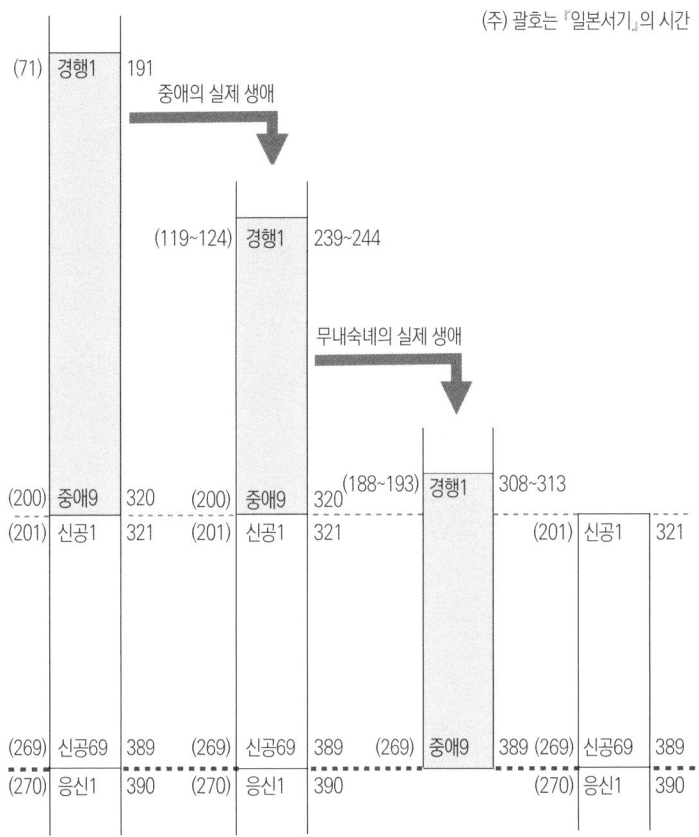

【그림11】 경행계의 실제 시대

즉, 신공기가 당시 실제로 재위하던 파사왕을 언급하면서 섭정 원년으로 기록한 서기 201년은, 실제로 석우로가 사망한 서기 321년의 첨해왕 7년을 반영하는 시점이기도 하지만, 동시에 경행이 실제로 재위하던 시대를 반영한 시점이기도 한 셈이다.

결국, 『일본서기』의 기년 체계를 기준으로 하는 서기 71년의 경행의 즉위년은, 신공기가 기록한 파사왕의 실제 시대이자 석우로나 경행의 실재성을 반영하는 시대로부터 117년에서 122년 사이의 시간이 인상된 시점이고, 그 신공기가 가리키는 석우로의 실제 시대이자 경행의 실제 시대로부터는 237년에서 242년 사이의 시간[88]이 인상된 시점이라고 말할 수 있는 것이다.

경행이 실제로 재위하던 시대이자 오백성입언의 손녀나 무내숙녜가 실재하던 시대가 이러한 모습이었다면, 중애의 사망으로부터 이어지는 시대는 신공의 시대가 아니라 바로 응신의 시대여야 하고, 경행계의 대신인 무내숙녜가 신공기의 대신으로 등장하는 3건의 기록[89]도 사실로 인정될 수 없다. 동일한 인물이 동시대의 서로 다른 조정을 오가며 봉직할 수도 없는 일이다.

그럼에도 불구하고 『일본서기』는 경행의 시대로부터 신공기의 시대로 이어지는 시간의 연속성을 정당화하기 위해 무내숙녜만 신공기에 등장시킨 것이 아니라, 신라정벌 때의 인질이었다고 하는 미사흔과 미사흔을 추격하는 갈성습진언(葛城襲津彦)까지도 신공 5년의 기록에 등장시켰다.

그러나 실제로는 경행의 시대이기도 한 이 시점에는, 미사흔은

---

[88] 경행의 기록상의 즉위년으로부터 117년에서 122년 사이의 시간이 인하된 시대에서 다시 120년이 추가로 인하된다면, 최종적으로는 237년에서 242년 사이의 시간이 인하된 시대가 된다. 서기 71년으로부터 이만큼의 시간이 인하되는 시대는 서기 308년에서 서기 313년 사이의 범위에 있게 된다.

[89] 신공기에는 중애의 잔당이 제거되고 섭정이 정식으로 개시된 이후에도 3건의 기록(신공 13년, 신공 47년, 신공 51년)에서 무내숙녜(武內宿禰)의 이름이 등장한다. 그러나 이는 변조된 시간의 연속성을 정당화하기 위한 허위의 등장이다.

물론이고 『신찬성씨록』에서 무내숙녜의 아들로 기록되어 있는 갈성습진언[90]도 태어나기 전이다[91]. 미사흔을 인질로 데려갔다고 하는 소위 신라정벌 기사와 마찬가지로, 신공 5년의 장면 또한 실제 시대의 기록이 될 수가 없는 것이다.

결국, 초고왕이 등장하는 신공 46년보다 이전의 구간에는, 석우로 사망을 제외하고는 실제의 사건으로 인정되는 기록은 존재하지 않는다[92]. 이 구간은 석우로 사건이 있었던 바로 그 해를 신공의 섭정 원년으로 선정한 결과로 생겨난, 단순한 공백의 시간 축에 불과하다고 볼 수 있는 것이다.

반면에, 신공 46년 이후의 구간에는 그 내용의 진실성과는 별개로 한반도와 관련한 많은 기록이 존재하고, 그 시간의 연속성도 응신기의 초기까지 잘 유지되어 있다. 이러한 시간의 연속성으로 볼 때, 신공 46년 이후의 구간은 응신이 즉위에 이르기까지의 과정을 기록하기 위해 마련된, 말하자면 응신의 즉위 전기로서의 기록 공간이었던 것 같다.

---

90) 『신찬성씨록』 제6권 산성국 황별, "적신(的臣)은 석천조신(石川朝臣)과 조상이 같고, 언태인신명(彦太忍信命)의 3세손 갈성습진언명(葛城襲津彦命)의 후손이다."; 『신찬성씨록』 제9권 하내국 황별, "적신(的臣)은 도수조신(道守朝臣)과 조상이 같고, 무내숙녜(武內宿禰) 아들 갈목증도비고명(葛木曾都比古命)의 후손이다."
91) 경행의 실제 즉위년이 신공의 섭정 원년보다 8년에서 13년 사이의 시간이 앞서있음을 고려하고, 무내숙녜가 경행 5년에 태어났다고 가정한다면, 실제 시대의 신공 5년에 무내숙녜는 9세에서 14세 사이의 나이에 불과하다. 이때라면 그의 아들 갈성습진언(葛城襲津彦)은 당연히 태어나기도 전이다. 또한 미사흔의 탈출 사건은 『삼국사기』에서 서기 418년의 눌지 2년에 일어난 전혀 다른 사건이다.
92) 신공기의 이 구간에는 모두 6건의 기사가 있다. 그중 3건의 기사(신공 39년 조, 신공 40년 조, 신공 43년 조)는 신공기의 시대를 120년 인상하기 위한 시간의 설정용이고, 나머지 3건의 기사(신공 원년 조, 신공 5년 조, 신공 13년 조)는 신라정벌에 관한 기사와 무내숙녜가 잠시 등장하는 허위의 기사이다.

물론 이러한 시간의 구조가 그 속에 기록되어 있는 내용의 진실성까지 의미하지는 않는다. 오히려 신공기의 시간 자체에 대한 가공성과 초기 기록에서 확인되는 허구성으로 볼 때, 응신기로 이어지는 신공기 후반부 역시 창작된 내용일 가능성이 크다. 실제로 이에 대한 사실 여부는, 응신기가 가지는 시간의 구조와 그 속의 기록이 가리키는 실제의 시간에 의해 확인될 수 있을 것이다.

2. 설계된 시간

[1] 응신기의 시간

【표2】의 시간에 따르면, 실제 시대에서 응신은 서기 390년에 즉위했고 인덕은 서기 426년에 사망했다. 그러나 지금까지 오류라고 지적되면서도 그리 중시되지 않았던 아래의 기록은, 이 기간 중에 응신과 인덕이 서로 병립하고 있었을 가능성을 시사한다.

N1. 『일본서기』 권 제10 응신천황 16년 8월 :
평군목도숙녜(平群木菟宿禰), 적호전숙녜(的戸田宿禰)를 가라(加羅)에 보냈다. 정병을 주어 조하여 "습진언(襲津彦)이 돌아오지 않는다. 반드시 신라가 방해하여 체류하고 있을 것이다. 그대들은 빨리 가서 신라를 치고 그 길을 열어라."라고 하였다.

N2. 『일본서기』 권 제11 인덕천황 12년 8월 :
　　고구려의 사신에게 조정에서 향응을 베풀었다. 이날, 군신 및 백료를 모아 고구려가 바친 철 방패, 철 과녁을 쏘게 하였다. 많은 사람이 과녁을 관통하지 못하였다. 다만 적신(的臣)의 선조 순인숙녜(盾人宿禰)만이 철 과녁을 관통하였다. 그때 고구려의 사신들이 그 활 쏘는 솜씨가 훌륭한 것을 보고 두려워하고 같이 일어나 배례하였다. 다음날 순인숙녜(盾人宿禰)를 칭찬하고 이름을 주어 적호전숙녜(的戶田宿禰)라고 하였다.

　즉, 『일본서기』의 기록 N1에 의하면, 『삼국사기』에 의해 실제 시대의 구간으로 인정되는 응신 16년에 적호전숙녜(的戶田宿禰)라는 인물이 등장한다. 그러나 기록 N2에 의하면, 그는 원래 적신(的臣)의 선조인 순인숙녜(盾人宿禰)이라는 사람이었는데, 인덕 12년에 활 쏘는 솜씨를 인정받아 적호전숙녜(的戶田宿禰)라는 이름을 받았다는 것이다.

　물론 이 시기에 고구려가 철과 방패를 바쳤다는 표현을 그대로 믿는 사람은 없겠지만, 적어도 이 기록이 가리키는 시간과 씨명의 변화로 볼 때 인덕 12년의 시점은 응신 16년의 시점보다 앞서야 한다. 하지만, 이는 【표2】에서 보이는 37년간의 실제 시대에서 응신과 인덕이 동시대에 병립하고 있어야 가능한 일이다.

　실제로, 『일본서기』에는 이러한 병립 사실을 뒷받침하는 왕실 계보의 기록이 따로 존재하고 있었다. 응신의 황후 중희명(仲姬命)이 경행의 아들 오백성입언의 손녀이고[93], 인덕의 황후 반지원명(磐之媛命)이 무내숙녜의 아들인[94] 갈성섭진언(葛城襲津彦)의 딸[95]이라는 기록이다.

오백성입언은 경행기에서 성무(成務)의 동생으로 기록되어 있고, 무내숙녜는 성무기에서 성무와 동갑으로 기록되어 있다. 이에 따르면, 오백성입언의 손녀와 무내숙녜의 손녀는 당연히 같은 세대의 인물이어야 하는 것이다. 그런데도 『일본서기』는 인덕을 응신의 아들로 기록하고 있고 반지원명을 중희명의 며느리로 기록하고 있다.

하지만 이는 신공기의 시대를 120년 인상하기 위해 응신과 인덕이 함께 재위하던 37년간을 130년으로 늘이는 과정에서 만들어진 관계일 뿐, 실제의 시대에서는 사실이 아니다. 동일한 왕조에서 부자가 동시에 재위할 수 없는 일이기 때문이다.

실제로 응신과 인덕이 부자 관계가 아니라 37년의 실제 시대에서 단순히 병립하고 있던 관계였다면, 【그림11】의 시간에서도 이에 따른 합당한 반영이 추가로 이루어져야 할 것 같다. 즉, 실제의 시대에서 신공기와 경행계의 시간이 동시대인 것과 마찬가지로, 응신기와 인덕기의 시간이 동시대였다고 한다면, 신공기와 응신기의 시간적 연속성을 고려할 때 실제 시대에서 인덕기의 시간 또한 경행

---

93) 『일본서기』 권제11 인덕천황 즉위전. "어머니는 중희명(仲姬命)이라 한다. 오백성입언(五百城入彦)황자의 손자이다."
94) 앞의 주석 90) 참조
95) 『일본서기』 권제12 리중천황 즉위전. "어머니를 반지원명(磐之媛命)이라 한다. 갈성습진언(葛城襲津彦)의 딸이다."

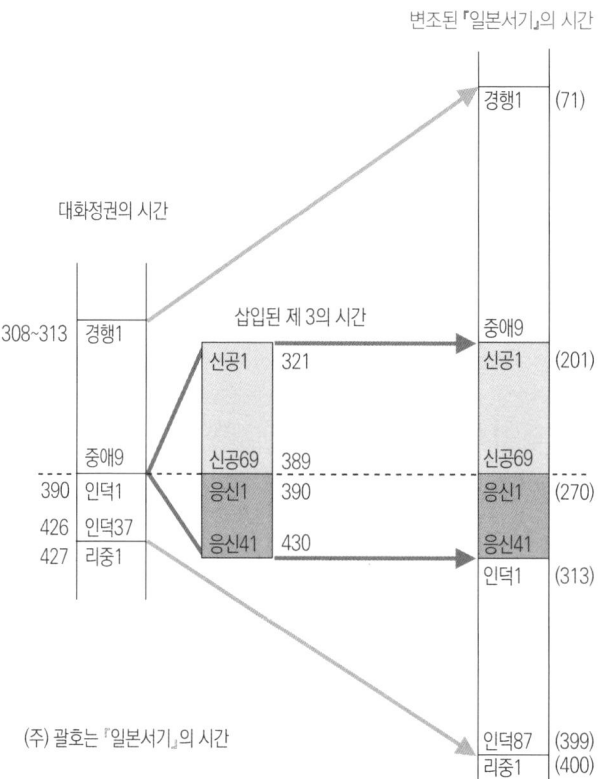

【그림12】 신공기와 응신기의 삽입 구조

계의 시간과 연속되어 있었을 것이다.

그러나 경행계 이전의 시대로부터 인덕 이후로 이어지는 전체 계보로 볼 때, 오히려 신공기와 응신기의 시간은 이들 계보와 무관하고 독립된 제3의 시간이다. 그럼에도 불구하고 『일본서기』의 찬자는 자신들이 기록해야 할 계보가 아닌 신공기와 응신기를 【그림

12]와 같이 경행계와 인덕의 시간 사이로 삽입하는 변조를 했다. 그러나 이는 단순한 시간의 인상에 그치는 변조가 아니라, 제3의 역사를 『일본서기』의 기년 체계 속에 편입하여 병합하는 변조이다.

그렇다고 한다면, 이렇게 병합된 제3의 역사 또는 응신기의 실제 주인공의 정체는 과연 무엇이었을까? 이에 대해서는 『일본서기』에서의 응신과 삼한(三韓)에 대한 국제적인 위상이 중첩되는 왜5왕에 대한 기록이 주목된다.

O1. 『진서(晉書)』 권10 제기(帝紀) 제10 안제(安帝) 의희(義熙) 9년(413년) :

이해에 고구려, 왜국 및 서남이(西南夷)의 동두대사(銅頭大師)가 함께 방물을 바쳤다.

O2. 『송서(宋書)』 권97 열전 제57 이만(夷蠻) 동이 왜국 :

고조(高祖) 영초(永初) 2년(421년)에 조하기를, "왜의 찬(讚)은 만 리 바깥에서 공직을 바치니, 멀리서 온 정성이 참으로 크므로 제수를 내려야 할 것이다."라고 하였다. 태조(太祖) 원가(元嘉) 2년(425년)에 찬이 다시 사마(司馬) 조달(曹達)을 보내어 표를 올리고 방물을 바쳤다. 찬이 죽고 아우 진(珍)이 즉위하자 사신을 보내어 공물을 바쳤다[96].

스스로 칭하기를 사지절(使持節) 도독(都督) 왜·백제·신라·임나·진한·모한(慕韓) 육국제군사(六國諸軍事) 안동대장군(安東大將軍) 왜국왕이라고 하였다. 표를 올려 정식으로 임명해 주기를 구하므로 조를 내려 안동장군(安東將軍) 왜국왕에 제수하였다.

…(중략)…

[원가] 20년(443년)에 왜국왕 제(濟)가 사신을 보내어 봉헌하므로 다시 안동장군(安東將軍) 왜국왕으로 삼았다[97]. [원가] 28년(451년)에 사지절 도독 왜·신라·임나·가라·진한·모한 육국제군사를 더하고 안동장군은 전과 같게 했다[98]. 아울러 올린 23인의 군(軍)과 군(郡)을 제수하였다. 제(濟)가 죽자 세자인 흥(興)이 사신을 보내어 공헌하였다[99]. 세조(世祖) 대명(大明) 6년(462년) 조하여 말하기를, "왜왕의 세자 흥은 여러 해 동안 충성을 하고 바깥 바다의 번국이 되어 교화를 받아들여 변경을 편안히 하였고 공손히 공직을 닦았다. 새로이 변경의 왕업을 이었으니 마땅히 작호를 내리되 안동장군(安東將軍) 왜국왕으로 한다[100]."고 하였

---

96) 서기 421년과 서기 425년에 이루어진 찬(讚)의 조공은 『송서』 본기의 기록에서는 나타나지 않는다. 『송서』의 본기가 기록하는 왜왕의 조공은 원가(元嘉) 7년의 서기 430년부터인데, 이때도 왜왕의 이름은 나타나지 않는다(『송서』 권5 본기제5 문제(文帝) 원가 7년 1월, "이달, 왜국왕이 사신을 보내 방물을 바쳤다"). 왜왕의 이름이 나타나는 기록은 이어지는 원가 15년인 서기 438년의 조공부터이다(『송서』 권5 본기 제5 문제(文帝) 원가 15년 4월, "기사, 왜국왕 진(珍)을 안동장군으로 하였다."). 이 때문에 서기 430년의 왜왕이 찬(讚)인지 진(珍)인지에 대해서는 의견이 나뉘는데, 지금의 학계는 이때의 왜왕을 찬(讚)으로 보고 있다.
97) 『송서』의 본기에는 왜왕의 이름 없이 단순한 조공 기사로 표현되어 있다(『송서』 권5 본기제5 문제(文帝) 원가(元嘉) 20년, "이해, 하서국(河西國), 고려국, 백제국, 왜국이 나란히 사신을 보내 방물을 바쳤다.").
98) 『송서』의 본기에는 이때 제를 안동대장군으로 올린 것으로 기록되어 있어 어느 쪽이 옳은지 알 수 없다(『송서』 권5 본기제5 문제(文帝) 원가 28년, "가을 7월 갑진, 안동장군 왜왕 왜 제(濟)를 안동대장군으로 하였다.").
99) 『송서』 본기에는 왜왕의 이름 없이 서기 460년의 단순한 조공 기사로 표현되어 있다. 따라서 이때의 왜왕이 제인지 흥인지는 알 수가 없다(『송서』 권6 본기제6 효무제(孝武帝) 대명(大明) 4년 12월, "왜국이 사신을 보내어 방물을 바쳤다.").

다. 흥이 죽자 아우인 무(武)가 즉위하여, 사지절 도독 왜·백제·신라·임나·가라·진한·모한 칠국제군사 안동대장군(安東大將軍) 왜국왕을 자칭하였다.

…(중략)…

조하여 무(武)를 사지절 도독 왜·신라·임나·가라·진한·모한 육국제군사 안동대장군(安東大將軍) 왜왕에 제수하였다[101].

03. 『양서(梁書)』 권54 열전 제48 제이(諸夷) 동이 왜 :

진(晉)의 안제(安帝) 때, 왜왕 찬(贊)이 있었다. 찬이 죽고 아우 미(彌)를 세웠다. 미가 죽자 아들 제(濟)를 세웠다. 제가 죽자 아들 흥(興)을 세웠다. 흥이 죽자 아우 무(武)를 세웠다. 제(齊) 건원(建元) 연간에, 무에게 지절(持節) 독(督) 왜·신라·임나·가라·진한·모한 육국제군사(六國諸軍事) 진동대장군(鎭東大將軍)에 제수하였다[102]. 고조(高祖)가 즉위하자, 무의 호를 정동대장군(征東大將軍)으로 올렸다[103].

---

100) 『송서』의 본기와 내용이 일치한다(『송서』 권6 본기제6 효무제(孝武帝) 대명(大明) 6년 3월, "임인, 왜국 왕세자 흥을 안동장군으로 했다.").
101) 『송서』의 본기와 내용이 일치한다(『송서』 권10 본기제10 순제(順帝) 승명(昇明) 2년, "5월 무오, 왜국왕 무(武)가 사신을 보내 방물을 바쳤다. 무를 안동대장군으로 했다."). 하지만 본기에는 흥(興)과 무(武)의 제수 기사 사이에 서기 477년 승명(昇明) 원년의 조공 기사가 존재한다(『송서』 권10 본기 제10 순제(順帝) 원년, "겨울 11월 기유(己酉) 왜국이 사신을 보내 방물을 바쳤다."). 이 때문에 서기 477년의 조공이 흥(興)인지 무(武)인지 의견이 나뉘는데, 지금 학계의 주류는 흥(興)의 조공으로 보는 것 같다.
102) 건원(建元) 연간이란 제(齊)나라 고제(高帝)의 재위기를 말하며 서기 479년부터 서기 482년까지이다. 이때의 제수는 『남제서(南齊書)』에서 서기 479년의 일로 기록되어 있다.

즉, 사료 01에 의하면 광개토왕이 사망하고 장수왕이 즉위한 서기 413년에 고구려와 왜가 서남이(西南夷)와 함께 진(晉)에 조공했다. 고구려로서는 연(燕)으로부터의 압박이 한창이던 서기 343년 조공[104]으로부터 70년 만에 재개되는 것이었고, 왜로서는 서기 266년의 태시(泰始) 2년으로부터 무려 147년 만에 재개되는 것이었다. 오랜 공백을 깨고 조공이 재개된 시기도 특별하지만, 이들 두 나라가 함께 나란히 방물을 바쳤다는 사실도 특별한 것 같다.

이때라면 광개토왕의 비문으로 볼 때 고구려가 신라에서 왜를 축출한 지[105] 13년, 대방을 침입하여 백제와 화통을 꾀하던 왜를 궤멸시킨 지[106] 9년이 되는 해이기 때문이다. 이러한 사실 때문에, 조공 당시의 왜왕이나 사신의 정체에 대해서 지금까지 여러 가지 의견들이 제시되어 있다.

두 나라가 조공을 함께한 것은 우연일 뿐이란 의견에서부터, 고

---

103) 이때의 고조(高祖)는 양(梁)의 무제(武帝)를 말한다. 이때의 제수는 서기 502년에 양(梁)이 건국되면서 주변국에 대해 일괄적으로 작호를 올려준 것인데, 이에 따른 혼선도 있어서 『양서』의 본기에서는 제이전과 달리 왜왕 무(武)가 정동장군으로 승진하는 것으로 되어 있다.
104) 『삼국사기』 제18권 고구려본기 제6 고국원왕 13년, "봄 2월에 왕이 그의 동생을 보내 신하를 칭하며 연(燕)에 조현(朝見)하게 하고, 진기한 물건 1천여 점을 바쳤다. 이에 연(燕)왕 [모용]황(皝)은 임금 아버지의 시신을 돌려주었지만, 여전히 임금의 어머니는 억류하여 볼모로 삼았다. 가을 7월에 평양의 동황성(東黃城)으로 이주하였다. 성은 지금의 서경(西京) 동쪽 목멱산(木覓山) 중에 있다. 가을 7월에 사신을 보내 진(晉)에 조공하였다."
105) 「광개토왕비문」 영락 10년 경자, "[영락] 10년 경자에 교를 내려서 보병과 기병 5만을 보내어 가서 신라를 구원하게 하였다. 남거성(男居城)을 쳐서 신라성(新羅城)에 이르니 왜가 그곳에 가득하였다. 관군이 막 도착하자 왜적이 물러갔다. …(중략)… 뒤를 습격하여 급히 추격하여 임나가라(任那加羅)의 종발성(從拔城)에 이르니 성이 곧 귀복하였다."
106) 「광개토왕비문」 영락 14년 갑진, "[영락] 14년 갑진에 왜가 질서를 지키지 않고 대방(帶方)의 영역을 침입하여 잔(殘)과 화통하고 석성(石城)에 이르러 □하여 배를 연결하여 …(중략)… 왕이 몸소 □□를 거느리고 평양을 거쳐 …(중략)… 왕당(王幢)이 매복과 이동의 공격을 퍼부으니 왜구가 궤멸되었다. 참살한 것이 무수히 많았다."

구려가 도와주지 않았다면 불가능한 조공이었다거나, 더 나아가서 이때 왜의 사신은 정식의 사신이 아니라 당시 고구려에 억류되어 있던 포로였을 가능성도 있다는 의심 등으로 다양하다.

이러한 의심은 당시 왜국의 헌상 물품이 고구려의 특산품인 '맥피(貊皮)'와 '인삼(人蔘)' 등이었다는 『태평어람(太平御覽)』의 기록[107]에 의해 뒷받침되기도 한다. 한편, 사료 O3의 『양서』는 후대의 기록임에도 불구하고 『진서』나 『송서』가 기록하고 있지 않은 서기 413년의 왜왕도 찬(贊)이었다고 이름을 명기하고 있다.

그러나 『양서』는 인명과 지명 등에 있어 오기(誤記)가 많고 선행 사서로부터의 변형도 많아, 전사(前史)의 기록에 대해서 신빙성을 의심받는 사서인 것도 사실이다. 왜5왕에 관한 기록만 예를 들어 보면, 서기 413년의 왜왕을 찬(贊)이라고 글자를 달리하여 추가한 것 외에도, 진(珍)의 이름도 미(彌)로 변형되어 있고, 『송서』에 없는 진(珍)과 제(濟)의 관계도 부자 관계라고 추가된 것 등이다[108].

그러나 이러한 기록에도 불구하고, 지금의 학계에서는 서기 413년에 진(晉)에 조공한 왜왕과 그 후 세 차례에 걸쳐 송(宋)에 조공한 왜왕 찬이 서로 다른 인물이었을 것이라고 정리되어 있는 듯하다.

물론, 서기 413년의 왜왕이 과연 누구였는지에 대한 문제를 떠나서, 그 왜왕이 소위 왜5왕과 동일한 계보의 왜왕이라는 사실을

---

107) 『태평어람(太平御覽)』 향부(香部) 사(麝), "「의희(義熙) 기거주(起居注)」가 말하기를, 왜국이 맥피(貊皮)와 인삼(人蔘) 등을 헌상하여, 세생(細笙)과 사향(麝香)을 내리기를 조(詔)했다."
108) 『남사(南史)』나 『문헌통고(文獻通考)』는 『양서』가 기록한 왜왕 찬(讚)의 내용을 그대로 따르고 있고, 『태평어람(太平御覽)』도 『남사(南史)』의 기록을 그대로 인용하고 있다.

의심하는 사람은 없다. 당시의 소위 대화(大和)정권에서는 누구도 중국에 조공하지 않았고, 147년 만에 재개된 그때의 조공 이후 왜5왕의 조공은 계속 이어졌기 때문이다. 만약에 서기 413년에 조공한 왜왕이 왜왕 찬이 아니었다면, 그 왜왕은 왜왕 찬과 같은 계보의 선대(先代) 왜왕이었을 것이다.

이제, 『일본서기』가 마치 자신의 역사인 것처럼 편입한 응신기의 시간이 왜5왕의 시간과 관련이 있을 가능성을 【그림13】의 시간 축을 통해 살펴볼 준비가 되었다.

이때 가장 주목되는 시점은 응신 25년의 시점이다. 신공기로부터 이어지는 시간의 연속성으로 볼 때, 『일본서기』의 칭원 기준이라면 마땅히 서기 421년의 응신 32년에 즉위해야 할 구이신왕이, 그보다 앞선 시점인 서기 414년의 응신 25년의 기록에 등장하기 때문이다. 하지만 이는 응신기라고 하는 재위 시간의 연속성이 응신 25년의 시점에서 파괴되는 것을 의미한다. 그 이후의 시간은 동일한 응신기의 재위 시간으로 인정될 수 없다는 의미이기도 한 것이다.

이러한 한편, 응신기의 41년 동안 왜왕의 조공 기록은 모두 4건이 존재한다. 왜왕 찬의 선대(先代) 왜왕의 시대일 수도 있는 서기 413년의 조공 기록과, 서기 421년부터 서기 430년까지 세 차례로 이어지는 왜왕 찬의 조공 기록이다. 이를 응신기의 시간과 대조해 본다면, 서기 413년의 조공은 응신 24년까지 유효성을 가지는 실질적인 응신기의 마지막 해에 이루어진 것이고, 그 이후 세 차례의 조공은 응신 25년부터 시작하는 또 다른 재위 시간에서 이루어진

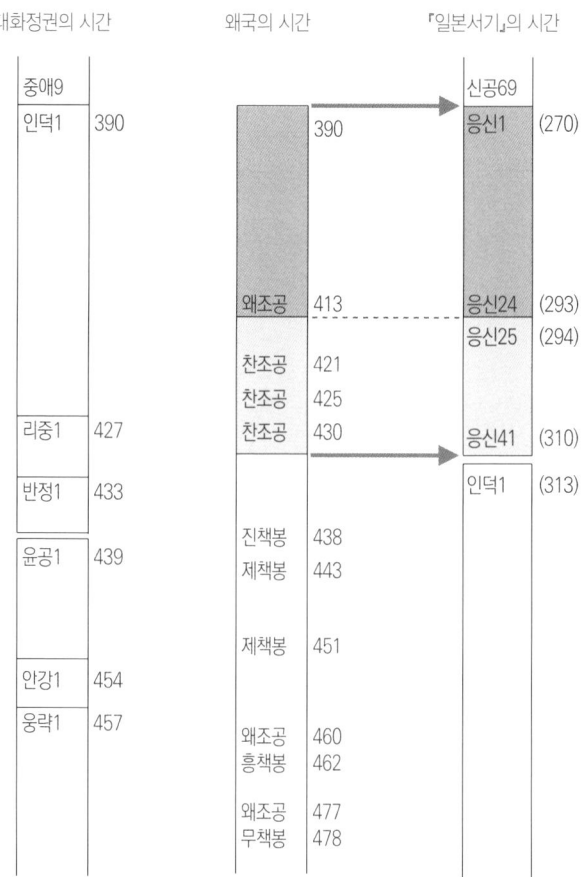

【그림13】 대화정권과 왜국의 시간

것이다.

 이는 응신 24년까지 유효성을 가지는 응신기의 기록이 실제 시대에서 왜왕 찬의 선대(先代) 왜왕의 재위 기록이었을 가능성과, 【그림13】에서 보는 것처럼 전체 응신기의 41년간이 왜왕 찬의 마지막 조공 시간에 의해 설정되어졌을 가능성을 동시에 시사하는 것이다.

이러한 가능성은 서기 413년에 조공한 왜왕과 그 이후의 왜왕이 서로 다른 인물일 것이라고 추정해 온 기존의 연구 결과에도 부합하고, 외부로부터 삽입된 응신기의 주인공이 가졌던 삼한에 대한 위상과 왜5왕의 그것이 일치하고 있는 이유에 부합하는 것이기도 하다. 만약에 외부의 기록인 응신기의 주인공이 실제로 왜왕이었다면, 『일본서기』의 찬자가 【그림12】의 삽입을 통해 얻고자 한 것은 바로 왜국의 역사를 자신의 역사로 병합하는 것이었던 셈이다.

그러나 이러한 역사의 병합사실은 『일본서기』의 추고기(推古紀)에서 다시 확인된다. 아래의 기록은 추고기에 기록되어 있는 외교활동이 사실은 추고조가 아니라 왜국에서 있었던 외교활동이었음을 밝히고 있기 때문이다.

P1. 『수서』 권81 열전 제46 동이 왜국[109] :

왜국은 백제 신라의 동남쪽에 있는데 수륙으로 3,000리이며 큰 바다 가운데 있고 산이 많은 섬에 의지하며 산다. 위(魏)나라 때 통역을 거쳐 교통하였는데, 30여 국이 모두 스스로 왕이라 칭하였다. 오랑캐는 이수(里數)를 알지 못하며 다만 날 수로 거리를 헤아린다. 그 나라의 경계는 동서로 5개월을 가고 남북으로 3개월을 가면 각각 바다에 이른

---

109) 『수서』의 왜국전과 『북사』의 왜전은 그 내용이 기본적으로 동일하다.

다. 지세는 동쪽이 높고 서쪽이 낮다. 야미퇴(邪靡堆)에 도읍하고 있는데, 곧 『위지(魏志)』에서 말하는 야마대(邪馬臺)[110]이다.

…(중략)…

위(魏)부터 제(齊), 양(梁)에 이르기까지 중국과 서로 통교하였다[111].

…(중략)…

개황(開皇) 20년에 왜왕의 성은 아매(阿每), 자는 다리사비고(多利思比孤), 호(號)는 아배계미(阿輩雞彌)인데 사신을 보내어 궁궐에 찾아왔다. 황제는 담당 관사로 하여금 그 풍속을 묻게 하였다.

…(중략)…

왕의 처는 계미(雞彌)라고 하며, 후궁에는 여자가 600~700인이 있고, 태자는 이름하여 이가미다불리(利歌彌多弗利)라고 한다.

…(중략)…

아소산(阿蘇山)이 있는데, 그곳의 돌은 저절로 불이 붙어 하늘로 올라가기도 하는데, 사람들은 이상한 일이라고 여

---

110) 『위지(魏志)』에서 말하는 야마대(邪馬臺)라면 왜 여왕 비미호(卑彌呼)가 있던 곳이다. 『북사』에서는 이곳이 야마퇴(邪摩堆)로 표기되어 있다.
111) 제(齊)는 서기 479년부터 서기 501년까지 23년간이고, 양(梁)은 서기 502년부터 서기 557년까지 56년간이다. 따라서 이때의 제와 양의 시대란 왜왕 무(武)와의 통교 시대를 말한다. 이 기록은, 비미호(卑彌呼)의 시대 이래로 왜국의 도읍은 왜5왕의 시대를 거치면서 한 번도 변하지 않았다는 것을 의미한다.

겨 제사를 지낸다. 여의보주(如意寶珠)가 있는데 그 색이 푸르고 달걀만 하며, 밤이 되면 빛이 나는데, 물고기 눈의 정기라고 한다. 신라와 백제가 모두 왜를 큰 나라이며 진귀한 물품이 많다고 여겨 모두 공경하고 우러러보며, 항상 사신을 보내어 왕래한다. 대업(大業) 3년에 그 왕 다리사비고가 사신을 보내어 조공하였는데, 그 사신이 말하기를 "바다 서쪽의 보살 천자가 불법을 중흥하였다고 들었으므로 사신을 보내어 조 배하고, 아울러 승려 수십 명을 보내어 불법을 배우고자 한다."라고 하였다.

…(중략)…

다음 해 황제는 문림랑(文林郎) 배청(裴清)을 왜국에 사신으로 보냈다. 백제로 건너가 죽도(竹島)에 이르러, 남쪽으로 탐라국을 바라보면서, 도사마국(都斯麻國)을 거쳐 멀리 큰 바다로 들어갔다. 다시 동쪽으로 일지국(一支國)에 이르고 다시 죽사국(竹斯國)에 이르렀고, 다시 동쪽으로 진왕국(秦王國)에 이르렀다. 그곳의 주민은 화하(華夏)와 같으며 이주(夷洲)라고 하는데, 의심스럽고 분명히 알 수 없다. 다시 10여 국을 거쳐 바닷가에 다다른다. 죽사국부터 동쪽은 모두 왜(倭)에 부용(附庸) 한다.

…(중략)…

그래서 연향을 베풀고 청(清)을 보내었고, 또한 사자로 하여금 청(清)을 따라와서 방물을 바쳤다. 그 후 마침내 관계가 끊어졌다.

P2. 『구당서』 권199 상(上) 열전 149 상(上) 일본(日本) :

일본국은 왜국의 별종이다. 그 나라가 해가 뜨는 곳에 자리하고 있어 일본을 나라 이름으로 하였다. 혹은 말하기를, 왜국이 스스로 그 이름이 우아하지 못한 것을 싫어하여 일본으로 고쳤다고 한다. 혹은 말하기를, 일본은 과거에는 작은 나라였는데, 왜국의 땅을 병합하였다고 한다. 그 나라 사람으로 입조(入朝) 한 자가 대부분 자기 나라가 크다고 자부하여 사실로 대답하지 않았다. 그래서 중국이 이를 의심하였다.

즉, 사료 P1은 서기 478년의 왜왕 무(武) 이래 122년 만에 재개된 왜국의 조공 기록이다. 그러나 서기 600년의 개황(開皇) 20년은 『일본서기』에서 추고 8년에 해당하고, 추고는 『일본서기』가 기록하는 최초의 여제(女帝)이다. 그럼에도 불구하고 이때 수(隋)로 파견된 왜의 사신이 소개한 자신의 왕은 여왕이 아니라 처와 수백 명의 후궁을 거느린 남자의 왕[112]이었다.

『일본서기』의 찬자로서는 차마 이를 기록할 수 없었는지 이때의 기록을 누락시키고, 그 대신 추고 15년과 추고 16년으로 이어지는 사신 교환에 대해서만 상세한 기록을 남기고 있다. 이에 대해 혹자

---

112) 이때 사신이 전하고자 한 왜왕의 이름은 아메타리시히코(天足彦) 또는 아메타라시히코(天帶彦)였을 것이고, 중국인들은 이때의 아메(天)를 성(姓)으로 이해했을 것이다. 그러나 히코(彦)는 남자에게만 사용되는 존칭이다. 만약에 그때의 왜왕이 여왕이었다면 당연히 아메타리시히메(天足姬)나 아메타라시히메(天帶姬)라고 불렸을 것이다.

는 당시 황태자로서 만기를 총람하던 구호황자(廐戶皇子)[113]가 왜왕으로 오인되었을 수 있다고 말하기도 하고, 혹자는 당시 대신으로서 국정을 책임지고 있던 소아마자(蘇我馬子)가 왜왕으로 오인되었을 수 있다고 말하기도 한다.

하지만 그러한 일은 수(隋)로 파견된 왜의 사신이 문제(文帝)와 양제(煬帝)에게 모두 9년에 걸쳐 두 차례나 거짓을 보고해야 가능한 일이고, 추고는 수(隋)에서 온 사신 배청(裵淸)에게 자신의 모습을 고의로 숨겨야만 가능한 일이다. 이는 필요한 일도 아니거니와 외교의 장면에서 상상할 수도 없는 일인 것이다.

서기 608년의 대업(大業) 4년에 왜로 파견된 배청은 여제 추고를 만나지도 않았고 구호황자나 소아마자를 만나지도 않았다. 『수서』가 기록한 내용 그대로 수백 명의 후궁을 거느린 왜왕 아배계미(阿輩雞彌)를 만난 것이다. 그뿐만 아니라, 배청이 직접 방문한 왜국은 죽사국(竹斯國)의 동쪽에 있지 않았다. 사료 P1에서 죽사국의 동쪽은 모두 왜에 부용하고 있다고 기록되어 있기 때문이다.

더 말할 필요도 없이, 죽사국은 『일본서기』가 기록하는 축자(築紫)이자 오늘날의 북부 구주(九州)지역이다. 배청이 방문한 왜국은 아소산(阿蘇山)이 있는 구주(九州)에 있었고, 그 도읍지도 여왕 비미

---

113) 『일본서기』 권21 용명천황 원년, "4남을 낳았는데, 제1을 구호황자(廐戶皇子)라고 한다[다른 이름을 풍이총성덕(豊耳聰聖德)이라 한다. 혹은 풍총이법대왕(豊聰耳法大王)이라 한다, 혹은 법주왕(法主王)이라 한다]. 이 황자는 처음 상궁(上宮)에 거주하였다. 후에 반구(斑鳩)로 옮겼다. 추고천황의 세에 동궁(東宮)의 자리에 있었다. 만기를 총섭하여 천황의 일을 하였다.": 『일본서기』 권22 추고천황 원년, "여름 4월, 구호풍총이황자(廐戶豊聰耳皇子)를 황태자로 하였다. 그리고 섭정으로 하여 만기를 모두 맡겼다."

호 시대 이래로 변함없이 야마대(邪馬臺) 또는 야미퇴(邪靡堆)로 불리는 곳이었다. 이는 제(齊)나 양(梁)과 통교하던 왜5왕의 도읍지도 당연히 같은 곳이었음을 의미하는 것이다.

그러나 추고는 왜국의 왕이 아니라 죽사국의 동쪽에 있던 대화정권의 여왕이었다. 그럼에도 불구하고 『일본서기』는 배청의 방문이 마치 추고조에서 이루어진 일인 것처럼 기록하고 있는 것인데, 이는 물론 당시 왜국의 역사가 추고기로 병합되었기 때문에 일어난 일이다.

실제로, 신생국 일본에 대해 묘사한 사료 P2를 보면 당시 왜국을 병합한 일본인들의 마음을 잘 읽을 수 있다. 즉, 당(唐)에 입조 한 일본인이 사실을 말하지는 않았지만, 당(唐)으로서는 원래 소국이었던 일본이 왜국을 병합했다는 사실을 잘 알고 있었던 것이다.

일본은 오랜 기간 왜국에 부용하다가 왜국이 백제의 멸망과 함께 붕괴하자 그곳을 접수함으로써 새로운 모습으로 탄생한 나라였고, 일본인은 왜에 부용하던 자신들의 과거의 모습을 숨기고자 했으며, 결국은 왜국의 역사가 마치 처음부터 자신의 역사였던 것처럼 보이기 위해 그 역사 자체를 병합하기에 이른 것이다.

하지만, 이러한 역사의 병합 때문에 응신기의 삽입 이후 『일본서기』의 기록은 어디까지가 대화정권의 것이고 어디까지가 왜왕조의 것인지 알 수 없게 되어버렸다. 그러나 왜왕이 공인받고 있던 국제적인 위상과 왜왕에 부용하는 대화정권의 위상을 참조할 때, 국제 정치에 관한 한 그 실제 정황을 전혀 식별할 수 없는 정도는 아니다. 예를 들어 본다면, 응신기에 이어 웅략기에 다시 나타나는 대량의 백제 관련 기사도, 왜왕 흥(興)과 무(武)의 재위 기록에서 그 기록의 주체가 모두 웅략의 이름으로 치환된 기록이라고 이해하면 될 일이다.

사실, 왜왕이 가지고 있던 삼한에 대한 위상에 대해서는 아직까지 정확히 그 연원을 알 수가 없다. 여러 가지 짐작만 할 수 있을 뿐인데, 특히 왜왕 진(珍) 이후 그들이 일관되게 주장하던 삼한에 대한 지배권은 과거 진왕(辰王)[114]의 위상을 떠올리기에 충분하다. 비록 확인될 수 없는 일이기는 하나, 과거 진왕의 후예가 왜5왕의 시대 이전 언젠가의 시기에 한반도로부터 구주로 건너가, 그곳에서 새로운 왜국을 건설했을 가능성을 생각할 수도 있을 것 같다.

[2] 목만치와 소아의 시간

지금까지는 『일본서기』에서 응신 25년의 시점이 가리키는 단절의 의미를 단서로, 【그림12】와 【그림13】의 시간이 가리키는 응신기의 실제 주인공을 식별했다. 그러나 여기서는 응신 25년이라고 하는 시점 자체가 아니라, 그 응신 25년 조에 기록되어 있는 내용이 가리키는 시간에 주목한다.

---

114) 『후한서』 권85 동이열전 제75 한(韓), "모두 78개 나라로 백제(伯濟)는 그중의 한 나라이다. 큰 나라는 만여 호, 작은 나라는 수천 가인 데, 각기 산과 바다 사이에 있어서 전체 국토의 넓이가 방 4천여 리나 된다. 동쪽과 서쪽은 바다를 경계로 하니 모두 옛 진국(辰國)이다. 마한이 [韓族 중에서] 가장 강대하여, 그 종족들이 함께 왕을 세워 진왕(辰王)으로 삼아 목지국(目支國)에 도읍하여 전체 삼한(三韓) 지역의 왕으로 군림하는데, [삼한의] 모든 국왕의 선대는 모두 마한 종족의 사람이다."

Q1. 『일본서기』 권 제10 응신천황 25년 :

백제의 직지왕(直支王)이 죽었다. 곧 아들 구이신왕이 왕위에 올랐다. 왕은 나이가 어렸으므로 목만치(木滿致)가 국정을 잡았는데, 왕의 어머니와 서로 정을 통하여 무례한 행동이 많았다. 천황은 이 말을 듣고 그를 불렀다.

『백제기』에는, "목만치는 목라근자(木羅斤資)가 신라를 칠 때 그 나라의 여자를 아내로 맞아 낳은 사람이다. 아버지의 공(功)으로 임나(任那)에서 전횡하다가 우리나라로 들어왔다. 귀국에 갔다가 돌아와 천조(天朝)의 명을 받들어 우리나라의 국정을 잡았는데, 권세의 높기가 세상을 덮을 정도였다. 그러나 천조에서는 그의 횡포함을 듣고 그를 불렀다"라고 했다.

Q2. 『삼국사기』 제25권 백제본기 제3 개로왕 21년 :

문주가 곧 목협만치(木劦滿致)와 조미걸취(祖彌桀取) [목협(木劦)과 조미(祖彌)는 모두 복성(復姓)인데『수서(隋書)』에서는 목(木)과 협(劦)을 두 개의 성으로 보았으니 어느 것이 옳은지 알 수가 없다.]를 데리고 남쪽으로 떠났다.

Q3. 『수서』 권81 열전 제46 동이(東夷) 백제 :

나라 안에는 여덟 씨족의 대성(大姓)이 있으니, 사(沙)씨·연(燕)씨·리(劦)씨·해(解)씨·정(貞)씨·국(國)씨·목(木)씨·백(苩)씨이다.

우선, 사료 Q2의 주석은, 『수서』가 기록한 백제의 8성과 달리 목협만치(木劦滿致)라고 하는 이름이 복성인 것에 대해 의문을 제기하는 내용이다. 하지만 정작 Q3의 『수서』에서는 협(劦)씨가 아니라 리(刕)씨로 표기되어 있고[115], 이에 따르면 『삼국사기』에 기록되어 있는 목협만치라는 이름의 성씨도 목협(木劦)이 아니라 목리(木刕)였던 것 같다.

실제로, 『일본서기』의 사료 Q1에는 목라근자(木羅斤資)와 목만치(木滿致)가 부자 관계로 기록되어 있고, 리(刕)와 라(羅)의 음도 서로 통한다. 이러한 이유로, 목리(木刕)씨와 목(木)씨가 서로 별성(別姓)이 아니라는 것에 대해서는 지금까지 이론이 없다. 결국, 『일본서기』의 목만치와 『삼국사기』의 목리만치(木刕滿致)는 동일 인물이었던 것이다. 그렇다고 한다면, 『일본서기』에서 임나와 왜를 왕래하다가 결국 왜로 소환되었다고 하는 목만치가 서기 475년의 시점에는 다시 백제에 와 있었던 셈이 된다.

이에 대해 혹자는 신공기에 등장하는 목라근자의 아들 목만치가 장수했다면 충분히 있을 수 있는 시간이라고 말하기도 하고, 혹자는 서기 414년의 응신 25년의 시점이 서기 475년으로부터 62년 전이므로 응신 25년 조의 기록은 실제의 시대를 대략 1주갑 인상한 것이라고도 말한다.

하지만 이에 대한 진실은 전혀 다른 곳에 있다. 즉, 『일본서기』의 웅략 2년 조에 인용된 『백제신찬』에는 개로왕이 기사년(己巳年)

---

115) 『북사』의 열전에도 동일 내용이 기록되어 있다.

에 즉위했다고 기록되어 있고, 웅략 20년 조에 인용된 『백제기』에는 개로왕이 을묘년(乙卯年)에 사망했다고 기록되어 있다. 이에 따라 개로왕의 재위 시간은 『삼국사기』의 기록과 달리 46년으로 늘어나 있는 것인데, 이는 물론 27년이 인상된 윤공기의 시간과 연동하는 『백제신찬』의 기록 때문이다.

즉, 【그림10】의 시간에서 서기 429년의 기사년은 실제의 시대에서 리중 3년이다. 만약에 실제의 시대에서 서기 429년의 리중 3년에 일어난 어떤 사건을 『일본서기』에 기록한다면, 그 일은 당연히 서기 429년으로부터 27년이 인상된 서기 402년의 리중 3년 조에 기록해야 할 것이다.

물론, 지금의 리중 3년 조에는 개로왕의 즉위와 관련한 내용이 기록되어 있지 않다. 웅략 2년 조에서 이미 기사년이라고 절대 연도를 명기했기 때문인데, 그렇다 하더라도 27년의 인상에 따라 생겨난 두 개의 시간 축이 사라져 버릴 수는 없는 일이다. 즉, 『삼국사기』에 의하면 개로왕은 21년을 재위하고 사망했고, 이 사망시점은 『일본서기』의 칭원을 기준으로 할 때 재위 20년 차에 해당하는 해이다.

만약에 『일본서기』가 『백제신찬』의 개로왕 즉위 기사를 실제로 있었던 사건으로 보고, 그 시점을 기준으로 개로왕의 사망시점을 묘사한다면, 그 장면은 『일본서기』의 시간 체계상 서기 402년의 리중 3년으로부터 20년 후인 서기 421년에 기록해야 할 것이다.

그러나 놀랍게도, 이 서기 421년은 실제의 시대에서 응신 32년에 해당하는 시점이자 『일본서기』의 기준으로 백제에서 구이신왕이 즉위하는 해이다. 개로왕이 사망하는 해의 인물인 목만치가 『일본서기』에서 구이신왕이 즉위하는 시점에서 함께 등장하는 이유는 바로 이 때문이었던 것이다.

다만, 그 장면이 응신 32년이 아닌 응신 25년의 기록에 실려 있다는 사실이 특별할 뿐인데, 이는 앞에서 살펴본 바와 같이, 『일본서기』가 응신 25년의 시점에 대해 응신기의 재위 시간을 두 구간으로 분리하는 중요한 역할을 따로 부여하고 있기 때문이다.

결국, 『일본서기』는 기사년이라고 명기한 개로왕의 즉위년을 근거로 윤공의 시대를 27년 인상했고, 기사년이라면 실제 시대에서 리중 3년이며, 그 시점에 대한 기록의 시간이라면 그로부터 다시 27년이 인상되는 시점인데, 이는 허위의 시점을 실제의 시점으로 간주함으로써 생겨나는 2중 인상이라 할 수 있겠다.

그러나, 『일본서기』에서 목만치가 구이신왕 즉위년에 등장하는 것이 실제로 있었던 일이 아니라, 신공기의 120년 인상 과정에서 파생되는 또 다른 시간의 변형 때문이었다면, 그가 구이신왕의 왕모와 간음한 것도 사실이 아니거니와 그의 부친이 신공 49년에 백제 장수로 등장하는 것도 사실이 아니다. 두 기록 모두 실제 시대의 인물이 등장하지 않는 허구의 기록인 셈이다.

이는 『일본서기』에서 신공 49년의 전쟁이 실제로 있었던 사건이었을 것이라 믿어왔던 많은 사람을 당황하게 할 수도 있겠다. 하지만 『일본서기』의 찬자는 이때의 인상으로 서기 475년의 인물인 목만치가 서기 421년에서도 활동하는 인물이 되어버린 이상, 그의 부친도 그와 비슷한 시차를 가지는 구간에서 등장하는 것이 독자들로부터 만약의 의심을 피할 방법이라고 생각한 듯하다.

즉, 백제본기에서 목만치의 실재성이 인정되는 서기 475년으로부터 54년 전인 서기 421년의 시점이 목만치가 왜로 건너간 해가 되는 것은 『일본서기』의 기록 체계상 그럴 수 있다 하더라도, 그로부터 다시 54년 전인 서기 366년의 신공 46년을 백제와 왜가 처음 만나는 해로 설정함으로써 그의 부친이 등장할 수 있는 여건을 만든 것은 『일본서기』 찬자의 추가적인 창작이었던 것이다.

이러한 시간의 설정에 따라, 목만치가 서기 421년에서 서기 475년까지 55년의 구간에서도 실재성을 주장할 수 있게 된 것처럼, 그의 부친 목라근자도 서기 366년 이후 55년간의 구간에서 목만치와 같은 수준의 실재성을 주장할 수 있게 된 것이다.

이 결과, 서기 366년 이후 전반의 55년간은 목만치의 부자가 한반도에 있었던 시간이었다고 말할 수 있게 되었고, 후반의 55년간은 목만치가 왜에 있었던 시간이라고 말할 수 있게 되었다. 신공 46년에 백제와 귀국이 처음으로 만났다는 기록은 이렇게 설계된 시간 속에서 만들어진 이야기였던 셈이다.

그뿐만 아니라, 이때의 '귀국(貴國)'이라는 호칭도 목만치의 부자가 기록상 한반도에서 머물던 55년 동안에만 사용된 호칭이다. 『일본서기』의 찬자로서는, 이 시기의 호칭이 다른 사람들이 아니라 목만치의 부자가 한반도에서 왜국을 높여 불렀을만한 호칭이라고 생각한 것 같다.

이는 후술하겠지만, 6, 7세기 최대의 귀족 소아(蘇我)씨가 자신들의 조상이 백제의 목만치로부터 왔다고 주장했고, 『일본서기』가

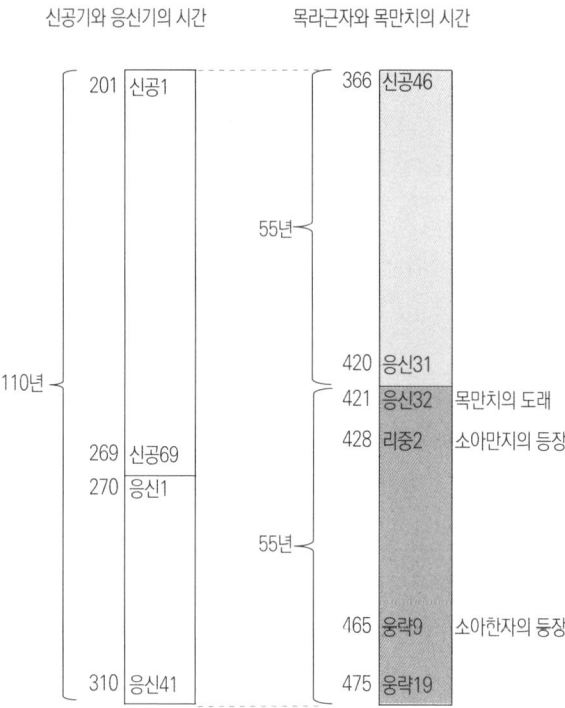

【그림14】 설계된 목만치의 시간

그 주장을 수용하여 그대로 기록한 사실과도 부합하는 것이다. 즉, 『일본서기』에서 응신기의 시간이 왜왕의 시간에 의해 결정되었고, 신공기의 시간이 석우로 사건에 의해 결정되었지만, 백제와의 접촉은 마치 목만치 부자의 시간에 의해 이루어진 것처럼 기록되어 있는 셈이다.

 그뿐만 아니라, 기록상 백제와 왜가 처음으로 만나는 서기 366년의 신공 46년으로부터, 기록상 목만치가 도왜한 시점을 거쳐, 백제본기에서 그의 실재성이 확인되는 서기 475년까지의 시간이, 【그림14】에 나타낸 것처럼 신공기와 응신기의 110년과 일치한다는 사실도 흥미롭다.

백제에서 도래한 신하로서의 목만치의 시간이, 왜왕의 시간을 의미하는 신공기와 응신기의 시간과 일치하는 것인데, 이는 소아씨가 자신들의 선조라고 주장하는 목만치의 위상을 응신기의 실제 주인공 또는 왜왕과 같은 수준으로 보이게 하려는 암시일 가능성도 있어 보인다.

물론 확인될 수 없는 일이기는 하나, 만약에 이것이 사실이라면, 당초『일본서기』의 작성 당시 기본적인 기년 체계와 시간의 설계에 관여한 인물에, 소아씨의 후손이거나 소아씨에 우호적인 인물이 포함되어 있었을 가능성도 있을 것 같다. 그러나 응신 25년 조의 기록은 역사적 사실도 아니거니와, 서기 475년의 실제 시점에서 보더라도 위례성에서 남행한 목만치가 그길로 바다를 건너 왜에 나타났을 것으로 판단할 근거는 어디에도 없다. 응신 25년 조 이후에는 목만치에 관한 행적이 더 이상 기록에 나타나지도 않기 때문이다.

하지만,『일본서기』의 리중 2년 조에는 목만치와 똑같은 이름의 소하만지(蘇賀滿智)라는 인물이 국사를 집행하는 3인 중의 1인으로 등장한다. 리중 2년은『일본서기』의 시간으로는 서기 401년이지만 【표2】의 실제 시대로는 서기 428년이다. 응신 25년 조가 가리키는 서기 421년의 실제 시대에 왜로 불려갔다고 하는 목만치가 서기 428년의 실제 시대에 소하(蘇賀)라는 씨명을 내걸고 다시 기록에 나타난 것이다.

그분만 아니라, 그로부터 37년 후인 웅략 9년에는 소아한자(蘇我韓子)라고 하는 이름의 또 다른 소아씨가 기록에 등장한다. 마치 백제의 목만치가 왜로 이주하여 소아라고 하는 씨명으로 개성(改姓)하여 그 후손이 현지에서 정착해 나간 것 같이 비추어지는 것이다.

하지만 실제의 시대에서 목만치는 서기 421년의 인물이 아니라 서기 475년의 인물이다. 그와 같은 의미로 읽히기 위해서라면 리중 2년에 등장하는 소아만지도 서기 428년이 아니라 서기 475년 이후의 인물이어야 하고, 소아한자도 그만큼 더 후대의 인물이어야 할 것이다.

그러나 이에 대해서는, 서기 807년의 대동(大同) 2년에 작성된 것으로 알려진 『고어습견(古語拾遺)』의 기록이 이 문제에 부합하고 있는 것처럼 보이기는 하다. 웅략의 시대에 소하마지숙녜(蘇賀麻智宿禰)라는 인물이 등장하여 재장(斎蔵)·내장(內蔵)·대장(大蔵)의 3장을 검교(檢校)했다고 기록되어 있기 때문이다.

여기에서의 소가마지는 『일본서기』가 말하는 소아만지이다. 소아만지의 등장 시기로만 보면 『고어습견』의 기록이 『일본서기』의 기록보다 실제의 시간에 더 부합하는 것 같이 보이는 것도 사실이다. 그러나 3장(蔵)이라고 하는 체제는 이 시대에 존재하지도 않았다. 이 기록 또한 후대의 소아창(蘇我倉)씨가 실제로 나라 살림을 관장했던 사실을 목만치가 실재했을 만한 시대로 소급하여 기록한 것에 불과한 것이다. 결국, 실제의 시대에서 목만치와 소아만지를 동일인으로 보아야 할 근거는 어디에도 존재하지 않는다.

【그림15】 소아씨와 왕실의 혼인 관계

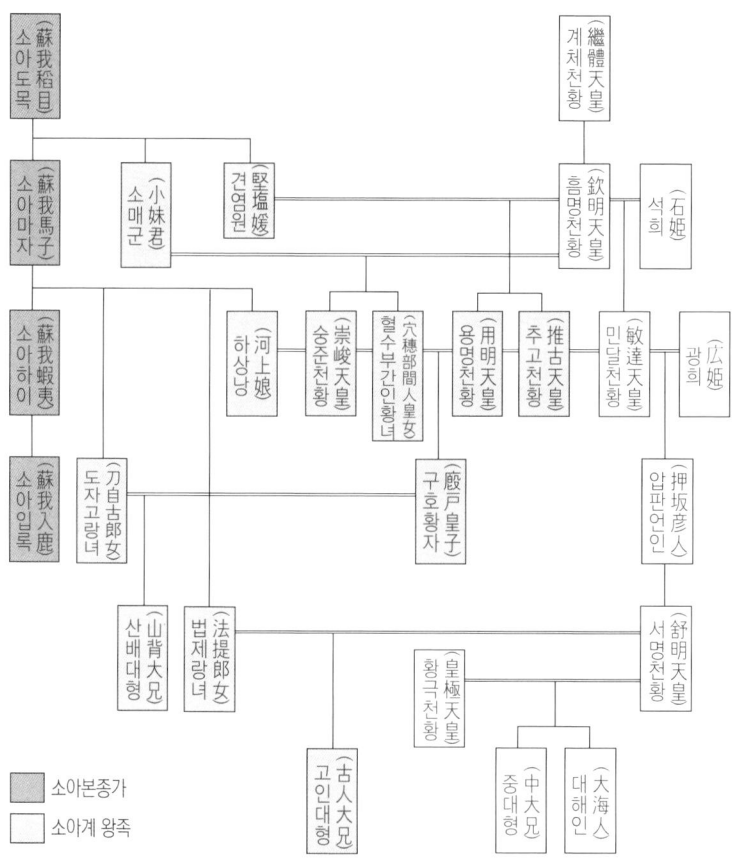

■ 소아본종가
□ 소아계 왕족

    이에 반하여, 『일본서기』에서 실재성이 확인되는 최초의 소아씨라면 서기 536년의 선화(宣化) 원년에 갑자기 등장하여 대신으로 임명되는 소아도목(蘇我稻目)이 그 주인공이다. 【그림15】에서 보는 것처럼, 그가 계체(繼體)의 적장자인 흠명(欽明)에게 두 딸을 시집보내면서 화려한 소아의 외척 시대를 연 장본인이었기 때문이다.

그의 아들 소아마자(蘇我馬子)는 용명(用明), 숭준(崇峻), 추고(推古)로 이어지는 세 사람의 왕을 조카로 둔 대신으로서 권세를 누렸고, 마자의 아들 하이(蝦夷)는 추고가 사망하자 추고의 유지를 받들어 소아씨의 피가 너무 진한 산배대형(山背大兄) 대신에 민달(敏達)의 손자 서명(舒明)을 즉위시킨 실세 대신(大臣)이기도 했다.

하지만 서기 641년에 서명이 사망할 때는 왕위 계승은 더 복잡한 국면을 맞이하게 된다. 산배대형 외에 고인대형(古人大兄)이나 중대형(中大兄) 등, 서명의 아들들이 추가되어 있었기 때문이다. 그러나 이때 왕위를 이은 사람은 산배대형도 아니었고 서명의 아들도 아니었다. 바로 서명의 황후가 직접 황극(皇極)으로 즉위한 것이다. 아마도 이는 적통이면서 소아씨의 피가 흐르지 않는 서명의 아들들이 아직 어렸기 때문이었을 것이다[116].

그러나 하이의 아들 입록(入鹿)은 황극(皇極) 2년이 되자, 비록 소아씨의 혈족이지만 이미 즉위의 시간을 놓쳐버린 산배대형을 제거하여 후계 구도의 한 축을 정리하기에 이른다[117]. 당시 왕실을 압도하는 입록의 권세[118]를 생각할 때, 이것은 누가 보더라도 다음의 후계자가 소아계의 고인대형(古人大兄)임을 예고하는 일이었다.

---

116) 『일본서기』 권제23 서명천황 13년. "겨울 10월 기축삭 정유, 천황이 백제궁에서 붕(崩)하였다. 병오에 궁 북쪽에 빈궁을 설치하였다. 이를 백제의 대빈(大殯)이라 한다. 이때에 동궁 개별(開別)황자(중대형황자로, 후에 천지천황이 됨.)는 16세의 나이로 조문을 읽었다."
117) 『일본서기』 권제24 황극천황 2년 11월조 참조

사태가 이에 이르자, 중신겸족련(中臣鎌足連)이 입록의 반대편에 서서 중대형황자와 소아씨의 방계인 소아창산전석천마려(蘇我倉山田石川麻呂)를 끌어들여 입록을 제거하기에 이른다. 소위 을사(乙巳)의 변(變)[119]이다. 서기 645년에 일어난 이 쿠데타로 입록과 사이는 차례로 사망하게 되었고, 소아의 본종가(本宗家)는 일순간에 무너졌다.

이 사태를 수습하기 위해 황극은 자신의 위를 동모제인 경황자(輕皇子)에게 이양하게 되었고, 경황자는 효덕(孝德)으로 즉위하면서 대화(大化)의 연호로 개원한다. 이때 효덕은 20세의 중대형황자를 황태자로 임명하고 처음으로 대신을 좌우로 나누게 되는데, 이때 우대신이 바로 소아창산전석천마려였다. 결국, 소아창산전석천마려는 을사의 변에서 왕실의 편에 가담함으로써, 【그림16】에서 보는 것처럼 일약 소아의 씨상(氏上)에 올라 자신들의 계보를 계속 이어나가게 된 것이다.

그러나 서기 654년에 효덕이 어린 아들 유간(有間)황자를 남기고 사망하자, 황극이 다시 제명(齊明)으로 중조(重祚) 하는 일이 벌어진다. 아마 왕실은 이때의 중대형황자도 즉위하기에는 아직 이르다고 판단한 것 같다.

---

118) 『일본서기』 권제24 황극천황 원년, "춘정월 정사삭 신미, 황후가 천황에 즉위하였다. 소아신 하이를 대신으로 하는 것은 예전과 같았다. 대신의 아들 입록[다른 이름은 안작(鞍作)이다]이 스스로 국정을 잡아 위엄이 아비보다 강하였다.…(중략)…이해 소아대신하이는 자기의 조묘(祖廟)를 갈성(葛城)의 고궁(高宮)에 세우고 팔일(八佾)의 무(舞)를 추었다.…(중략)…온 나라의 백성으로 모두 180부곡(部曲)을 징발하여 쌍묘를 금래(今來)에 미리 만들었다. 하나를 대릉(大陵)이라한다. 대신의 묘로 하였다. 하나를 소릉(小陵)이라 한다. 입록의 묘로 하였다."

119) 『일본서기』 권제24 황극천황 4년 6월조 참조

【그림16】 소아씨명의 변천

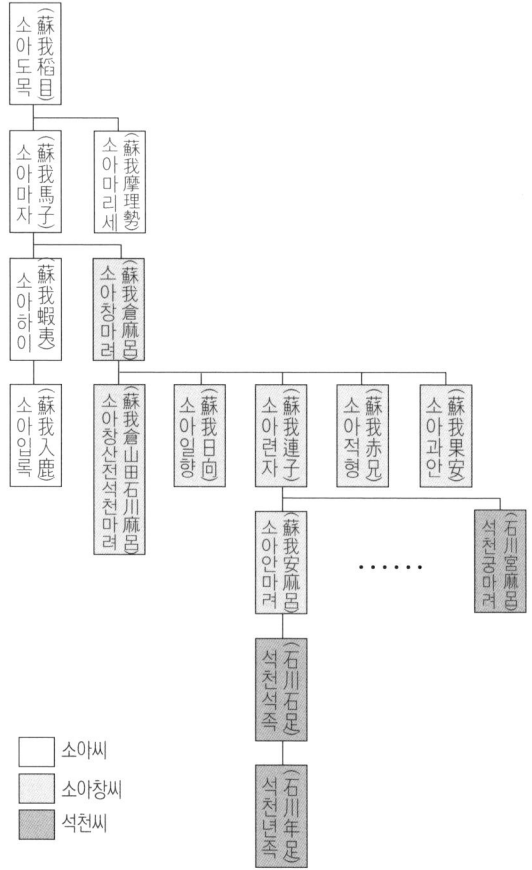

이러한 정세 속에서도 창마려(倉麻呂)의 다섯 아들은 각자 다른 길을 걷고 있었다. 이미 서기 649년의 효덕 5년에는 차남인 일향(日向)의 무고로 장남 석천마려가 자살하는 일이 있었고, 이때 일향은 좌천되었다[120]. 그 후 서기 658년의 제명 4년에는 4남의 적형(赤

兄)이 효덕의 아들 유간(有間)황자에게 실언을 유도하여 처형에 이르게 하는 일[121]도 있었다. 이러한 적형의 일은 암묵적으로 중대형황자에게 도움이 되는 일이었을 것이다.

그러나 서기 660년에는 백제가 멸망하고, 그 이듬해에 백제의 구원군을 준비하는 과정에서 제명(齊明)이 조창궁(朝倉宮)에서 사망하는 급변 사태가 벌어진다. 이에 따라 중대형황자의 즉위는 전쟁이 일단락되는 그 이후로 미루어질 수밖에 없었고, 실제로 즉위식도 근강(近江)으로 천도하고 난 이듬해인 서기 668년의 천지(天智) 7년에야 이루어진다.

하지만 서기 671년의 천지 10년 정월에 있었던 중신들의 임명과 그들에 의한 무리한 후계 옹립은 임신(壬申)의 난(亂)이라 불리는 대규모 내전의 직접적인 불씨가 된다. 즉, 천지(天智)는 지방 출신인 채녀(采女)와의 사이에서 태어난 아들 대우(大友)황자를 태정대신(太政大臣)으로 임명하고, 소아적형(蘇我赤兄)과 중신김(中臣金)을 좌우대신으로 정했으며, 소아과안(蘇我果安), 거세인(巨勢人), 기대인(紀大人)의 3인을 어사대부(御史大夫)로 했다.

이는 누가 보더라도 이미 동궁(東宮)으로 활동하고 있던 자기 동생인 대해인(大海人)황자를 소외시키는 조치였다. 실제로, 그해 12월에 천지가 병사하자 천지의 중신들은 대우황자를 후계자로 삼으려 했고, 급기야 이듬해인 서기 672년에는 그들과 대해인황자 측이

---

120) 『일본서기』 권제25 효덕천황 3년 3월 조 참조
121) 『일본서기』 권제26 제명천황 4년 11월 조 참조

충돌하는 내전으로 확대되어버린 것이다.

  이때의 결과는 물론 대해인황자가 승리하여 천무(天武)로 즉위하는 것이었지만, 이때 소아적형과 소아과안 두 사람의 소아씨는 불행하게도 내전에서 패전한 천지 측의 중신이었다. 이 사건으로 소아적형과 소아과안 두 사람도 역사 속으로 사라지게 되었고, 결국 소아창마려의 다섯 아들 중에는 소아련자(蘇我連子)만이 유일하게 불미스러운 사건에 연루되지 않았던 사람으로 기록될 수 있었던 셈이다. 그렇다면 임신의 난에도 무사히 살아남았을 소아련자의 후손들은 어떠한 모습이었을까?

R1. 『일본서기』 권 제27 천지(天智)천황조 3년 :

  여름 5월, 이달 대자(大紫) 소아련대신(蘇我連大臣)이 죽었다[혹본(或本)에 대신(大臣)이 훙(薨) 한 것을 5월이라 주(注) 하였다.].

R2. 『공경보임(公卿補任)』 천지(天智)천황조 :

  [천지(天智)] 원년, [련자(連子)를] 대신(大臣)으로 한 것은 이전과 같다. 처음으로 임명된 해는 상세하지 않으나 자(字)는 장대신(蔵大臣)이고 3년에 죽었다. 재관(在官)한 지 3년이다. 일서(一書)에 전하기를 3월에 임명되어 곧 죽었다고 했다.

R3. 『속일본기』 화동(和銅)6년 12월 을미(乙未)조 :

우대변(右大辨) 종3위 석천조신궁마려(石川朝臣宮麻呂)가 죽었다. 근강조(近江朝) 대신(大臣) 대자(大紫) 련자(連子)의 다섯 번째 아들이다.

R4. 『속일본기』 천평(天平) 원년 8월 정묘(丁卯)조 :

좌대변(左大辨) 종3위 석천조신석족(石川朝臣石足)이 죽었다. 담해조(淡海朝) 대신(大臣) 대자(大紫) 련자(連子)의 손자이고 소납언(小納言) 소화하(小花下) 안마려(安麻呂)의 아들이다.

R5. 『속일본기』 천평보자 6년 9월 을사(乙巳) 조 :

어사대부(御史大夫) 정3위 겸 문부경(文部卿) 신기백(神祇伯) 훈(勳) 12등 석천조신년족(石川朝臣年足)이 죽었다. 75세였다.
　…(중략)…
연족(年足)은 후강본조(後岡本朝)의 대신(大臣) 대자(大紫) 소아신모라지(蘇我臣牟羅志)의 증손이고, 평성조(平城朝)의 좌대변(左大辨) 종3위 석족(石足)의 장남이다.

즉, 위의 사료 R1과 R2에 의하면 련자(連子)는 서기 664년의 천지 3년에 사망했지만, 천지 이전의 시대에도 대신으로 재직했다. R4의 담해조는 근강조와 마찬가지로 천지조(天智朝)를 의미하고, R5의 후강본조는 제명조(齊明朝)를 의미하므로 R1에서 R4까지 련자에 관한 기록은 모두 같은 내용이다. 즉, 련자 또는 모라지(牟羅志)가 제명의 시대에서부터 천지의 시대까지 줄곧 대신으로 있었다는 것이다.

물론, 련자의 형 소아창산석천마려도 무고로 자살하기 전까지는 효덕조의 대신으로 있었다. 소아창씨로서는 효덕의 시대에서부터 천지의 시대에 이르기까지 줄곧 대신을 배출한 가문이었던 셈이다.

하지만, 사료 R4의 기록에 등장하는 련자의 아들 안마려(安麻呂)는 『일본서기』에서 천지가 사망하기 직전 대해인황자를 궁중으로 부를 때 그의 편에서 조심하기를 조언했던[122] 인물이다. 그런데도 사료 R3에서는 안마려의 동생임이 명백한 궁마려(宮麻呂)의 씨명이 소아씨가 아닌 석천씨로 기록되어 있다. 놀랍게도, 련자의 아들 세대에서 두 가지의 씨명이 함께 나타나고 있다.

하지만 사료 R4와 R5에 의하면, 안가려 이후의 세대에서 씨 명은 모두 석천으로 통일되어 있다. 이는 련자의 아들 세대에서 소아로부터 석천으로 개성이 이루어졌다는 사실을 의미하는 것이다.

실제로, 서기 684년의 천무 13년에 내려진 52개의 조신(朝臣)의 성(姓)에서도 소아의 씨명은 존재하지 않으나 석천의 씨명은 존재한다. 이는 서기 672년 임신의 난 이후 서기 684년의 천무 13년 이전의 언젠가의 시점에서 소아의 씨명이 석천이라는 씨명으로 개성

---

122) 『일본서기』 권제28 천무천황 상 즉위전기 천지 10년 10월조, "천황이 와병하여 고통이 심하였다. 소하신안마려(蘇賀臣安麻侶)를 보내 동궁을 불러 대전에 들였다. 안마려는 평소 동궁과 사이가 좋았다. 몰래 동궁을 돌아보고 "유의하여 대답 하십시오"라고 말하였다. 동궁은 숨긴 음모가 있는 것을 알고 신중히 처신하였다."

되었음을 의미하는 것이다.

생각해보면, 소아련자가 임신의 난이 일어나기 이전에 사망하는 바람에, 아들 안마려는 천지 조에서 중신이 되기도 어려웠겠지만 반면에 비교적 자유롭게 천무의 편에 설 수도 있었다. 이것이 임신의 난을 거치면서도 그가 살아남을 수 있었던 행운의 이유였던 것 같다.

다만, 그 이후의 안마려의 행적이 더 이상 기록에 남아 있지 않을 뿐인데, 그럼에도 불구하고 그의 동생 궁마려는 석천이라는 씨명을 가지고 R3에서처럼 『속일본기』에서 나름대로 흔적을 남기고 있다. 기록에서 보이는 안마려와 궁마려에 대한 씨명의 불일치는 그들의 활동이 기록에 반영되는 시기의 불일치에서 비롯된 것으로 볼 수 있겠다.

그러나, 이처럼 『일본서기』에서 계체(繼體)의 시대 이후에 등장하는 소아도목이 소아씨의 실질적인 시조였다고 한다면, 그 이전의 시대에 등장하는 소아만지나 소아한자에 관한 기록은 사실로 인정될 수 없다. 그뿐만 아니라, 석천이라는 씨명이 소아의 씨명에서 나온 것이 사실이라면, 석천숙녜(石川宿禰)라는 이름이 소아만지보다 앞서 등장하는 응신 3년 조의 기록[123]은 더더욱 사실이 아닐 것이다. 기록상 석천씨가 등장하는 시점과 소아씨가 등장하는 시점의

---

123) 『일본서기』 권 제10 응신천황 3년, "백제의 진사왕이 서서 귀국의 천황에게 무례하였다. 그래서 기각숙녜(紀角宿禰), 우전시대숙녜(羽田矢代宿禰), 석천숙녜(石川宿禰), 목도숙녜(木菟宿禰) 등을 보내 무례함을 책하였다. 이 때문에 백제국은 진사왕을 죽여 사죄하였다. 기각숙녜(紀角宿禰) 등은 아화(阿花)를 왕으로 세우고 돌아왔다."

순서가 실제의 역사와 달리 역전되어 있기 때문이다.

　물론, 응신 3년에 진사왕이 사망하고 아신왕이 즉위하는 것은 『삼국사기』와 대조할 때 분명한 역사적 사실이었다. 하지만 그때의 일이 마치 석천숙녜 등의 파견과 질책으로 이루어진 것처럼 묘사된 응신 3년 조의 내용 자체는 사실로 인정될 수 없는 것이다. 그런데도 『일본서기』는 석천을 소아만지와 소아한자보다도 앞선 시대의 인물로 기록하고 있는 것인데, 이는 소아씨의 계보를 무내숙녜와 연결하기 위한 집단적인 시조가상(始祖加上)이 반영된 결과일 뿐이다.

　실제로, 평안(平安) 시대 초기까지의 계보로 알려져 있는 『기씨가첩(紀氏家牒)』에서는 소아도목이 소아석하숙녜의 현손이자 만지숙녜의 증손이라고 기록되어 있다. 소아도목이 소아석천의 5세손이라는 것인데, 이는 석천석족이 종아석천숙녜명(宗我石川宿禰命)의 10세손이라고 되어 있는 「석천년족묘지(墓誌)」[124]의 기록과 【그림16】의 계보에 동시에 부합하는 기록이다.

　그러나 『일본서기』는 이러한 시조가상을 매우 단순한 셈법으로 처리하여 기록에 반영했다. 즉, 석천을 등장시킨 서기 392년의 응신 3년으로부터 소아도목이 실제로 대신으로 임명된 서기 536년까지 실제의 시간은 145년이다. 만약에 소아도목이 석천의 5세손이

---

124) 「金銅石川年足墓誌」, "무내숙녜명(武內宿禰命)의 아들 종아석천숙녜명(子宗我石川宿禰命)의 10세손 3위행좌대변(三位行左大弁) 석천석족조신(石川石足朝臣)의 장자 어사대부정3위(御史大夫正三位) 겸 행신지백(行神祇伯) 년족조신(年足朝臣)이 평성궁(平成宮)의 치세 천평보자(天平宝字) 6년에… (생략)"

어서 석천과 도목 사이에 3세대가 더 존재해야 한다면, 『일본서기』의 찬자로서는 한세대 당 대략 36년의 주기로 세 사람의 등장인물을 배치하면 무난하리라 생각한 듯하다.

실제로 『일본서기』에서 소아만지가 등장하는 서기 428년의 리중 2년은 석천이 등장하는 서기 392년의 36년 후이고, 소아한자가 등장하는 서기 465년의 웅략 9년은 그로부터 37년 후이다. 비록 『기씨가첩』의 계보보다 『일본서기』의 경우가 소아한자 이후의 한 세대를 누락하고 있지만, 만약에 이 세대마저 기록했다면 아마도 비슷한 주기가 돌아오는 무열(武烈)의 시대의 인물로 배치했을 것 같다. 결국, 소아만지나 소아한자 등의 이름은 소아씨와 목만치를 이어주는 가공의 인물이었던 것이다.

한편, 『일본서기』의 응신기에 등장하는 또 다른 가공의 인물 석천숙녜는 『기씨가첩』이나 「년족묘지」에 기록되어 있는 소아석하이기도 하지만, 『고사기』에 기록되어 있는 무내숙녜의 일곱 아들 중의 한 사람이기도 하다.

S1. 『고사기(古事記)』 중(中) 효원(孝元)천황 :

목국조(木國造)의 선조 우도비고(宇豆比古)의 여동생 산하영일매(山下影日賣)를 얻어서 낳은 아들이 건내숙녜(建內宿禰)이다. 이 건내숙녜의 자식은 합하여 아홉이다[7남 2녀].

파다팔대숙녜(波多八代宿禰)는 파다신(波多臣), 임신(林臣), 파미신(波美臣), 성천신(星川臣), 담해신(淡海臣), 장곡

부지군(長谷部之君)의 조(祖)이다. 다음에 허세소병숙녜(許勢小柄宿禰)는 허세신(許勢臣), 작부신(雀部臣), 경부신(輕部臣)의 조(祖)이다.

다음에 소아석하숙녜(蘇我石河宿禰)는 소아신(蘇我臣), 천변신(川辺臣), 전중신(田中臣), 고향신(高向臣), 소치전신(小治田臣), 앵정신(桜井臣), 안전신(岸田臣) 등의 조(祖)이다.

다음에 평군도구숙녜(平群都久宿禰)는 평군신(平群臣), 좌화량신(佐和良臣), 마어직련(馬御樴連) 등의 조(祖)이다. 다음에 목각숙녜(木角宿禰)는 목신(木臣), 도노신(都奴臣), 판본신(坂本臣)의 조(祖)이다.

다음에 구미능마이도비매(久米能摩伊刀比賣), 다음에 노능이랴비매(怒能伊呂比賣). 다음에 갈성장강증도비고(葛城長江曾都毘古)는 옥수신(玉手臣), 적신(的臣), 생강신(生江臣), 아운나신(阿芸那臣) 등의 조(祖)이다. 또, 약자숙녜(若子宿禰)는 강야재신(江野財臣)의 조(祖)이다.

즉, 무내숙녜를 의미하는 건내숙녜(建內宿禰)는 모두 7남을 낳았는데 그 아들들은 모두 27개 씨족의 조상이라는 것이고, 그중에서 소아석천(蘇我石川)을 의미하는 소하석하숙녜(蘇賀石河宿禰)는 소아신(蘇我臣)을 포함하는 7개 씨명의 조상이라는 것이다.

그러나 소아신은 서기 684년의 천무 13년에 팔색(八色)의 성(姓)이 제정되면서 사라진 씨성이다. 『고사기』에 기록되어 있는 무내숙네의 계보라는 것도, 사실은 모두 율령 시대 이전까지 존재하면서 왕실에 봉사하던 지난날의 유력 씨족에 대한 목록이었던 셈이다. 즉, 이들 씨족이 실제로 무내숙녜를 조상으로 하는 후손이 아니라, 호족의 시대로부터 율령의 시대에 이르기까지 오랜 기간 줄곧 대화의 왕권에 봉직해왔다고 주장하는 공통점을 가지는 의제적(擬制的)인 동조(同祖) 관계였던 것이다.

사실, 이러한 집단적인 시조가상의 결과가 역사의 기록에 반영되는 것도 율령 체제를 정비하는 과정에서 나타나게 된 하나의 부산물인 것 같다. 실제로 서기 681년의 천무 10년에는 처음으로 제기(帝紀)와 상고(上古)의 제사(諸事)를 기록하라는 명령이 내려졌고, 서기 691년의 지통(智統) 5년에는 특히 18개의 유력 씨족에 대해 조상의 묘지 기록을 제출하라는 명령이 내려지기도 했다[125].

서기 712년에 완성된 『고사기』나 서기 720년에 완성된 『일본서기』는 그러한 기초자료를 근거로 작성된 기록이었던 것이다. 그러나 『고사기』나 『일본서기』의 편찬을 위한 각 씨족 계보의 조사에 임했을 당시의 소아씨라고 하면, 사료 R4나 R5를 참조할 때 아마도 서기 729년의 천평 원년에 사망한 장대신(蔵大臣) 련자(連子)의 손자 석천석족이었을 것 같다. 소아씨의 계보를 기록상 목만치의 시대까지 끌어올리거나, 석천씨를 소아씨보다 위로 올리는 등, 자신

---

[125] 『일본서기』 권제30 지통천황 5년, "8월 기해삭(己亥朔) 신해(辛亥), 18의 씨(氏) [대삼륜(大三輪), 작부(雀部), 석상(石上), 등원(藤原), 석천(石川), 거세(巨勢), 선부(膳部), 춘일(春日), 상모야(上毛野), 대반(大伴), 기이(紀伊), 평군(平群), 우전(羽田), 아배(阿倍), 좌백(佐伯), 채녀(采女), 수적(穂積), 아담(阿曇)]에 조하여 그 조상들의 묘의 기록을 바치게 했다.

들의 계보에 관한 모든 조작은 모두 석천석족의 세대에서 이루어졌을 가능성이 크다.

하지만 그로부터 세월이 흘러 11세기에 작성된 『공경보임(公卿補任)』이나 14세기에 편찬된 『존비분맥(尊卑分脉)』에는 그때까지 공인되어 오던 소아의 계보에 변화가 보인다. 무내숙녜와 연결되어 있던 소아석하(蘇我石河) 또는 소아석천(蘇我石川)의 이름이 계보에서 사라지고, 소아만지(蘇我滿智)와 소아한자(蘇我韓子)와 소아고려(蘇我高麗)의 3대를 거쳐 소아도목으로 이어지는 계보만 기록되어 있는 것이다. 이 중에서 소아고려는 『일본서기』가 누락했던 인물이기도 하다. 그러나 이러한 변화는 서기 877년의 원경(元慶) 원년에 있었던 석천조신목촌(石川朝臣木村)의 개성을 반영한 결과일 가능성이 크다.

T1. 『일본삼대실록(日本三大實錄)』 원경(元慶) 원년 조 :

우경(右京) 사람 전장문수(前 長門守) 종5위하 석천조신목촌(石川朝臣木村)과 산위(散位) 정6위상 전구조신잠업(箭口朝臣岑業)에 대해 석천(石川)과 전구(箭口)를 고쳐 함께 종악조신(宗岳朝臣)의 성(姓)을 내렸다.

목촌이 말하기를, "시조(始祖) 대신(大臣) 무내숙녜(武內宿禰)의 아들 종아석천(宗我石川)은 하내국(河內國)의 석천별읍(別邑)에서 태어나 석천(石川)이라 이름했습니다. 종아대가(宗我大家)를 받아서 살았기 때문에 종아숙녜(宗我宿禰)의 성을 받았는데, 정어원(淨御原) 천황 13년에 조신(朝

臣)의 성을 받았습니다. 선조의 이름으로 자손의 성(姓)으로 삼는 것은 삼가야 할 것입니다."라고 말했다. 조하여 이를 허락했다.

즉, 석천조신목촌(石川朝臣木村)은 원래 자신의 조상의 성(姓)은 소아였고 석천은 이름이었다고 하는 새로운 논리를 펼쳤다. 원래 받았던 성이 소아석천숙녜(蘇我石川宿禰)가 아니라 소아숙녜(蘇我宿禰)였다고 교묘하게 말을 바꾼 것이다. 그러면서 천무 13년에 조신(朝臣)의 성을 받았지만, 그것은 성이 아니라 이름인 석천(石川)이었고, 이는 잘못되었으니 원래 조상의 성인 소아(蘇我)로 자신의 성을 되돌려야 한다고 주장한 것이다. 결과적으로 이 주장은 받아들여졌고, 이로써 석천의 씨명은 사라지게 되었으며, 소아의 씨명은 부활하게 되었다.

그러나 석천목촌의 주장대로 석천이라고 하는 성이 소아의 선조의 성이 아니었다면, 『일본서기』에 등장하는 석천숙녜도 이미 『고사기』가 기록한 소아석천숙녜와 동일한 인물이라고 단정할 수도 없게 되어버린다.

이렇게 되는 경우 당초 무내숙녜로부터 이어졌다고 하던 소아씨의 계보는 석천의 이질성에 의해 단절되고, 소아만지로부터 소아도목으로 이어지는 반쪽의 계보만 살아남게 되는 것이다. 이것이 『공경보임』이나 『존비분맥』에 남아 있는 소아씨의 최종 계보이다.

이렇게 볼 때, 지금까지 알려진 소아씨의 계보는, 『고사기』가 기록한 것처럼 무내숙녜를 중심으로 하는 의제적(擬制的)인 동조(同

祖) 관계와 백제인 목만치(木滿致)로 대표되는 자신들의 출자에 관한 인식이 중첩되어 진 시조가상의 결과라고 말할 수 있겠다. 즉, 소아씨는 무내숙녜로 연결되는 집단적인 시조가상과는 별개로, 자신들의 선조가 목만치로 대표되는 백제인이라고 주장했고, 『일본서기』는 이를 그대로 수용하여 기록에 반영 한 것이다.

이 결과, 신공기와 응신기가 기록하는 백제와의 시간은 목만치의 시간으로 가득 차게 되었는데, 그럼에도 불구하고 『일본서기』가 그리는 목만치의 모습은 그리 우호적이지 않았다. 오히려 구이신왕의 왕모와 간음하는 등 악행을 행한 인물로 묘사하고 있는 것이다.

그러나 이는 『일본서기』의 찬자로서도 목만치가 틀림없는 소아씨의 조상으로 알고 있었을 반증일 수 있다. 즉, 소아씨는 왕실의 외척으로서 권력을 전횡하다가 결국에는 을사의 변과 임신의 난을 거치면서 중앙 정치 무대로부터 사라졌다. 그러나 그러한 소아씨의 조상이 목만치였다고 한다면, 그 목만치는 왕실의 입장에서 볼 때 당연히 격하해야 할 대상인 것이다.

결국, 실제의 시대에서 목만치가 가공의 인물인 소아만지일 수는 없다 하더라도, 소아씨가 일관되게 주장한 자신들의 출자나 목만치를 우호적으로 기록하지 않은 『일본서기』의 기록 태도로 볼 때, 소아씨가 실제로 백제인 목씨의 후예였을 가능성은 여전히 부정되기 어렵다고 보아야 할 것 같다.

3. 변조의 파장과 수습

【그림11】과 【그림12】의 실제 시대에 따르면, 지금의 『일본서기』 는 누구도 재위하지 않은 신공기의 시간을 정식의 기년 체계에 편입시키고, 오히려 그 시대를 대표하고 있던 경행계의 시대를 신공기의 시간 위로 밀어 올린 기록이다. 그뿐만 아니라, 신공기에 의해 밀려 올라간 경행계의 시간에 대해서는 추가로 48년에서 53년 사이의 시간을 늘리는 변조를 했다.

이에 따라, 서기 201년부터 시작하는 신공기와 동시대라면 마땅히 서기 188년에서 서기 193년 사이의 어느 해를 가리켜야 할 경행의 즉위년은 서기 71년으로 인상되었고, 그 결과 경행의 시대에 태어난 무내숙녜의 생애도 일거에 그 실재성을 상실하게 된 것이다.

하지만 이렇게 설정된 기년의 시간과 실제 시간과의 불일치는, 무내숙녜의 시간으로 상징되는 『일본서기』의 내부 시간뿐 아니라 『일본서기』와 신라 왕계나 백제 왕계 사이에 마땅히 존재해야 하는 상대적인 시간까지도 크게 왜곡시키게 된다. 즉, 서기 201년의 신공기는 경행의 실제 시대나 석우로가 실제로 사망한 시대를 120년 인상하면서, 그 인상을 정당화하기 위해 서기 201년 당시에 실제로 재위하던 파사왕을 언급했다.

이 때문에 원래 신공기가 반영하던 실제 시대의 인물인 석우로나 경행은 갑자기 파사왕과도 동시대의 인물이 되어버린 것인데, 『일본서기』는 여기에 그치지 않고 경행의 시대를 신공기로부터 다시 117년에서 122년 사이의 시간을 인상 시킨 것이다. 이는 파사왕을 중심으로 하는 병립하는 신라 왕계와, 인상된 경행을 중심으로 하는 『일본서기』의 기년 체계 사이에 그만큼의 시차가 벌어졌다는 사실을 의미하는 것이다.

그러나 지금의 신라 왕계는 병립하는 신라 왕계로부터 이미 독특한 시간의 구조를 가지면서 변조되어 있다. 석우로가 사망한 첨해왕의 시대는 실제 시대로부터 68년이 인상되었고, 원래 첨해왕보다 120년이 앞서있던 파사왕의 시대는 68년의 인상에 이어 50년의 인상이 추가되면서, 최종적으로는 원래의 시대로부터 118년이 인상된 것이다.

하지만 지금에 와서 보면, 이러한 파사왕의 인상 구조는 놀랍게도 신공기의 시대를 기준으로 하는 경행의 인상 구조와 완전히 일치하는 것이었다. 즉, 경행의 시대는 파사왕의 재위 사실을 기록한 신공의 시대로부터 69년이 인상되고, 다시 48년에서 53년 사이의 시간이 더해져서 최종으로는 117년에서 122년의 사이의 시간이 인상되어 있기 때문이다.

그러나 이러한 인상 구조의 일치가 우연히 생겨난 것일 수는 없다. 병립하는 신라 왕계를 참조하면서 신공기를 작성했던 『일본서기』와 『삼국사기』의 완성 시점으로 볼 때, 원래 파사왕의 재위 시기가 경행의 인상 구조를 따라 지금의 모습으로 맞추어지지 않았다면 결코 생겨날 수 없는 일인 것이다.

그렇다고 한다면, 이들의 인상 구조에 대한 정합성과 『일본서기』와 신라 기년과의 칭원(稱元)의 차이를 동시에 고려할 때, 파사왕을 중심으로 하는 신라 왕계가 원래 따르고자 했던 경행의 인상 구조는, 69년이 상향되고 51년이 추가되어서 최종적으로 120년이 인상되는 구조였을 것이다.

결국, 신라 왕계가 원래의 모습으로부터 지금의 모습으로 변조되어 진 것은, 『일본서기』가 신공기에서 당시 실제로 재위하던 파사왕을 언급했지만, 정작 그 시대를 정식으로 대표하는 경행의 시대가 신공기부터 홀로 인상되어 진 것에 따른 수습 때문이었다. 즉, 원래의 삼국 왕계와 『일본서기』 사이에 생겨난 기년 상의 왜곡을 해소하기 위한 조정의 결과였던 것이다.

물론 이러한 조정이 가능했다는 것은, 변조 당시 신라사의 편찬자들이 신공의 시대로부터 홀로 인상되어 진 경행계의 시간에 관한 변조 구조를 정확히 알고 있었기 때문이기도 하겠지만, 한편으로는 그들이 신라 내부의 시간보다는 『일본서기』 기년과의 상대적인 시차를 더 중시했기 때문이기도 할 것이다.

즉, 이때의 조정으로 파사왕과 경행과의 재위 시기상의 시차 또는 기년상의 불균형은 해소될 수 있었지만, 이 때문에 신라 왕계의 내부 시간은 파사왕에서 내물왕의 시대에 이르기까지, 해당 구간에서 그 조정에 해당하는 시간만큼의 실제성을 각각 상실하게 된 것이다.

한편, 『일본서기』의 신공기가 120년의 인상을 정당화하기 위해 등장시킨 파사왕에 의해 실제 시대의 신라 왕계가 복원되었지만, 이때 복원되어 진 신라 왕계를 통하여 다시 경행의 실제 시대가 구체적으로 특정되는 것도 매우 특별한 성과이다. 【표1】의 작성 이후 지금까지 48년에서 53년 사이의 범위로만 추정해왔던 경행계의 추가 인상 시간이 51년으로 확정됨에 따라, 경행계의 실제 재위 시간도 기록상의 130년으로부터 79년으로 최종 확정되기 때문이다. 이렇게 얻어지는 경행계의 79년은 『일본서기』가 신미년(辛未年)이라고 기록하고 있는 경행의 즉위년과도 완전한 정합성을 가진다.

즉, 당초 【표1】에서 추정했던 경행계의 재위 시간은 77년에서 82년 사이의 시간이었다. 그러나 『일본서기』의 기년 체계상 중애 9년인 경진년(庚辰年)을 기준으로 한다면, 그로부터 76년 전에서 81년 전 사이의 구간에는 신미년(辛未年)이 존재하지 않는다.

하지만 그 경진년으로부터 69년을 인하한 실제 시대의 중애 9년은 신공 69년과 동일한 기축년(己丑年)이고, 그로부터 76년 전에서 81년 전 사이의 구간에는 실제로 신미년이 존재한다. 바로 신공 69년의 기축년으로부터 78년 전인 서기 191년의 신미년이다.

『일본서기』는 이때의 신미년에 69년과 51년을 인상하여, 최종적으로 120년이 인상된 서기 71년의 신미년을 경행의 즉위년이라고 기록한 것이다. 이렇게 인상된 서기 71년은 서기 201년의 신공기와 동시대인 서기 191년의 신미년으로부터는 120년 즉, 2주갑이 인상된 해이고, 서기 201년의 신공기가 반영하는 실제의 시대인 서기 311년의 신미년으로부터는 240년 즉, 4주갑이 인상된 해이다. 『일본서기』에서 설정되어 있는 신공기의 시간은 실제의 시대로부터 2주갑이 인상되어 있지만, 경행기의 시간은 실제의 시대로부터 4주갑이 인상되어 있는 것이다.

이렇게 서기 311년이 실제 시대에서 경행의 즉위년으로 특정된다면, 실제로 석우로가 사망한 해를 기준으로 설정된 서기 321년의 신공 섭정 원년은 경행 11년의 해에 해당한다. 이 외에도, 경행계의 실제 재위 시간이 79년으로 특정되면, 당초 【표1】의 작성 과정에서 활용된 일본무존과 중애의 나이도 자동으로 특정된다. 즉, 중애는 일본무존이 17세였던 경행 28년의 해에 태어난 것으로 특정되고, 일본무존은 그로부터 13년이 지난 경행 41년에 30세로 사망한 것으로 특정된다.

결국, 중애가 즉위하면서 자신이 미처 약관이 되지 못했다고 말했던 나이는 바로 14세였던 것이다. 이와 함께, 만약에 무내숙녜가 경행 5년에 태어났다고 가정한다면, 중애가 사망했을 때 그의 나이는 이미 75세였을 것이고, 그의 동생과 다투었던 응신 9년에는 84세의 고령이었을 것이다.

이상에서 살펴본 바와 같이, 『일본서기』에서 경행의 즉위년은 원래 서로 동시대였던 신공기의 시대로부터 69년이 밀려 올라가고 51년의 시간이 추가되어 최종적으로는 상대적으로 120년이 인상되어 진 것이다. 이때 69년의 인상은 경행계 79년의 전체 재위 시간이 그 이동의 대상일 것이고, 51년의 추가 인상은 79년의 전체 재위 시간 중에서 경행의 즉위년을 포함하는 선두 51년간이 그 이

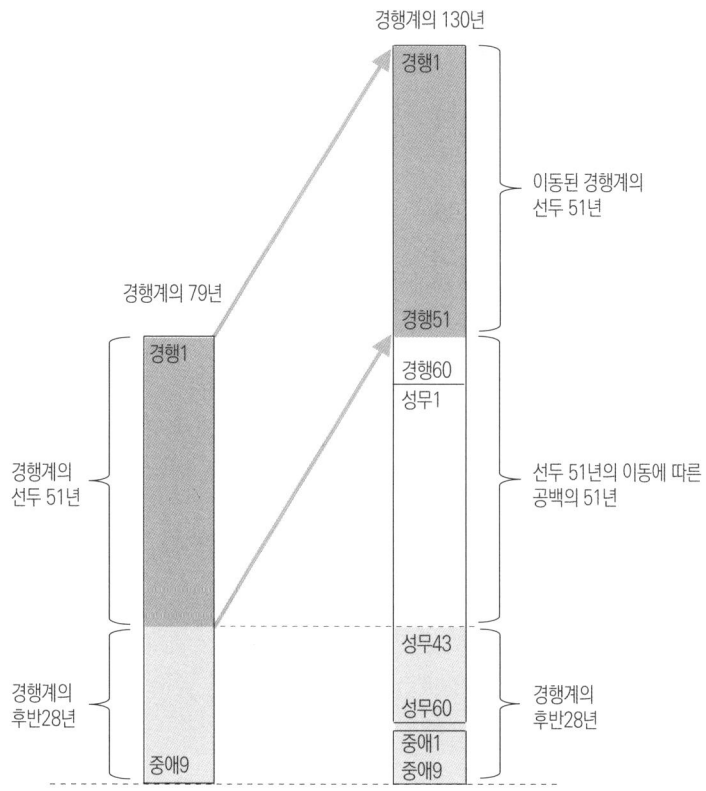

【그림17】 경행계 79년의 인상 구조

동의 대상이었을 것이다.

　이 결과, 지금의 경행계의 130년은 원래의 79년으로부터 51년이 이동된 선두 51년의 구간과, 그 선두 51년간의 이동으로 생겨난 공백의 51년간과, 선두 51년간의 이동과 무관한 28년간의 세 구간으로 구성되어졌다.

　이에 대해 『일본서기』는 【그림17】의 구조에서 알 수 있는 것처럼, 130년의 시간을 경행과 성무에게 각각 60년씩을 할당하고, 공백의 1년과 함께 중애의 9년간을 정식의 기년으로 각각 설정하게 된 것이다.

　그러나 이러한 경행계 시간에 대한 전체적인 인상 구조는, 지금의 백제 왕계가 실제 시대로부터 인상될 때 지금의 신라 왕계와는 다른 모습으로 변조되어 진 이유를 그대로 설명한다. 즉, 『일본서기』의 신공기는 신공 46년에 당시 백제에서 실제로 재위하고 있던 초고왕을 언급했지만, 이해는 신공기와 동시대인 경행계 79년의 전체 재위 시간 중에서 56년 차에 해당하는 시점이다.

　이 시점은 경행의 즉위년이 실제의 시대로부터 120년이 인상될 때, 69년의 전체 이동 후 선두 51년간의 이동으로 생기는 변화의 102년간의 구간이 아니라, 69년의 이동으로만 그치는 경행계 후반 28년의 구간에 속하는 것이다.

　즉, 병립하는 신라 왕계에서 파사의 재위 시기가 120년이 인상된 경행의 시간과 정합하기 위해 118년이 인상되었듯이, 병립하는 백제 왕계에서 초고왕도 변형된 경행계의 시간 구조와 정합할 필요가 있었던 것인데, 파사왕보다 훨씬 후대에 재위한 초고왕은 118년이 아니라 경행계의 후반 28년의 구간에 대응하면서 68년만큼만 인상되어야 하는 인물이었던 것이다. 이것이 지금의 신라와 백제 왕계가 실제 시대로부터 인상되는 시간과 구조를 달리하는 이유이다.

4부

병립하는 고구려 왕계

1. 태조왕 94년의 비밀
2. 추모왕 17세손의 비밀
3. 이어지는 변형과 변조

1. 태조왕 94년의 비밀

『삼국사기』에서 백제의 건국은 온조왕과 유리왕의 즉위년을 통하여 고구려의 건국과 시간상 직접 연결되어 있다. 만약에 백제의 실제 건국이 지금의 기록으로부터 68년이 인하되어야 한다면, 백제와 19년의 시차를 가지는 고구려의 건국 시기도 이와 연동하여 BC 37년으로부터 서기 32년으로 인하되어야 할 것이다.

실제로, 이렇게 인하되는 서기 32년은 『후한서』나 『삼국지』에서 고구려가 처음으로 한(漢)에 사신을 보내 조공했다고 한 건무(建武) 8년[126]이다. 고구려후(高句驪侯)[127] 추(騶)가 사망하고 왕망(王莽)에 의해 하구려후(下句驪侯)로 불리다가[128] 광무제(光武帝)로부터 국호

---

126) 『후한서』 권1상 제기 제1하 광무황제 건무 8년 12월, "고구려왕이 사신을 보내 봉헌했다."; 『후한서』 권85 동이열전 제75 고구려, "건무(建武) 8년에 고구려가 사신을 보내 조공하므로 광무제가 그 왕호를 회복해 주었다."; 『삼국지』 권30 위서30 오환선비동이전 제30 고구려, "[후]한 광무제 8년에 고구려왕이 사신을 보내어 조공하면서 비로소 왕의 칭호를 사용하게 되었다."
127) 왕망이 들어서자 모든 후왕(侯王)을 공(公)으로 낮추고, 사이(四夷)의 왕들에 대해서도 모두 후(侯)로 낮추어 불렀다(『한서』 권99중 왕망전(王莽傳) 제69중 시건국(始建國). 원년, "其定諸侯王之號皆稱公, 及四夷僭號稱王者皆更為侯")

와 왕호를 동시에 회복한 바로 그 해인 것이다.

만약에 이때 한(漢)에 조공한 고구려가 실제로 주몽이 건국한 고구려였다면, 그로부터 90년의 세월이 지나 모본왕이 사망하고 태조왕이 즉위하는 해는, 『후한서』의 동이열전(東夷列傳)에서 궁이 사망하여 안제(安帝)가 사절을 보내 조문했다고 한 서기 121년의 건광(建光) 원년과 만나게 된다.

만약에 68년이 인하된 고구려 왕계와 『후한서』를 동시에 참조한다면, 태조왕은 『삼국사기』의 기록과 달리 궁이 아니라 모본왕과 궁이 함께 사망하여 서기 121년에 새로 즉위한 고구려의 왕이었을 것이다. 하지만, 이는 이미 『삼국사기』 태조왕 94년의 주석에서 제기되었던 의문에 대한 해답이기도 하다.

U1. 『삼국사기』 제15권 고구려본기 제3 태조대왕 94년 :

『후한서』에는 "안제(安帝) 건광(建光) 원년에 고구려왕 궁(宮)이 죽고 아들 수성이 즉위하였다. 현도태수 요광(姚光)이 상소하여 아뢰기를, '[고구려의] 국상(國喪)을 틈타 군

---

128) 『한서』 권99중 왕망전(王莽傳) 제69중 시건국(始建國) 4년, "우(尤)는 구려후(句麗侯) 추(騶)를 만나자고 유인하여 그가 도착하자 목을 베어 그 머리를 장안(長安)에 보내었다. 왕망은 크게 기뻐하여 …(중략)… 고구려란 국호를 바꾸어 하구려(下句麗)라 부르게 하고 천하에 포고하여 모두 알게 하였다."; 『후한서』 권85 동이열전 제75 고구려, "[엄우(嚴尤)는] 구려후(句驪侯) 추(騶)를 꾀어 국경 안으로 들어오게 한 뒤 목을 베어 그 머리를 장안(長安)에 보내었다. 왕망은 크게 기뻐하면서, 고구려왕의 칭호를 고쳐서 하구려후(下句驪侯)라 부르게 하였다. 이에 맥인(貊人)이 변방을 노략질하는 일은 더욱 심하여졌다."; 『삼국지』 권30 위서30 오환선비동이전 제30 고구려, "왕망은 그 말을 듣지 않고 우(尤)에게 [고구려를] 치도록 명하였다. 우(尤)는 구려후(句麗侯) 추(騶)를 만나자고 유인하여 그가 도착하자 목을 베어 그 머리를 장안(長安)에 보내었다. 왕망은 크게 기뻐하면서 천하에 포고하여 고구려란 국호를 바꾸어 하구려(下句麗)라 부르게 하였다."

대를 발동하여 저들을 공격하려 합니다.'라고 하니, 의논하던 자들이 모두 허락할 만하다고 여겼다. 상서(尙書)에서 진충(陳忠)이 말하기를, '궁(宮)이 이전에 빼어나고 영리하여 요광이 토벌하지 못하였는데, 사망하자마자 그를 공격하는 것은 의롭지 않습니다. 마땅히 사람을 보내 조문하고, 그와 함께 이전의 죄를 책망하고 꾸짖되 용서하여 죽이지는 마시어 장차 [그들이] 착해지도록 하는 방안을 채택하여야 할 것입니다.'라고 하였다. 안제가 그 말을 따랐다. 다음 해에 수성이 한(漢)의 포로를 돌려보냈다."라고 하였다.

　　『해동고기(海東古記)』를 살펴보면, "고구려 국조왕(國祖王) 고궁(高宮)은 후한 건광(建光) 29년 계사(癸巳)에 즉위하였는데, 그때 나이가 일곱 살이어서 국모(國母)가 섭정하였다. 효환제(孝桓帝) 본초(本初) 원년 병술에 이르러 왕위를 양보하여 친동생인 수성에게 물려주었다. 이때 궁의 나이가 100세이고 왕위에 있은 지 94년째였다."라고 하였다.

　　즉, 건광 원년은 궁이 재위한 지 69년째 되는 해이니, 『한서』의 기록과 『고기(古記)』가 상충하여 서로 부합하지 않는다. 혹시 『한서』의 기록이 잘못된 것인가?

　즉, 『삼국사기』의 찬자는 이때의 논평에서 『후한서』의 고구려전과 『해동고기』를 모두 인용하면서, 궁에 관한 시간이 서로 다르게 기록되어 있다는 사실을 구체적으로 지적했다. 하지만 정작 『해동고기』의 시간에 대해서는 아무런 의심도 하지 않았다.

이는 고구려본기가 『해동고기』의 기년 체계를 그대로 따랐다는 사실을 설명하는 것이기도 하겠지만, 적어도 『해동고기』가 편찬되는 시점에서 이미 고구려의 68년 인상을 포함하는 삼국 왕계의 인상이 모두 완성되어 있었다는 사실을 설명하는 것이기도 하다.

다만, 『해동고기』가 태조왕의 즉위년을 68년 인상하면서, 그 해를 건광(建光) 29년 계사(癸巳)라고 한 것은 오류가 중복되는 것이어서 흥미롭다. 인상된 태조왕의 즉위년이라면 건무(建武) 29년이고, 건광(建光) 29년이란 존재하지도 않은 해이며, 그 시기의 계사년이라면 서기 93년이기 때문이다.

만약에, 이 계사년이라는 표기가 태조가 아니라 궁이 실제로 즉위한 해의 흔적이었다고 가정한다면, 궁은 실제의 시대에서 29년을 재위하고 서기 121년에 사망한 왕이었을 수도 있을 것 같다. 그러나 궁의 재위 시기를 둘러싼 『해동고기』 또는 『삼국사기』와 『후한서』와의 이러한 모순은, 주몽의 건국이 68년 인하되는 경우 더 이상 노출되지 않는다. 서기 121년의 시점에서 왕위가 교체된다고 하는 공통의 접점이 있기 때문이다.

이와 관련하여, 『후한서』에는 고구려가 처음으로 조공한 서기 32년부터 궁이 사망하는 서기 121년까지의 90년 동안 모두 8건의 고구려와의 사건이 기록되어 있다. 68년이 인하된 고구려 왕계와의 직접적인 대조가 가능한 것이다.

V1. 『후한서』 권85 동이열전 제75 고구려 :
건무(建武) 8년에 고구려가 사신을 보내어 조공하므로,

광무제(光武帝)가 그 왕호를 회복해 주었다.

[건무] 23년 겨울에 구려(句驪) 잠지락(蠶支落)의 대가(大加) 재승(戴升)등 만여 명이 낙랑에 투항하였다. [건무] 25년 봄에 구려가 우북평(右北平)·어양(漁陽)·상곡(上谷)·태원(太原)을 침입하여 노략질하는 것을 요동태수 채풍(祭肜)이 은의와 신의로 초유하니 모두 다시 항복하였다. 그 뒤 구려왕 궁(宮)이 태어나면서부터 곧 눈을 뜨고 사람을 쳐다보니, 국인들이 미워하였다. 장성함에 용맹스럽고 건장하여 자주 변경을 침범하였다.

화제(和帝) 원흥(元興) 원년 봄에, [고구려인이] 다시 요동을 침입하여 여섯 현(縣)을 노략질하므로, 태수 경기(耿夔)가 격파하고 그 우두머리를 참살하였다. 안제(安帝) 영초(永初) 5년에 궁이 사신을 보내어 공물을 바치고 현도(玄菟)에 예속되기를 구하였다.

원초(元初) 5년에는 예맥과 함께 현도를 침략하고 화려성(華麗城)을 공격하였다. 건광(建光) 원년 봄에, 유주자사 풍환(馮煥)과 현도태수 요광(姚光)과 요동태수 채풍(蔡諷)등이 군사를 거느리고 국경을 넘어 고구려를 공격하여, 그 우두머리를 붙잡아서 목을 베고 병마와 재물을 노획하였다. 궁은 이에 사자(嗣子) 수성(遂成)에게 군사 2천여 명을 거느리고 가서 요광(姚光) 등을 맞아 싸우게 하였다. 수성이 사자를 보내어 거짓으로 항복하니 요광 등은 이를 믿었다. 수성은 이 틈을 타 험요지를 점거하여 [요광 등의] 대군을 막고는 몰래 3천여 명의 군사를 보내어 현도와 요동을 공격하여 성곽을 불태우고 2천여 명을 살상하였다.

이에 [후한은] 광양(廣陽)·어양(漁陽)·우북평(右北平)·탁군(涿郡)·[요동] 속국(屬國)에서 3천여 명의 기마병을 출동시켜 함께 [요광 등을] 구원케 하였으나, 맥인이 벌써 돌아가 버렸다.

여름에 다시 요동의 선비(鮮卑)[족] 8천여 명과 함께 요대(遼隊)[현]을 침공하여 관리와 민간인을 죽이고 약탈하였다. 채풍(蔡諷) 등이 신창(新昌)[현]에서 추격하다가 전사하였다. 공조(功曹)인 병모(耿耗)와 병조연(兵曹掾)인 용단(龍端)과 병마연(兵馬掾)인 공손보(公孫酺)가 몸으로 채풍(蔡諷)을 가리다가 모두 진중에서 죽으니, 죽은 사람이 백여 명이나 되었다.

가을에 궁이 드디어 마한과 예맥의 군사 수천 명을 거느리고 현도를 포위하였다. 부여왕이 그 아들 위구태(尉仇台)를 보내어 2만여 명을 거느리고 [유]주·[현도]군과 함께 힘을 합하여 [궁을] 쳐서 깨뜨리고 5백여 명을 참수하였다. 이 해에 궁이 죽고, 아들 수성(遂成)이 왕이 되었다.

V2. 『후한서』 권5 제기(帝紀) 제5 효안황제(孝安皇帝) 영초(永初) 3년:

고구려가 사신을 보내 조공하였다.

즉, 위의 V1과 V2에 기록된 8건의 사건은 궁이 태어나기 이전의 3건과 궁이 태어난 이후의 5건으로 나뉘어 있다. 궁이 태어나기 이전의 3건은 68년이 인하된 지금의 고구려본기에서 대무신왕 15년, 민중왕 4년, 모본왕 2년의 재위 기록에 각각 반영되어 있고, 궁이 태어난 후의 5건은 지금의 고구려본기에서 모두 태조왕의 재위 기록에 반영되어 있다.

물론, 이는 실제 시대의 반영이 아니라 『후한서』의 기록을 지금의 재위 기록에 그대로 옮겨서 기록한 것에 따른 반영일 뿐이다. 이러한 전재 사실은, 후술하겠지만 특히 대무신왕 15년 조에서 발견되는 두 개의 시간에 관한 기록에서 잘 확인된다.

하지만 지금의 고구려 왕계를 68년 인하하는 경우, 『후한서』가 기록하는 궁의 탄생 이전의 3건의 기록은 놀랍게도 모두 주몽의 재위 시기[129]에 일어난 일이고, 궁이 태어난 이후의 5건의 기록은 태조왕이 아니라 모두 대무신왕에서 모본왕에 이르는 세 사람의 왕이 재위하던 시대[130]에 일어난 일이 된다.

『후한서』가 기록한 궁이 대무신왕에서 모본왕으로 이어지는 세

---

[129] 68년이 인하된 고구려 왕계에서 주몽은 서기 32년의 건무(建武) 8년부터 서기 50년의 건무(建武) 26년까지 19년간을 재위했다. 지금의 고구려 왕계에서 대무신왕 15년, 민중왕 4년, 모본왕 2년은 68년이 인하된 고구려 왕계에서 각각 주몽의 즉위년, 16년, 18년에 해당한다.

[130] 5건의 기록 중, 원흥(元興) 원년, 영초(永初) 3년, 영초(永初) 5년의 세 기록은 68년이 인하된 고구려 왕계에서 대무신왕의 시대(86~112)에 있었던 일이고, 원초(元初) 5년과 건광(建光) 원년의 두 기록은 68년이 인하된 고구려 왕계에서 모본왕의 시대(116년~121)에 있었던 일이다. 하지만 『후한서』는 이들 5건의 기록을 모두 궁(宮)이 재위하던 시대의 일로 기록하고 있다. 『삼국지』 동이전의 경우, 원흥(元興) 원년과 영초(永初) 5년의 두 사건을 상안(殤安)지간(서기 106년~서기 125년)이라 하여 연도의 표기 없이 기술하고 있지만, 그때 고구려왕의 이름 역시 궁(宮)이라고 기록하고 있다.

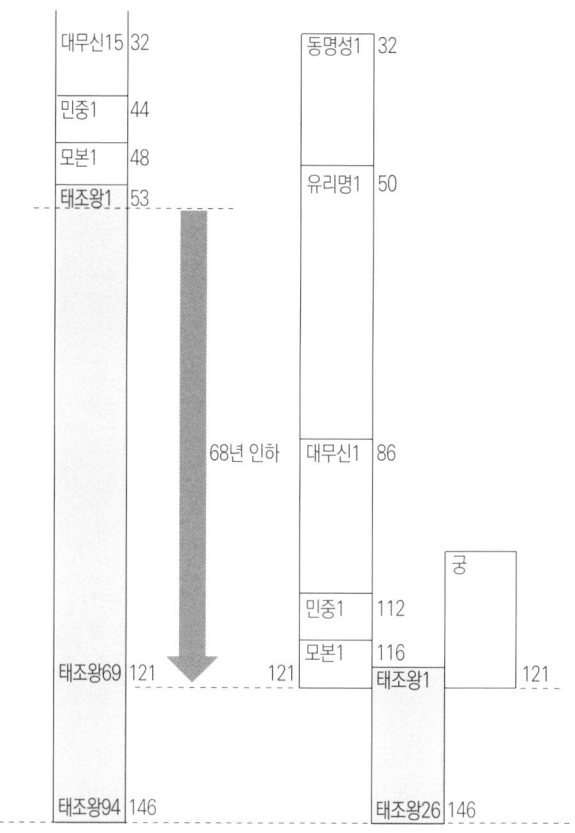

【그림18】 병립하는 고구려 왕계

사람의 왕을 지칭한 것이 아닌 이상, 궁은 그들과 동시대에 재위하고 있던 제3의 고구려왕이었을 것이다. 즉, 주몽의 사망 이후 태조왕이 즉위하기까지 고구려에는 유리왕으로 이어지는 계보와 궁으로 이어지는 계보가 서로 병립하고 있었고, 이를 반영하는 고구려의 왕계는 【그림18】(이하 '병립하는 고구려 왕계'라고 한다)의 모습과 같았을 것이다.

　이에 따른다면, 『후한서』가 기록한 고구려는 그 내용으로 볼 때 주몽이 사망한 뒤 유리왕을 거쳐 모본왕으로 이어지는 계보의 고구려가 아니라, 주몽의 사망으로부터 궁으로 이어지는 계보의 고구려였다. 실제 시대에서 한(漢)은 유리왕 이후의 계보를 모르고 있었거나 중시하지 않았던 것이다.

　그러나 한(漢)이 기록하지 않았던 유리왕에서 모본왕에 이르는 계보를 유리왕 22년의 국내 천도에 비추어 본다면, 궁은 유리왕이 도읍을 옮길 때 함께하지 않고 원래의 건국지에서 잔류한 계통의 후예였던 것 같다.

　하지만, 지금의 고구려 왕계는 이러한 모습으로부터 병립하는 백제 왕계와 함께 68년이 인상되는 변조가 이루어졌다. 실제로 원래의 모습과 지금의 모습을 비교해 본다면, 68년 인상을 위한 변조 방식은 단순히 태조왕의 즉위년을 실제 시대로부터 68년 인상하여 재위 시간을 늘리는 방식이었다. 아마도 이러한 변조 방식이 선택되어 진 이유는, 『후한서』에 기록되어 있는 궁의 활동 내용이, 변조가 이루어진 후에도 한 사람의 재위 시간 속에 포함되어야 한다는 현실적인 제약 때문이었을 것이다.

　이러한 변조의 결과, 원래 서기 121년에 즉위했던 태조왕의 26년간[131]의 재위 기록은 68년의 인상에 따라 94년으로 늘어난 재위

---

131) 68년이 인하된 고구려 왕계에 의하면 태조왕은 서기 121년에 즉위하였고, 차대왕에게 양위하는 서기 146년까지 26년간을 재위했다.

시간의 선두 구간으로 이동하게 되었고, 『후한서』에 실려 있는 궁에 관한 모든 기록은 늘어난 태조왕의 재위 시간 속에 그대로 귀속되었다.

이에 따라 궁은 독립된 왕으로서의 정체성을 상실하면서 태조왕으로 일체화되었고, 태조왕 이전의 왕계 또한 전체적으로 68년이 상향 이동되었으며, 원래 『후한서』가 기록한 주몽의 시대에서의 세 사건은, 인상에 따라 새로 배열되어 진 대무신왕 15년, 민중왕 4년, 모본왕 2년의 시점을 각각 가리키게 된 것이다.

하지만 지금의 고구려본기에는, 『후한서』 고구려전의 기록 대상이 아닌 고구려와 낙랑과의 사건이나 한(漢)과 낙랑과의 사건도 원래 주몽이 재위하고 있던 구간[132]의 재위 기록에 추가되어 있다. 낙랑을 습격하여 멸했다고 한 대무신왕 20년의 기록과 광무제가 병사를 보내 낙랑을 정벌하고 그 땅을 한(漢)의 군현으로 하였다고 한 대무신왕 27년의 기록이 그것이다.

그러나 『후한서』의 기록과 병립하는 고구려 왕계에 의하는 한, 실제 시대의 대무신왕에서 모본왕에 이르는 시간대에서 한(漢)과 충돌한 계보는 궁의 계보였을 뿐 대무신왕의 계보가 아니었다. 이 두 기록 역시 대무신왕의 실제 시대가 아니라 주몽의 실제 시대에서 일어난 사건일 것이다.

마찬가지로, 주몽이 실제로 즉위하기 이전인 시건국(始建國) 4년

---

132) 병립하는 고구려 왕계에서 원래 주몽이 재위하던 시기는 서기 32년에서 서기 50년까지이다. 이 19년간의 주몽의 재위 시간은 68년의 인상으로 지금의 대무신왕 15년에서 모본왕 3년까지의 19년간을 가리키게 되었다.

의 고구려후(高句麗侯) 추(騶)에 관한 사건은, 지금의 고구려 왕계에서 유리왕 31년의 시점을 가리키게 되었고[133], 비록 『한서(漢書)』가 기록하지는 않았으나 '한(漢)의 고구려 현을 빼앗았다'라고 하는 유리왕 33년의 기록도 국내로 천도한 이후의 유리왕의 실제 시대에 있었던 일이 아니라, 주몽이 실제로 고구려를 건국하기 이전에 있었던 일이었을 것이다.

【표3】은 이러한 각 계보의 시간에 따라 지금의 고구려본기에 실려 있는 주요 대외관계 기록을 【그림18】의 실제 시대에 맞게 재배열한 것이다. 이렇게 재배열된 결과에 따르면, 실제 시대에서 주몽으로부터 궁으로 이어지는 계보의 고구려가 한(漢)과 충돌하거나 조공을 반복하고 있을 때, 주몽이 사망하고 국내로 도읍을 옮기고 난 유리왕 이후의 계보는 주로 부여와 공방을 벌이던 고구려였다고 말할 수 있겠다.

즉, 고구려본기에는 『후한서』가 기록하지 않은 부여와의 사건에 대해서도 그 기록의 시점만큼은 68년을 인상하는 설정이 별도로 이루어져 있다. 주몽의 사망 이후에도 부여왕 대소(帶素)[134]가 대무신왕의 시대까지 계속해서 등장하는 사례가 그것이다.

기록에서 대소는 마치 대무신왕 5년의 전쟁에서 사망한 부여왕인 것처럼 묘사되어 있고, 마치 그때의 전쟁이 계기가 되어 대소의

---

133) 시건국(始建國) 4년은 서기 12년으로 고구려가 한(漢)에 처음 조공한 건무(建武) 8년으로부터 20년 전이다. 병립하는 고구려 왕계에서 주몽이 건국한 서기 32년으로부터 20년 전은 지금의 고구려 왕계에서 유리왕 31년이다.
134) 고구려본기는 유리왕 14년에서 대무신왕 5년까지의 기록에 등장하는 모든 부여왕을 대소라고 기록하고 있다. (『삼국사기』 제13권 고구려본기 제1 유리왕 14년 조 및 유리왕 28년 8월 조; 『삼국사기』 제14권 고구려본기 제2 대무신왕 3년 10월 조 및 대무신왕 5년 4월 조)

【표3】 고구려의 실제 시대

실제의 연도		시대구분	지금의 재위기록		주요 대외사건
서기12년	始建國 4년	주몽의 건국 이전	유리왕 31년		『한서』 왕망전의 사건
서기14년	始建國 6년		유리왕 33년		漢의 고구려현을 뺏음
서기32년	建武 8년	주몽의 시대	대무신왕 15년		『후한서』 열전의 사건
서기37년	建武 13년		대무신왕 20년		낙랑을 습격하여 없앰
서기44년	建武 20년		대무신왕 27년		낙랑을 다시 뺏김
서기47년	建武 23년		민중왕 4년		『후한서』 열전의 사건
서기49년	建武 25년		모본왕 2년		『후한서』 열전의 사건
서기60년	永平 3년	주몽 이후의 병립시대		유리왕 11년	선비를 쳐서 속국으로 함
서기63년	永平 6년			유리왕 14년	부여왕 대소가 볼모교환을 요청
서기71년	永平 14년			유리왕 22년	국내로 천도함
서기77년	建初 2년			유리왕 28년	무휼이 부여왕 대소에 저항
서기81년	建初 6년			유리왕 32년	부여의 침범을 격퇴
서기88년	孝和皇帝 肇			대무신왕 3년	부여왕 대소가 까마귀를 헌상함
서기89년	永元 원년			대무신왕 4년	왕이 부여를 치러 감
서기90년	永元 2년			대무신왕 5년	대소의 아우가 갈사국을 세움
서기94년	永元 6년			대무신왕 9년	개마국을 정벌, 구다국이 항복
서기96년	永元 8년			대무신왕 11년	요동태수가 침공했다가 철수함
서기100년	永元 12년			대무신왕 15년	호동의 활약으로 낙랑왕이 항복함
서기105년	元興 원년		태조왕 53년		『후한서』 열전의 사건
서기109년	永初 3년		태조왕 57년		『후한서』 효안제기의 사건

실제의 연도		시대구분	지금의 재위기록	주요 대외사건
서기111년	永初 5년	주몽 이후의 병립시대	태조왕 59년	『후한서』열전의 사건
서기118년	元初 5년		태조왕 66년	『후한서』열전의 사건
서기121년	建光 원년		태조왕 69년	『후한서』열전의 사건
서기123년	延光 2년	통합된 고구려 시대	태조왕 3년	요서에 10성을 쌓음
서기124년	延光 3년		태조왕 4년	창해와 살수를 국경으로 함
서기136년	永和 원년		태조왕 16년	갈사왕의 손자도두가 항복함
서기140년	永和 5년		태조왕 20년	조나를 쳐서 왕을 사로잡음
서기142년	漢安 원년		태조왕 22년	주나를 쳐서 왕자를 고추가로 함
서기145년	永嘉 원년		태조왕 25년	부여가 사슴과 토끼를 헌상함

아우가 갈사국을 세운 것처럼 묘사되어 있다. 하지만 동명성왕 즉위 조에 의하면 대소는 주몽의 어린 시절과 함께했던 동시대의 인물이고, 대무신왕 15년의 기록에 의하면 대소의 아우인 갈사왕(曷思王)의 손녀가 대무신왕의 차비(次妃)가 되어 호동왕자를 낳았다.

갈사왕의 손녀가 주몽의 손자인 대무신왕의 차비가 되는 것은, 주몽의 탄생 기록에서 알 수 있는 고구려 왕계와 부여 왕계와의 시간 관계로 볼 때 현실의 시간에 지극히 부합되는 일이다. 그뿐만 아니라, 태조왕 16년의 기록에 의하면 그해에 갈사왕의 손자 도두(都頭)가 나라를 들어 항복했다. 아마도 갈사왕의 손녀는 젊은 나이에 대무신왕의 차비가 되었던 것 같고, 갈사왕의 또 다른 손자 도두는 그보다 나이가 들어서 태조왕에게 항복했던 것 같다.

그러나 이들의 기록에 의하면, 갈사왕의 손녀나 손자의 조부 세대에 해당하는 대소가 대무신왕 5년의 전쟁에서 피살되었다거나, 그때의 전쟁이 계기가 되어 그의 아우가 갈사국을 세웠다고 하는 것은 있을 수 없는 일이다.

만약에 대소가 피살되고 그의 아우가 갈사국을 세운 것이 실제로 있었던 일이었다면, 그 일은 대무신왕의 시대보다 두 세대가 앞선 주몽의 시대에서나 일어날 수 있었던 일이고, 대무신왕과의 전쟁에서 전사한 부여왕은 대소가 아니라 대소의 손자 세대에 해당하는 제3의 부여왕이었을 것이다.

실제로, 주몽의 시대에서 대무신왕의 시대에 이르기까지의 기간 동안 68년이 인상되기 전후의 고구려 왕계와 부여 왕계와의 시간 관계는, 동명성왕 즉위 조가 기록 한 주몽의 출자나 대무신왕 15년 조가 기록한 호동왕자의 출자를 참조할 때 【그림19】와 같이 나타낼 수가 있다.

이에 따르면, 대소는 그와 어린 시절을 함께하던 주몽이 사망하고도 40년이 되도록 장수하다가 대무신왕과의 전쟁에서 사망한 부여왕이 아니라, 68년이 인상된 대무신왕 시대에 실제로 재위하던 부여왕이었을 것이다. 결국, 병립하는 고구려 왕계는 『후한서』가 기록하는 주몽과 궁의 시간에만 부합하는 것이 아니라, 『후한서』가 기록하지 않은 부여 왕계와의 실제 시간과도 잘 부합하고 있다.

한편, 68년이 인하된 병립하는 고구려 왕계에 의하면, 서기 121년 궁이 사망하는 같은 해에 모본왕도 사망하여 국인들이 태조왕을 세웠다. 그러나 『후한서』에 의하면 한(漢)은 태조왕이 즉위한 후에

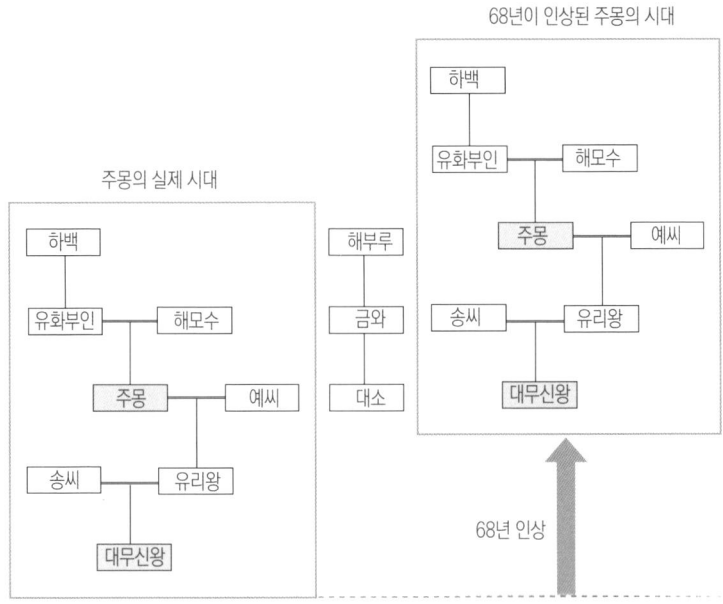

【그림19】주몽과 부여 왕계

도 그의 존재를 몰랐으며, 심지어 궁이 사망하자 그의 아들 수성이 고구려의 왕위를 계승한 것으로 인식하고 있었다.

　이러한 한(漢)의 인식은, 태조왕의 재위 내내 수성이 군국을 통괄하고 있었고, 결국에는 태조왕으로부터 양위까지 얻어낸 실권자였다는 고구려본기의 기록에 부합하는 정황일 수도 있겠다. 하지만 고구려의 국인들이 추대한 왕은 궁의 계보가 아닌 태조왕이었다. 고구려의 국인들로서는 태조왕이 고구려의 정통성을 가지는 왕이었던 것인데, 이때의 추대로 한(漢)이 전혀 중시하지 않았던 고구려가 한(漢)과 빈번히 충돌하던 강력한 고구려를 통합하게 된 셈이다.

결국, 그동안 서로 분리되어 있던 계통과 영역을 통합한 첫 고구려의 왕이 태조대왕(太祖大王)이나 국조왕(國祖王)으로 불리게 된 것도, 병립하는 고구려 왕계로 볼 때는 매우 자연스러운 일로 이해되는 것이다. 어쩌면, 태조왕이 즉위하고 얼마 있지 않아 요서에 10성을 쌓았던 것[135]도, 단순하게는 서기 121년의 전쟁에 따른 고구려의 후속 처리일 수도 있겠으나, 당시의 태조왕으로서는 새로 통합된 고구려의 영토를 확정하는 사업으로서 특별한 의미를 지닐 수 있었을 것 같다.

그러나, 지금의 고구려본기는 이러한 실제 시대로부터 태조왕의 재위 시간이 68년만큼 늘어나도록 변조되어 졌고, 이에 따라 태조왕에서 수성을 거쳐 백고로 이어지는 세 사람의 재위 시간은 실제 시대의 59년간[136]으로부터 127년간으로 늘어나게 되었다.

이 기간의 왕들에 대해서, 『후한서』는 백고가 수성의 아들이라고 기록했고, 『삼국지』는 수성에 대한 언급 없이 백고가 궁의 아들이라고 기록했으며, 고구려본기는 수성이 태조왕의 동복아우이고 백고가 막냇동생이라고 기록했다.

세 사람의 형제가 59년을 재위했다는 것이 다소 긴 시간으로 보이기는 하나 그렇다고 불가능한 일이라고 단정해버릴 수도 없는 일

---

135) 지금의 고구려 왕계에서 태조왕 3년은 서기 55년을 가리키고 있지만, 병립하는 고구려 왕계에서 태조왕 3년은 그로부터 68년이 인하된 서기 123년이다(『삼국사기』 제15권 고구려본기 제3 태조대왕 3년. "봄 2월에 요서에 10성을 쌓아 漢兵에 대비하였다.").

136) 병립하는 고구려 왕계에서 태조왕은 서기 121년에 즉위하여 26년을 재위했다. 이어서 차대왕이 20년을 재위하고 신대왕이 15년을 재위하였으므로, 태조왕에서 신대왕까지 세 사람의 실제 재위 기간은 모두 59년이다.

이다. 다만, 국인에 의해 추대되었으나 한(漢)이 알지 못했던 태조왕과 한(漢)이 왕으로 즉위했다고 오해한 수성이 실제로 동복형제일 가능성은 거의 없어 보인다.

하지만, 세 사람의 관계에 대한 진실을 떠나서, 고구려본기가 이들을 형제 관계라고 기록하면서 59년의 실제 재위 시간을 127년으로 늘려서 변조한 이상, 이들에 대한 나이도 그에 합당한 조정과 절충의 변조가 필요했을 것이다. 7세라고 하는 태조왕의 즉위 나이도 이러한 설정의 결과로 이해되는데, 이에 따라 태조왕이 실제로 즉위했던 서기 121년에는 기록상으로 75세의 나이가 된다.

고구려본기가 수성과 백고의 즉위 나이를 각각 76세와 77세라고 기록한 것도, 물론 숫자의 연속성이 그들에 대한 서열을 상징하는 것일지는 모르겠으나, 이러한 나이의 수준 자체는 태조왕이 실제로 즉위한 시점에서의 기록상 나이를 고려한 나름의 균형 잡힌 설정으로 이해되는 것이다.

이 같은 나이에 대한 조정의 필요성은 명립답부에 대해서도 마찬가지였을 것이다. 백고와 같은 해에 사망한 그의 생애도 실제의 시간으로부터 127년으로 늘어난 동일의 시간 범위에 속하기 때문이다.

그러나 그가 사망하는 나이는 태조왕의 기록상 즉위 나이를 중심으로 설정된 수성이나 백고의 나이와 동일의 규칙성을 가질 필요까지는 없었을 것이다. 만약에 113세[137]라고 하는 그의 기록상의

---

137) 『삼국사기』 제16권 「고구려본기」 제4 신대왕 15년; 『삼국사기』 제45권 「열전」 제5 명립답부전.

사망 나이가 단순히 68년의 인상만을 고려한 결과였다면, 실제로 그가 사망한 신대왕 15년에는 45세에 불과한 젊은 나이였을지도 모를 일이다.

이상과 같이, 병립하는 고구려 왕계는 실제 시대에서 주몽의 탄생과 성장 과정에서 볼 수 있는 부여 왕계와의 관계에 부합하고, 『후한서』가 기록하는 궁과 『삼국사기』가 기록하는 태조왕과의 모순에 대해서도 완전한 해석 능력을 지닌다.

이러한 해석 능력은 그 자체로서 병립하는 고구려 왕계에 대한 진실성을 설명하는 것이기도 하지만, 동시에 그 전제가 되었던 병립하는 백제 왕계와 연결된 시간, 즉 온조왕에서부터 초고왕이나 고이왕까지의 시간에 대한 진실성과도 함께하는 것이다.

결국, 병립하는 고구려 왕계는 『일본서기』나 『속일본기』에 의해 그 실체가 확인되는 병립하는 백제 왕계와 연동하면서, 『후한서』나 『삼국지』가 기록하는 고구려의 시간에도 완전히 정합하는, 실제 시대의 고구려 왕계라고 말할 수 있다.

2. 추모왕 17세손의 비밀

『삼국사기』에서 광개토왕은 주몽의 13세손으로 기록되어 있다. 하지만 광개토왕의 비문에서는 광개토왕이 주몽의 17세손으로 기록되어 있고, 아직도 이에 대한 의혹이 명쾌하게는 해소되어 있지 않은 것 같다. 그러나 병립하는 고구려 왕계를 참조할 때 이러한 시간이나 세계(世系)에 관한 의혹은 쉽게 해소된다.

W1.「광개토왕비문」:

[왕이] 세속의 지위를 즐겨하지 않으시니 하늘이 황룡을 보내어 내려와서 왕을 맞이하게 하였다. 왕은 홀본 동쪽 언덕에서 용의 머리를 밟고 승천하였다.

고명세자(顧命世子)인 유류왕(儒留王)은 도리로서 정치를 진흥시키고 대주류왕(大朱留王)은 국가의 대업을 계승하였다.

17세 손(世孫)인 국강상광개토경평안호태왕(國岡上廣開

土境平安好太王)에 이르러, 18세에 왕위에 올라 영락태왕(永樂太王)으로 칭하였는데, 그 은택이 하늘에까지 감통할 정도였고, 위무(威武)는 사해에 떨쳐서 덮었다.

W2.『위서(魏書)』권100 열전 제88 고구려 :

지난날 주몽이 부여에 있었을 때 부인이 잉태하였는데, 주몽이 도망한 뒤에 한 아들을 낳으니, 자를 처음에는 여해(閭諧)라 하였다. 성장하여 주몽이 국왕이 되었음을 알고는 곧 그 어머니와 함께 도망하여 오니 이름을 여달(閭達)이라 하고, 나라의 일을 그에게 맡겼다.

주몽이 죽자 여달이 왕이 되었다. 여달이 죽자 아들 여율(如栗)이 왕이 되었고, 여율이 죽자 아들 막래(莫來)가 왕이 되어 부여를 정벌하니, 부여는 크게 패하여 마침내 고구려에 통합 복속되었다.

막래의 자손이 대대로 왕위를 이어 후손 궁(宮)에 이르렀다. 궁은 태어나면서부터 눈을 뜨고 보았으므로 국인들이 미워하였다. 성장함에 흉악하고 사나워 나라가 그로 말미암아 쇠잔해지고 파멸하게 되었다. 궁의 증손 위궁(位宮) 역시 태어나면서부터 눈을 뜨고 보니, 사람들은 그가 증조부 궁을 닮았다 하여 이름을 위궁이라 하였다.

W3.『주서(周書)』권49 열전 제41 이역(異域) 상(上) 고려 :

그(주몽)의 손자 막래(莫來)가 점차 세력을 키우더니 부여를 쳐 복속시켰다. 막래의 후손 련(璉)이 처음으로 후위(後魏)와 사신을 통하였다.

W4. 『북사(北史)』 권94 열전 제82 고구려 :

주몽이 부여에 있을 적에 그의 아내가 임신 중이었는데 주몽이 도망한 후에 아들을 낳으니, 처음에는 [자를] 여해(閭諧)라 하였다. 성장하여 주몽이 국왕이 된 것을 알고는 곧 그 어머니와 함께 도망하여 오니, [주몽]은 그를 여달(閭達)이라 이름 지어주고 국사를 그에게 맡겼다. 주몽이 죽고 아들 여율(如栗)이 즉위하였다. 여율이 죽고 아들 막래(莫來)가 즉위하여 부여를 병합하였다.

W5. 『수서(隋書)』 권제81 열전 제46 동이 고려 :

주몽이 죽고 아들 여달(閭達)이 뒤를 이었다. 그의 손자 막래(莫來) 때에 와서는 군사를 일으켜 드디어 부여를 병합하였다. 후손 위궁(位宮)에 이르러서는 위(魏) 정시(正始) 연간에 서안평을 침입했는데 관구검이 그들을 물리쳤다.

사실, 『후한서』나 『삼국지』만 하더라도 고구려의 종족에 대해서는 부여의 별종이라고 했을 뿐, 시조에 대해서는 아무런 언급도 없었다. 남조(南朝)의 정사로 보면, 『송서』나 『남제서』에는 고구려의 종족이나 시조에 대한 기록 자체가 없고, 『양서』가 처음으로 부여의 시조인 동명을 언급했는데, 이때에도 고구려의 종족이 동명 후손의 한 지파라고만 표현했을 뿐, 주몽에 대한 직접적인 기록은 없다.

반면에, 고구려의 시조로서 주몽을 구체적으로 언급한 중국의 정사는 북조(北朝)의 『위서』가 처음이다. 이는 해당 기록이 과거의 『후한서』나 『삼국지』로부터 전재 된 것이 아니라 고구려와의 직접적인 접촉에 의해 새로 알려진 것임을 의미하는 것이기도 하다. 그러나 기록 W2에서 W5까지의 공통점은 여달(閭達)과 여율(如栗)의 관계가 모호하거나 혼란이 있다는 것이고, W3에서 W5까지의 공통점은 막래(莫來)가 주몽의 손자였다는 것이다.

하지만 주몽의 손자이자 부여를 정벌한 막래는 대무신왕이고, 병립하는 고구려 왕계를 참조할 때 궁은 대무신왕의 후손이 아니다. 아마도, W2에서 궁이 대무신왕의 후손으로 기록된 것은, 『후한서』나 『삼국지』가 기록한 궁과의 사건이 부여를 병합한 대무신왕 5년보다 시간상 나중에 일어났기 때문에 빚어진 오해인 것 같다.

『위서』에 실려 있는 W2의 기록 때문에 주몽에서 광개토왕 사이에 더 많은 세대가 있었는지 모른다고 상상할 필요는 없다. 주몽 이후 고구려 왕계와 백제 왕계를 함께 표시한 【그림20】에 의하더라도, 광개토왕은 전지왕과 함께 틀림없는 주몽의 13세손이다.

그렇다고 한다면, 비문에서의 '세손(世孫)'이라는 표현은 통상 알려진 세대 수의 의미가 아니라 재위 차수를 포함하는 다른 의미의 숫자일 가능성이 크다. 하지만, 광개토왕의 재위 차수는 『삼국사기』를 기준으로 볼 때 제19대 왕이고, 궁을 포함하는 병립하는 고구려 왕계로 볼 때는 제20대 왕이다. 그러나 병립하는 고구려 왕계

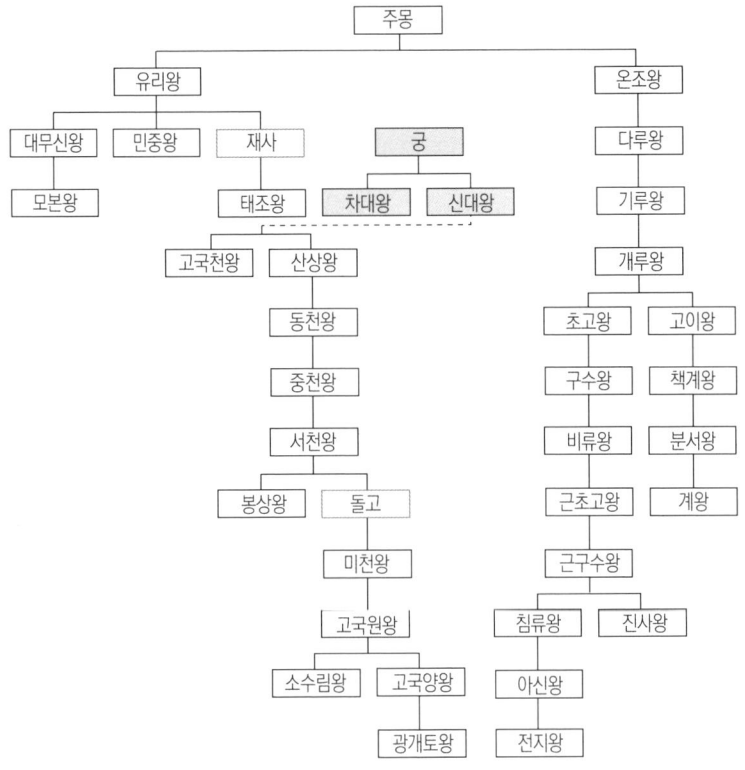

【그림20】 주몽의 13세손 광개토왕

에서 궁과 모본왕이 함께 사망한 서기 121년 당시, 고구려의 국인들은 수성을 인정하지 않았고 오히려 태조왕을 추대했다는 사실에 주목할 필요가 있다.

　비록 시간이 흘러 결과적으로는 태조왕이 수성에게 양위하고 백고가 그 뒤를 이은 것이 사실이나, 당시 국인들이 정통성을 인정한 고구려왕은 수성과 백고로 이어지는 궁의 계보가 아니라 태조왕의 계보였다. 이러한 계보에 관한 인식은 궁을 언급하지 않고 궁과 동시대의 대무신왕을 언급한 광개토왕 비문의 계보 인식과도 일치하는 것이다.

실제로 태조왕 후손들이 궁과 수성과 백고의 세 사람을 자신들과 다른 계보의 왕들이었다고 인식하고 있었다면, 그들은 광개토왕을 당연히 주몽의 제17대왕이라고 불러야 했을 것이다. 하지만, 이는 『삼국사기』의 기록과 달리 수성과 백고가 신대왕에서 단절되어 고국천왕으로 연결되지 않았다는 것을 전제로 하는 것이다. 만약에 이 전제가 사실이라면 고국천왕은 지금의 기록과 달리 태조왕의 후손이었을 가능성이 크다.

그러나 태조왕은 이미 68년이나 인상된 시대의 인물로 묘사되어 있고, 고구려본기의 찬자로서도 고국천왕이 그렇게 옛날 사람의 아들이라고 말하기 어려웠을 것이다. 이것이 지금의 고구려본기에서 고국천왕이 신대왕의 아들로 기록된 이유일 수 있겠다. 그러나 이것 때문인지, 지금의 고구려본기에는 고국천왕의 즉위년에 마땅히 실려야 할 내용이 심각하게 훼손되어 있다.

X1. 『삼국지』권30 위서30 오환선비동이전 제30 고구려 :

백고(伯固)가 죽고 두 아들이 있었는데, 큰아들은 발기(拔奇), 작은아들은 이이모(伊夷模)였다. 발기는 어질지 못하여, 국인들이 함께 이이모를 옹립하여 왕으로 삼았다.

백고 때부터 [고구려는] 자주 요동을 노략질하였고, 또 유망(流亡)한 호(胡) 5백여 호(戶)를 받아들였다. 건안(建安)

연간에 공손강(公孫康)이 군대를 보내어 고구려를 공격하여 격파하고 마을을 불태웠다.

발기는 형이면서도 왕이 되지 못한 것을 원망하여, 연노부(涓奴部)의 가([大]加)와 함께 각기 하호(下戶) 3만 명을 이끌고 강([公孫]康)에게 투항하였다가 돌아와서 비류수 유역에 옮겨 살았다.

[지난 날] 항복했던 호(胡)도 이이모를 배반하므로 이이모는 새로 나라를 세웠는데 오늘날 [고구려가] 있는 곳이 이곳이다. 발기는 드디어 요동으로 건너가고, 그 아들은 고구려에 계속 머물렀는데, 지금 고추가(古雛加) 박위거(駮位居)가 바로 그 사람이다. 그 뒤에 다시 현도를 공격하므로 현도군과 요동군이 힘을 합쳐 [고구려에] 반격하여 크게 격파하였다.

이이모는 아들이 없어 관노부(灌奴部)의 여자와 사통하여 아들을 낳으니, 이름이 위궁(位宮)이다. 이이모가 죽자 즉위하여 왕이 되니, 지금의 고구려왕 궁(宮)이 바로 그 사람이다. [위궁의] 증조가 이름이 궁(宮)이었는데, 태어나면서부터 눈을 뜨고 사물을 보았으므로, 그 나라 사람들이 미워하였다.

X2. 『삼국사기』 제16권 고구려본기 제4 고국천왕(故國川王):

고국천왕(故國川王)[국양(國襄)이라고도 한다.]은 이름이 남무(男武)[이이모(伊夷謨)라고도 한다.]이고, 신대왕 백고

(伯固)의 둘째 아들이다. 백고가 죽자, 나라 사람들이 맏아들인 발기(拔奇)가 못났다고 여겨 함께 이이모를 세워 왕으로 삼았다.

한나라 헌제(獻帝) 건안(建安) 초에 발기가 형으로서 왕이 되지 못한 것을 원망하여 소노가(消奴加)와 함께 각기 하호(下戶) 3만여 명을 거느리고 공손강(公孫康)에게 나아가 투항하고, 비류수의 위로 돌아와 머물렀다.

…(중략)…

19년에 중국에서 큰 난리가 일어나 한인(漢人)들이 난리를 피하여 투항해 오는 사람이 매우 많았다. 이때가 한나라 헌제(獻帝) 건안(建安) 2년이었다. 여름 5월에 왕이 돌아가셨다. 고국천(故國川) 들판에 장사지내고, 이름을 고국천왕이라 하였다.

X3. 『삼국사기』 제16권 고구려본기 제4 산상왕(山上王) :

산상왕(山上王)은 이름이 연우(延優)[또 다른 이름은 위궁(位宮)이다.]이고, 고국천왕의 동생이다. 『위서(魏書)』에는 "주몽의 후손 궁(宮)이 태어나자마자 눈을 뜨고 볼 수 있었는데 이 사람이 태조대왕이다. 지금의 왕은 이 태조의 증손인데 역시 태어나면서 사람을 보는 것이 증조 궁과 비슷하였다. 고구려에서는 '서로 비슷한 것'을 불러 '위(位)'라고 하므로 이름을 위궁이라 하였다."라고 하였다. 고국천왕이 아들이 없었기에 연우가 왕위를 이었다.

…(중략)…

발기가 이를 듣고 크게 화가 나서 병력을 동원해서 왕궁을 포위하고 소리쳐 말하기를, "형이 죽으면 아우가 왕위를 계승하는 것이 예이다. 네가 차례를 뛰어넘어 왕위를 빼앗는 것은 큰 죄이다. 마땅히 빨리 나오너라. 그렇지 않으면 처자식까지 목 베어 죽일 것이다."라고 하였다. 연우가 3일간 문을 닫고 있고, 나라 사람들도 또한 발기를 따르는 자가 없었다.

…(중략)…

발기는 [상황이] 어려운 것을 알고 처자를 거느리고 요동으로 도망가서 태수 공손탁(公孫度)을 보고 알리기를, "나는 고구려 왕 남무(男武)의 친동생입니다. 남무가 죽고 아들이 없자 내 동생 연우가 형수 우씨와 모의하고 즉위하여 천륜의 의를 무너뜨렸습니다. 이 때문에 분하여 상국에 투항하러 왔습니다. 엎드려 바라건대 병사 30,000명을 빌려주어, 그들을 쳐서 난을 평정할 수 있게 해주소서."라고 하였다. 공손탁이 그에 따랐다.

연우가 동생 계수(罽須)를 보내 병력을 이끌고 막게 하니, 한의 군사가 크게 패배하였다.

…(중략)…

발기가 그 말을 듣고 부끄럽고 후회스러움을 견디지 못하여 달아나 배천(裵川)에 이르러 스스로 목을 찔러서 죽었다.

…(중략)…

2년 봄 2월에 환도성을 쌓았다.

…(중략)…

12년 겨울 11월에 하늘에 제사 지낼 돼지[郊豕]가 달아났다. 담당자가 이를 쫓아서 주통촌(酒桶村)에 이르렀는데 머뭇거리다가 잡지 못하였다. 20세쯤 된 여자가 있어 얼굴이 아름답고 요염하였는데

…(중략)…

왕이 방으로 들어가 여자를 불러서 상관하려 하자, 그 여자가 아뢰기를, "대왕의 명을 감히 피할 수 없으나, 만약 다행히 자식이 생기면 [저를] 버리지 마십시오."라고 하니, 왕이 허락하였다. 자정 무렵이 되어 왕이 일어나 궁으로 돌아왔다. 13년 가을 9월에 주통촌(酒桶村)의 여자가 사내아이를 낳았다. 왕이 기뻐서 말하기를, "이는 하늘이 나에게 대를 이을 아들을 준 것이다."라고 하였다. 하늘에 제사 지낼 돼지[郊豕]의 일로 시작하여 다행스럽게 그 어미를 얻었으므로 그 아들의 이름을 교체(郊彘)라 하고, 그 어미를 세워 소후를 삼았다.

즉, 『삼국지』는 기록 X1에서 발기(拔奇)와 이이모(伊夷模)가 백고의 아들이라고 했고, 발기는 동생 이이모가 왕이 된 것을 원망하여 건안(建安) 연간에 공손강(公孫康)의 요동에 투항했다가 비류수 유역에 옮겨 살았다고 했다.

그러나 건안 연간이라고 하면 서기 196년부터 서기 219년까지 이고, 그때 있었던 발기와 이이모의 충돌이라면 서기 179년에 즉위한 고국천왕 때의 일이 아니라 서기 197년 산상왕이 즉위할 때의 일이다.

그렇다고 한다면, 『삼국지』가 기록한 공손강은 서기 204년에 사망한 공손탁(公孫度)의 오기(誤記)일 것이고, 실제로 건안 연간의 일에 해당하는 X3의 산상왕 즉위 조에서는 『삼국지』가 잘못 기록한 공손강이 공손탁으로 이미 수정되어 있다. 그뿐만 아니라, X1에서 이이모는 오늘날 고구려가 있는 곳에서 새로 나라를 세웠다고도 했고, 관노부(灌奴部)의 여자와 사통하여 궁의 증손인 위궁을 낳았다고도 했다.

이이모가 나라를 새로 세웠다고 한 것은 당시 발기가 비류수 지역을 점유하는 바람에 생겨난 분립 상태를 표현한 것이고, 이이모가 관노부의 여자와 사통했다는 것은 X3의 『삼국사기』에 기록되어 있는 산상왕 12년의 사건을 말하는 것이다. 실제로, 『삼국사기』의 기록에서 산상왕 13년에 태어나는 아들은 틀림없는 동천왕이고, 【그림20】의 병립하는 고구려 왕계와 『삼국지』에 따르면 동천왕은 궁의 증손인 위궁이다. 『삼국지』가 기록한 이이모는 의심의 여지없는 산상왕인 것이다.

결국 『삼국지』는 백고가 사망한 후의 고국천왕에 대해서는 아무런 기록도 하지 않았던 것인데, 이는 유리왕에서 대무신왕을 거쳐 태조왕에 이르는 경우와 마찬가지로 당시의 한(漢)이 그의 존재를 알지 못했기 때문일 것이다.

그러나 『삼국사기』는 이러한 『삼국지』의 누락을 참조하면서 고국천왕의 출자와 관련된 사정이나 즉위 과정을 고의로 훼손했다. 즉, 마땅히 그의 즉위 조에 실려야 할 내용에 대해서는 아무것도 기록하지 않았고, 그 빈자리에 산상왕의 즉위년에나 실려야 할 내용들로 채운 것이다.

이에 따라 신대왕의 둘째 아들이라고 하는 그에 대한 소개가 고국천왕을 말하는 것인지 산상왕을 말하는지 도대체 알 수 없게 되어버린 것인데, 이는 실수가 아니라 명백히 의도된 것이다. 즉, 고구려본기의 찬자는 원래라면 산상왕의 즉위 조에 실려야 할 일을 고국천왕의 즉위 조로 옮기면서, 이이모라고 하는 산상왕의 휘호까지도 원래 고국천왕의 것이었던 것처럼 옮겨버렸다.

이 때문에 고국천왕의 정체성은 사라지게 되어버렸는데, 이는 당연히 산상왕의 휘호에 대해서도 수습이 필요한 일이다. 결국, 고구려본기의 찬자는 『삼국지』 이후 동천왕의 이름으로 잘 알려진 위궁이 산상왕의 이름이라고 다시 조작하게 되었고, 이를 정당화하기 위해 『위서』에 실려 있는 위궁에 관한 설명까지 X3에 인용하는 성의를 보였다.

그러나 산상왕도 궁의 증손이 될 수 없는 일이지만, 이때의 인용문도 조작된 것이다. 그 글에는 위궁이 '궁'의 증손이 아니라 '태조'의 증손이라고 변형되어 있기 때문인데, 『위서』의 찬자가 태조라는 시호를 알았을 리도 없겠지만, 알았다 하더라도 그렇게 기록했을 리도 없다. X3에서 인용된 『위서』란 원래의 기록이 아니라 '궁'을 '태조'로 변형시킨 기록이었던 것이다.

그러나 이러한 일련의 조작에도 불구하고, 원래의 고국천왕은 자신의 즉위 조에서 정체성이 훼손될 정도로 존재감이 없는 왕이 아니었다. 외척의 반란을 진압하고 한미한 출신의 을파소를 등용하여 기존의 조신(朝臣)들과 국척(國戚)들을 제압하는 데 성공한, 말하자면 새 시대를 여는 개혁 군주였을 것이다. 그가 구세력과 결별하는 과정의 기록은, 도대체 누구인지 알 수 없도록 훼손되어버린 그의 즉위 조의 모습과 함께, 그가 직전의 왕인 신대왕의 아들이 아니었을 가능성에 더 잘 부합하는 것 같다.

실제로, 신대왕이 후사가 없이 사망하여 태조왕의 후손이 고국천왕으로 즉위했다면, 궁과 차대왕과 신대왕을 자신들의 계보로 인정하지 않는 후손들이 볼 때 광개토왕은 주몽의 제17대왕이라 말할 수 있는 것이다. 물론 이는 전체 왕계를 기록해야 하는 사관의 입장은 아니다. 태조왕을 68년 인상한 변조의 당시지로서는, 태조왕의 재위 시간을 고려할 때 차마 고국천왕을 태조왕의 아들로 기록할 수 없었던 것 같고, 그 대신 직전의 왕인 신대왕의 아들로 설정해 두는 것이 시간상 자연스럽겠다고 판단했던 것 같다.

결국, 태조왕에 대한 68년 인상의 여파가 고국천왕 즉위 조에서 기록의 훼손으로 나타나고, 산상왕과 동천왕의 휘호에까지 영향을 미친 것으로 이해되는 것이다.

사실, 세대수에 관한 혼란이라고 하면, 오히려 광개토왕 이후의 고구려 왕계와 백제 왕계에서 훨씬 심각하게 느껴진다. 고구려에서 장수왕이 98세까지 장수하면서 79년을 재위하는 동안 백제에서는 구이신왕에서 동성왕에 이르기까지 무려 5세대에 걸친 왕위 계승이 이루어지기 때문이다[138].

그뿐만 아니라, 장수왕의 뒤를 이은 손자 문자명왕[139]의 시대는 백제에서 무령왕의 시대에 해당하고, 무령왕이라면 구이신왕으로부터 6세손이다. 과거에도 고구려와 백제 왕계 사이에 세대수의 불균형은 있었으나 3세대의 차이는 너무 크게 보이고, 이때 발생한 고구려와 백제와의 세대 차는 두 나라가 멸망할 때까지도 해소되지 않는다[140].

하지만, 이는 우연한 일이 아니라, 백제본기가 해당 시기의 왕위 계승에 대해 사실을 기록하지 않았기 때문이다. 실제로, 백제본기의 비유왕 즉위 조에는 비유왕이 구이신왕의 아들이 아니라 전지왕의 서자일 수 있다는 이설이 실려 있다[141].

잠시 비유왕 이전의 시대로 돌아가 보면, 침류왕이 사망하자 아신왕이 어려서 숙부 진사왕이 왕위를 이었다[142]. 그러나 진사왕이 재위 8년에 사망하는 바람에, 드디어 아신왕이 즉위하게 되지만 아신왕도 재위 14년의 젊은 나이에 사망한다. 그때 왜에서 전지왕이

---

138) 『삼국사기』의 기록에 따르면, 장수왕이 재위하는 79년 동안(413~491) 백제에서는 같은 세대의 구이신왕(420~427)으로부터 비유왕(427~455), 개로왕(455~475), 문주왕(475~477), 삼근왕(477~479), 동성왕(479~501)에 이르기까지, 5세대에 걸친 6명의 왕이 재위했다.
139) 서기 491년에 장수왕이 사망하자 그 손자 문자명왕이 즉위하여 서기 519년에 사망했다. 이 기간에 해당하는 백제왕은 동성왕(479~501)과 무령왕(501~523)이다.
140) 고구려의 마지막 보장왕(642~668)은 주몽의 21세손이지만, 백제의 마지막 의자왕(641~665)은 주몽의 24세손으로 여전히 3세대의 차이가 있다.
141) 『삼국사기』 권25, 백제본기 제3 비유왕 원년, "비유왕은 구이신왕의 맏아들이다[혹은 전지왕의 서자라고도 하였는데 어느 것이 옳은지 알 수 없다]. 용모가 아름답고 말재주가 있어 사람들이 떠받들고 존중히 여겼다. 구이신왕이 죽자 왕위에 올랐다."
142) 『삼국사기』 제25권 백제본기 제3 아신왕 원년, "침류왕이 돌아가셨을 때, 그는 나이가 어렸기 때문에 숙부 진사가 왕위를 이었는데, 진사왕이 재위 8년에 돌아가시자 왕위에 올랐다."

급히 귀국하여 즉위하게 되는데, 그 역시 재위 16년의 젊은 나이로 사망하고, 그 뒤를 이은 어린 아들 구이신왕도 재위 8년에 사망한다.

이렇게 단명이 계속된 상황에서 만약에 비유왕마저 어린 구이신왕의 아들이었다고 한다면, 그가 용모가 아름다우며 말재주가 있고 존중받는 인물이었다고 소개한 즉위 조의 기록에도 어울리지 않고, 개로왕의 시대나 이미 생몰년을 알고 있는 무령왕의 시대와도 맞지 않는다. 현실의 시간을 고려할 때 비유왕이 구이신왕의 아들이라고 하는 기록은 누가 보더라도 사실로 받아들이기 어려운 것이다.

이 때문인지 『신찬성씨록』에도 무령왕을 주몽의 18세손[143]이라 하여 백제본기의 이설에 따라 한 세대가 축소되어 있다. 이때의 세대수는 백제본기에서 개로왕 이후의 기록은 그대로 인정하고 비유왕이 전지왕의 아들일 때 성립될 수 있는 경우로 보이는 것이다.

여기서 개로왕 이후의 기록이란, 개로왕이 사망하자 개로왕의 아들 문주왕과 문주왕의 아들 삼근왕이 차례로 계승하고, 삼근왕까지 사망하자 곤지의 아들 동성왕과 동성왕의 아들 무령왕이 차례로 계승하는 【그림21】의 ①의 계보를 말한다.

하지만, 『일본서기』는 개로왕 이후의 백제 왕계에 대해 전혀 다른 모습을 기록하고 있다. 즉, 웅략 20년 조[144]에서는 위례성이 함락될 때 개로왕뿐만 아니라 왕비와 왕자가 모두 적의 손에 죽었다

---

143) 『신찬성씨록』 제22권 좌경제번 하, "화조신(和朝臣)은 백제국 도모왕(都慕王)의 18세 손 무령왕의 후손이다."

고 했고, 웅략 21년 조[145)]의 분주(分註)에서는 문주왕이 개로왕의 아들이 아니라 모제(母弟)라고 했으며, 웅략 23년 조에서는 동성왕이 곤지의 아들[146)]이라고 한 것이다.

동성왕이 곤지의 아들이라고 한 것 외에는 백제본기와 일치하는 점을 찾아볼 수 없다. 그러나 『일본서기』에서도 무령왕에 대해서는 개로왕의 아들이라는 웅략 5년 조의 기록[147)]과 곤지의 아들이라는 무열 4년 조의 이설[148)]이 함께 존재한다. 그중에서 특히 웅략 5년 조에는 무령왕의 탄생과 관련하여 매우 흥미로운 기록이 실려 있다.

---

144) 『일본서기』 권14 웅략천황 20년, "『백제기(百濟記)』에 말하였다. 개로왕 을묘년(乙卯年) 겨울, 맥(貊)의 대군이 와서 대성(大城)을 친지 7일7야에 왕성이 함락하여 드디어 위례(尉禮)를 잃었다. 국왕 및 대후, 왕자 등이 모두 적의 손에 죽었다."

145) 『일본서기』 권제14 웅략천황 21년, "봄 3월, 천황은 백제가 고구려에 의해 파멸되었다고 듣고 구마나리(久麻那利)를 문주왕(汶州王)에 주고 그 나라를 다시 일으켰다. 그때 사람들이 다 '백제국은 일족이 이미 망하여 창하(倉下)에 모여 걱정하다고 하였지만 실은 천황의 덕으로 다시 그 나라를 일으켰'라고 말하였다. [문주왕(汶州王)은 개로왕(蓋鹵王)의 모제(母弟)이다. 『일본구기(日本舊記)』에 구마나리를 말다왕(末多王)에게 주었다고 한다. 아마 이는 잘못일 것이다. 구마나리는 임나국(任那國)의 하치호리현(下哆呼唎縣)의 별읍(別邑)이다.]"

146) 『일본서기』 권제14 웅략천황 23년, "여름 4월, 백제의 문근왕(文斤王)이 훙(薨)하였다. 천황이 곤지왕의 5인의 아들 중 제2의 말다왕(末多王)이 젊고 총명하므로, 조하여 궁중에 불렀다. 친히 머리를 쓰다듬으며 타이르심이 은근하여 그 나라의 왕으로 하였다. 무기를 주고 아울러 축자국(築紫國)의 군사 500인을 보내 나라에 호송하였다. 이를 동성왕이라고 한다."

147) 『일본서기』 권제14 웅략천황 5년, "그리고 아우 군군(軍君)[昆攴다]에 고하여 '너는 일본으로 가서 천황을 섬겨라.'라고 말하였다. 군군이 대답하여 '상군(上君)의 명에 어긋날 수는 없습니다. 원컨대 군(君)의 부인을 주시고 그런 후에 나를 보내주십시오.'라고 말하였다. 가수리군(加須利君)은 임신한 부인을 군군에게 장가들여 '내 임신한 부인은 이미 산월이 되었다. 만일 도중에서 출산하면 부디 같은 배를 태워서 어디에 있든지 속히 나라로 돌려보내도록 하여라.'라고 하였다. 드디어 헤어져 조정에 보냈다. 6월 병술삭, 임신한 부인은 과연 가수리군의 말대로 축자(筑紫)의 각라도(各羅嶋)에서 출산하였다. 그래서 그 아이의 이름을 도군(嶋君)이라 하였다. 그래서 군군은 배 한척을 마련하여 도군(嶋君)을 그 어머니와 같이 백제로 돌려보냈다. 이를 무령왕(武寧王)이라 한다. 백제인은 이 섬을 주도(主嶋)라 하였다. 가을 7월, 군군이 경(京)에 들어왔다. 이미 5인의 아들이 있었다[『백제신찬(百濟新撰)』에 말하였다. 신축년(辛丑年), 개로왕이 아우 곤지군(昆攴君)을 보내어 대왜(大倭)로 가서 천왕을 모시게 하였다. 형왕의 수호를 닦았다.]."

개로왕이 만삭이 된 자기의 부인을 동생 곤지에게 주면서 왜로 향하는 도중에 아이가 태어나면 그 아이를 다시 백제로 돌려보내라고 했다는 것이다. 만삭이 된 부인의 앞날에 틀림없이 일어날 일을 미리 알고도 지시했다는 것인데, 이는 납득하기도 어렵고 필요하지도 않은 일이다. 아무래도 무령왕은 곤지가 자기의 부인과 함께 왜로 향하는 과정에서 탄생한 아들이었을 가능성이 클 것이다.

그때 태어난 무령왕은 개로왕의 아들도 아니었겠지만 탄생하자마자 백제로 돌아가지도 않았을 것이다. 만약에 그때 백제로 돌아갔다면, 위례성이 함락될 때 무령왕 또한 어떤 화를 입었을지도 모를 일이기 때문이다. 실상이 이러했다면, 웅략 5년 조의 기록은 왜의 흔적이 너무 진한 무령왕이 왜인으로 오해되지 않도록 하기 위한 누군가의 창작이었을 수도 있겠다. 반면에, 웅략 5년 조의 기록과 달리 무열 4년 조가 인용한 『백제신찬』에는 무령왕이 곤지의 아들이자 동성왕의 이모형(異母兄)이라고 한 이설(異說)이 실려 있다.

이들 두 사람이 배다른 형제라 하는 것은 충분히 이해할 수 있는 일이라 하더라도, 이 이설은 무령왕이 태어날 때 왜의 경(京)에는 이미 다섯 명의 곤지의 아들이 있었다고 한 웅략 5년 조의 기록과 또다시 모순된다. 만약에 그때 태어난 무령왕이 곤지의 아들이었다

---

148) 『일본서기』 권제16 무열(武烈)천황 4년 4월, "『백제신찬(百濟新撰)』에 말하였다. 말다(末多)왕이 무도하여 백성에게 포악한 짓을 하였다. 국인이 같이 제거하였다. 무령왕이 섰다. 휘는 사마(斯麻)왕이다. 곤지왕자(混支王子)의 아들이다. 즉, 말다왕의 이모형(異母兄)이다. 곤지가 왜에 향했을 때 축자도(築紫嶋)에 이르러 사마왕을 낳았다. 섬에서 도로 보내 경(京)에 이르기 전에 섬에서 낳았다. 그래서 그렇게 이름 지었다. 지금도 각라(各羅)의 바다 속에 주도(主嶋)가 있다. 왕이 탄생한 섬이다. 고로 백제인이 주도라 이름하였다. 지금 생각하니 도왕(嶋王)은 개로왕의 아들이다. 말다왕은 곤지왕의 아들이다. 이를 이모형이라 함은 미상(未詳)이다."

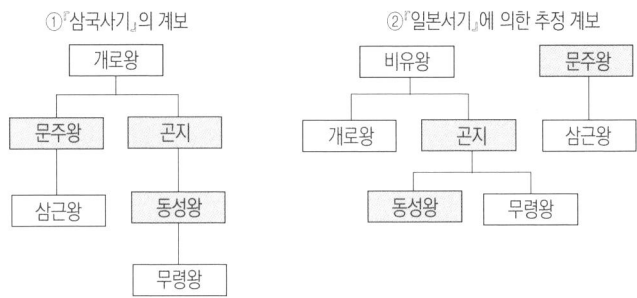

【그림21】 기록에 따른 개로왕의 계보

면 여섯 번째 아들이었을 것이기 때문이다.

결국, 무열 4년 조의 기록대로 동성왕과 무령왕이 서로 배다른 형제라 하더라도, 그중에서 누가 형인지에 대해서는 단정할 수 없을 것 같다. 그러나 『일본서기』의 기록으로부터 추정되는 이 모든 관계는 결국 【그림21】의 ②의 모습으로 나타내어진다.

이 계보는, 같은 『신찬성씨록』의 기록 중에서도 무령왕이 주몽의 18세손이라고 한 기록에는 부합하지 않지만, 곤지를 비유왕의 아들이라고 한 비조호조(飛鳥戶造)의 출자에 관한 기록[149]에는 잘 부합하고 비록 『삼국사기』는 인정하고 있지 않지만, 문주왕과 동성왕의 관계를 조부와 손자로 묘사한 아래의 책봉 기사와도 잘 부합한다.

---

149) 『신찬성씨록』 제28권 하내국 제번, "비조호조(飛鳥戶造)는 백제국주 비유왕(比有王)의 아들 곤기왕(混伎王)으로부터 나왔다."

Y1. 남사(南史) 권4 제본기(齊本紀) 상(上) 고제(高帝) 건원(建元) 2년 :

3월 백제국이 사자를 파견해서 조공해 왔다. 그 왕 모도(牟都)를 진동대장군으로 하였다.

Y2. 『책부원귀』 권963 외신부8 봉책 제1 남제태조(南齊太祖) 건원(建元) 2년 :

3월 백제왕 모도(牟都)가 사자를 파견해 조공해 왔다. 조서에 "왕조의 사명은 새로워져서 은택은 절역에까지 미치었다. 모도(牟都)는 대대로 동방에서 번국이 되어 직공을 원지에서 지켰으니 가히 사지절(使持節) 도독백제제군사(都督百濟諸軍事) 진동대장군(鎭東大將軍)을 수여하겠다."라고 하였다.

Y3. 『남제서(南齊書)』 권58 열전 제39 만(蠻) 동남이(東南夷) 백제 :

[또한 백제왕에 대해서는] 사지절(使持節) 도독백제제군사(都督百濟諸軍事) 진동대장군(鎭東大將軍)으로 삼고, 알자복야(謁者僕射)를 겸한 손부(孫副)를 사신으로 보내어 [모(牟)] 대(大)를 책명(策命)으로 망조부(亡祖父) 모도(牟都)를 이어서 백제왕으로 삼았다.

[이어 조서를 내려] 말하였다. "아아! 그대들은 충성심과 부지런함을 대대로 이어 받아서 그 정성이 먼 곳까지 드러

나니, 바닷길이 고요하고 맑아져 공물을 바치는 것이 조금도 끊이지 않았소. 상전(常典)에 따라 귀한 관작을 계승케 하노니, 가서 삼갈지어다. 삼가 아름다운 사업을 지켜야 할 것이니 어찌 신중히 하지 않을 수 있겠는가? 행도독(行都督) 백제제군사(百濟諸軍事) 진동대장군(鎭東大將軍) 백제왕(百濟王) 모대(牟大)에게 제서(制書)를 내리노니, 이제 [모(牟)] 대(大)로서 그의 조부 모도(牟都)의 작위를 승습케 하여 백제왕으로 삼겠소. 왕위에 오름에 장원(章綬)등 다섯과 동호부(銅虎符)·죽사부(竹使符) 넷을 주노니, 왕이 이를 공경하여 받으면 그 또한 아름답지 아니한가!"

Y4. 『책부원귀』 권963 외신부 8 봉책 제1 남제무제(南齊武帝) 영명(永明) 8년 :

정월 백제왕 모태(牟太)가 사자를 파견해 상표해 왔다. 그래서 알자복야(謁者僕射) 손부(孫副)를 파견해 [모(牟)] 태(太)에게 돌아가신 조부인 모도(牟都)의 관작을 답습케 하여 백제왕으로 삼았다.

이르기를 "오호라! 이 시대에 충절을 이어받아 정성을 드러내기를 멀리 백제까지 분명하다. 큰 바닷길은 삼가 맑으며 조공의 맹세는 쇠퇴한 적이 없다. 통상의 법전에 따라 귀한 관작을 계승하는 것이니 가서 삼가야 할 것이오. 그 위업을 삼가 이어받았으니 어찌 신중하지 않을 것인가. 조서를 내려 행도독(行都督) 백제제군사(百濟諸軍事) 진동대장군(鎭東大將軍) 백제왕 모태를 이제 조부 모도의 관작을 답습케 하여 백제왕으로 즉위시키노라. 장원(章綬)등 다섯과 동호죽부(銅虎竹符) 넷을 내리노라. 이를 공경하여 삼가 받으면 또한 경사스럽지 않겠는가."라고 하였다.

즉, 위의 기록에 따르면, 분명히 문주왕에 이어 삼근왕이 사망하고 동성왕이 귀국한 이후인 서기 480년의 건원(建元) 2년에, 백제왕 모도(牟都)가 조공하여 진동대장군을 제수받았고, 정작 동성왕은 서기 490년의 영명(永明) 8년이 되어서야 조부 모도의 관작에 따라 진동대장군을 제수받았다.

하지만 『삼국사기』 동성왕 23년 조의 분주(分註)[150]에서는 『삼한고기(三韓古記)』에서도 모도가 왕이 된 적이 없다는 것을 들어 이 모든 기록을 부정했다. 이는 모도가 문주의 또 다른 이름이라는 사실조차 부정하는 것이기도 하다.

그러나 『삼국사기』의 저본이 『삼한고기』이고, 『삼한고기』에 그런 기록이 없었다면 당연한 입장 표명이라고 할 수 있다. 그렇다 하더라도, 개로왕과 그 왕자들이 모두 죽임을 당하기 전에 장남 문주가 아들과 함께 빠져나와 신라에 도움을 청했고, 돌아와서 멸망을 확인하고는 바로 웅진으로 천도했다는 것은 사실 너무 평온해 보인

---

150) 『삼국사기』 제26권 백제본기 제4 동성왕 23년 분주(分註), "『책부원귀(冊府元龜)』에서 다음과 같이 말하였다. …(중략)… 그런데 『삼한고기(三韓古記)』에는 모도가 왕이 되었다는 사실이 없다. 또 살펴보건대 모대는 개로왕의 손자이고, 개로왕의 둘째 아들인 곤지의 아들이며, 그 할아버지를 모도라고 말하지 않았으니, 『제서(齊書)』의 기록은 의심하지 않을 수 없다."

다.

　오히려, 왕자들이 모두 죽임을 당한 상태에서 왕실의 원로로서 살아남은 먼 친척 문주가 서둘러 왕계를 보전하고, 웅진으로 내려가 나라를 재건하고 정착하기까지 일정한 시간을 소비했을 가능성이 더 현실적으로 보이는 것이다. 더구나, 사료 Y3은 백제왕의 책봉 기록으로서는 그 유례를 찾기 힘들 정도로 구체적이다. 이 정도의 구체성을 가지는 사료에 대해 그 진실성을 부정하기는 매우 어려울 것 같다.

　하지만, 이 기록들은 당초 왕이 될 줄은 꿈에도 생각하지 못했던 문주왕이 13세의 어린 아들[151]을 삼근왕으로 즉위시킬 때나, 곤지의 아들을 왜에서 데려와 동성왕으로 즉위시킬 때에도, 문주왕 자신은 사망하지 않았다는 것을 전제로 하는 것이다. 오히려, 그가 낯선 땅 웅진에서 백제왕으로 책봉을 받기까지 사망하지 않고 건재했기 때문에, 그 책봉된 권위로 동성왕을 안착시킬 수도 있었고 그의 관작을 물려줄 수도 있었던 것 같다.

　물론 이러한 일들이 모두 사실이었다면, 모도 즉 문주왕은 곤지의 아들 모대 즉 동성왕의 친조부가 아니라 외조부였던 셈이고, 모대는 비유왕의 아들 곤지와 문주왕의 딸 사이에서 태어난 문주왕의 외손자였던 셈이다[152]. 결국, 【그림21】의 ②의 계보는 【그림22】의

---

151) 『삼국사기』 제26권 백제본기 제4 삼근왕 원년, "삼근왕[혹은 임걸(壬乞)이라 한다]은 문주왕의 장자이다. 왕이 돌아가자 왕위를 이었다. 나이가 13세여서 일체의 군국 정사를 해구(解仇)에게 맡겼다."

모습으로 더욱 구체화 된다. 반면에, 모도가 죽어서 아들 모대가 섰다고 한 『양서』153)나 『남사』의 기록154)은, 모두 문주왕의 조공으로 삼근왕의 존재 자체가 스스로 부정되면서 생겨난 자연스러운 오류일 수도 있겠다.

하지만, 【그림22】 속에서의 삼근왕을 생각해볼 때, 과연 그가 백제본기의 기록대로 '13세의 어린 나이에 즉위한 왕이었을까'라는 의문이 드는 것도 사실이다. 이 나이 또한 문주왕을 개로왕의 아들로 설정한 것에 따라 파생된 또 다른 설정일 수도 있어 보이는 것이다. 물론, 이러한 의심까지 기록으로 확인될 수는 없는 일이다.

이렇게, 비유왕이 전지왕의 서자이면서 개로왕 사망 이후의 계보가 【그림22】와 같았다면, 무령왕은 백제본기가 기록한 것처럼 구이신왕의 6세손이 아니라 3세손이 되고, 『신찬성씨록』이 기록한 것처럼 주몽의 18세손이 아니라 16세손이 된다. 이 경우 무령왕은 그와 동시대의 고구려왕인 문자명왕과 같은 세대수를 가지는 백제왕이 되고, 그로부터 이어지는 백제의 마지막 의자왕도 고구려의 마지막 보장왕과 마찬가지로 주몽의 21세손이 되는 것이다.

이러한 세대 차의 해소 또는 현실 시간의 회복에 주목할 때, 무령

---

152) 田中俊明, 「번역: 백제(百濟) 문주왕계(文周王系)의 등장과 무령왕(武寧王)」, 『백제연구』 제49집, 2009년, 123-142쪽 참조
153) 『양서』 권54 열전 제48 제이(諸夷) 백제, "여비(餘毗)가 죽고 그의 아들 경(慶)이 왕위에 올랐다. 경이 죽고 그의 아들 모도(牟都)가 왕위에 올랐다. 도(都)가 죽고 그의 아들 모태(牟太)가 왕위에 올랐다. 제(齊) 영명(永明) 연간에 태(太)에게 도독백제제군사 진동대장군 백제왕의 벼슬을 제수하였다."
154) 『남사』 권79 열전 제69 이맥(夷貊) 하 백제, "경(慶)이 죽고 그의 아들 모도(牟都)가 왕위에 올랐다. 도(都)가 죽고 그의 아들 모대(牟大)가 왕위에 올랐다. 제(齊) 영명(永明) 연간에 대(大)에게 도독백제제군사 진동대장군 백제왕의 벼슬을 제수하였다."

【그림22】 개로왕의 사망과 백제 왕계

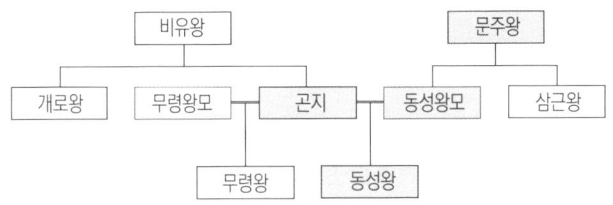

왕이 주몽의 18세손이라고 한 『신찬성씨록』의 기록은, 『일본서기』와 그 내용을 같이하는 【그림22】의 계보가 아니라, 백제본기의 【그림21】의 ①의 계보를 따르는 것이었다고 다시 확인된다. 그렇다고 한다면, 이때의 『신찬성씨록』이 『일본서기』의 시간이 아니라 백제본기의 시간을 기준으로 하게 된 이유는 과연 무엇이었을까? 아래의 기록을 살펴보기로 하자.

Z1. 『속일본기』 연력 8년 12월 을미 :

황태후가 붕(崩)했다.

···(중략)···

[연력 9년 정월 14일] 임자, 대지(大枝) 산릉에서 장사지냈다. 황태후는 성이 화씨(和氏)이고 휘는 신립(新笠)이다. 증(贈) 정1위 을계(乙繼)의 딸이다. 어머니는 증(贈) 정1위 대지조신진매(大枝朝臣眞妹)이다. 후(后)의 선조는 백제 무령왕의 아들 순타태자(純陀太子)에서 나왔다. 몸가짐이 정숙하고 덕이 넉넉하여 일찍부터 성예(聲譽)를 드러냈다. 천종고소천황(天宗高紹天皇)이 즉위하기 전에 아내로 맞이했

으며, 금상(今上)·조량친왕(早良親王)·능등내친왕(能登內親王)을 낳았다. 보귀(寶龜) 연간에 성을 고쳐서 고야조신(高野朝臣)이라고 했다. 금상이 즉위하면서 높여서 황태부인(皇太夫人)이라고 했다. 9년에 다시 존호를 올려 황태후라고 했다. 백제의 먼 선조 도모왕(都慕王)은 하백(河伯)의 딸이 해의 정기에 감응하여 낳은 사람이고, 황태후는 곧 그 후예이다. 그래서 이러한 시호를 올렸다.

Z2. 『속일본기』 연력 9년 2월 갑오 :
이날 조하기를, "백제왕(百濟王) 등은 짐의 외척(外戚)이다. 지금 이에 한두 사람을 뽑아서 작위를 더해 주라."라고 했다.

즉, 서기 781년에 즉위한 환무(桓武)의 친모 신립(新笠)은 원래 화사(和史)라는 씨성으로 오랜 기간 하급관인(下級官人)의 신분으로 살아온 도래계 씨족의 인물이다. 그러나 누구도 예상하지 못했던 일[155]로 천지계(天智系)인 백벽왕(白壁王)이 광인천황(光仁天皇)으로 즉위하게 되고, 그의 아들 산부친왕(山部親王)이 황태자로 확정되자, 신립은 드디어 조신(朝臣)의 신분에 오르게 된다. 사료 Z1에서

---

155) 서기 672년 임신(壬申)의 난 이후 천무(天武)계가 줄곧 천황을 이어갔지만 거듭되는 정쟁으로 자손이 고갈되자, 천지(天智)계의 백벽왕(白壁王)이 천무(天武)계를 이을 성무(聖武)천황의 딸 정상내친왕(井上內親王)과 혼인하게 된다. 하지만 계속되는 정쟁으로 정상내친왕과 그의 유일한 혈족인 타호태자(他戶太子)가 함께 폐위되는 바람에, 천지(天智)계 백벽왕이 졸지에 광인천황(光仁天皇)으로 즉위하게 되고, 그의 원래 부인 화(和)씨와의 아들 산부친왕(山部親王)도 황태자에 오르게 될 것이다. 이 황태자가 후에 환무(桓武)천황이다.

말하는 보귀(寶龜) 연간의 개성이란 이것을 말하는 것이다.

그러나 광인천황이 사망하고 환무가 즉위하자 그는 자기의 모친이 더욱 당당하고 고귀한 출자를 가지는 주인공이 되기를 원했다. 실제로, 『일본후기(日本後紀)』에 실린 화기청마려(和気清麻呂)의 훙전(薨傳)[156]에 의하면, 그가 중궁대부(中宮大夫)로 있을 때 환무의 지시로 『화씨보(和氏譜)』를 찬진 했다.

지금은 그 『화씨보』의 내용이 남아 있지 않으나, 청마려가 중궁대부로 있을 때라면 연력 7년 2월[157] 이후이다. 신립의 장례식에서 그녀의 출자를 Z1의 내용으로 잘 소개할 수 있었던 것도 그때 이미 『화씨보』가 완성되어 있었기 때문일 것이다.

그러나 청마려가 중궁대부로 있을 때 중궁량(中宮亮)으로 있었던 이가 바로 백제왕인정(百濟王人貞)[158]이었다. 그는 화기청마려의 부관으로서 『화씨보』의 편찬에 당연히 참여했을 것이고, 백제 왕족의 후손을 대표하는 씨족으로서 그의 역할은 마땅히 백제 왕계와 관련한 감수와 보증이었을 것이다.

그때 인정(人貞)이 보증한 무령왕의 계보가 『신찬성씨록』에서 화조신(和朝臣)에 관한 출자에 반영되어 진 것인데, 이는 과거 『일본서기』가 언급했던 무령왕에 관한 계보도 아니거니와 백제왕인정이 마음대로 만들어낸 계보도 아니다. 원래부터 자신들이 알고 있었던

---

156) 『일본후기(日本後紀)』 연력(延曆) 18년 2월 을미, "중궁(中宮)이 교시를 받들어 『화씨보(和氏譜)』를 편찬해 올렸다. 제(帝)가 매우 기뻐했다."
157) 『속일본기』 연력 7년 2월 병오, "종4위상(從四位上) 화기조신청마려(和気朝臣清麻呂)를 중궁대부(中宮大夫)로 삼았다."
158) 『속일본기』 연력 8년 3월 무오, "종5위하(從五位下) 백제왕인정(百濟王仁貞)을 중궁량(中宮亮)으로 했다."

자신들 선조의 왕계 그대로였을 것이다.

마찬가지로, 같은 해 7월 백제왕인정은 진도(眞道)가 올린 개성의 표문에도 동참한다. 그때의 결과를 반영한『신찬성씨록』에도 근구수왕이 주몽의 10세손[159]이라는 의미로 기록되어 있다. 이러한 백제왕에 대한 세대수는, 과거『일본서기』에 기록되어 있는 여러 내용과는 무관하게, 당시 백제 왕족의 후손들이 알고 있었던 자신들의 조상에 관한 계보 그 자체였던 것이다. 즉, 백제왕인정은 개로왕을 둘러싼 자신들의 선조에 대한 계보가【그림21】의 ①의 모습이었다고 믿고 있었던 것이다.

한편, 이러한 세대수에 관한 문제와는 별개로, 신립이 실제로 무령왕의 후손인 것은 사실이었던 것 같다. 신립의 화(和)씨나 왜(倭)씨가 모두 '야마토'라 불리는 동일한 씨명이기 때문인데, 왜씨에 대해서라면『일본서기』에서도 무령왕과 관련한 기록이 남아있다.

즉, 서기 505년의 무열 7년 조에는 무령왕이 골족(骨族)인 사아군(斯我君)을 파견했다고 했고, 그 후 사아군은 현지에서 왜군(倭君)의 선조가 되는 법사군(法師君)을 낳았다고 했다[160]. 왜군은 틀림없는 무령왕의 후손이었던 것이다.

그렇다고 할 때, 왜씨와 같은 씨명의 화씨가 무령왕의 후손이라고 하는 것은 전혀 이상한 일이 아니다. 다만, 화씨의 경우 순타태

---

159) 앞의 주석2)
160) 『일본서기』 권제16 무열천황 7년, "여름 4월, 백제왕이 사아군(斯我君)을 보내어 조공하였다. 따로 표를 올려 '먼저 번에 조공을 간 사신 마나(麻那)는 백제 국왕의 골족이 아닙니다. 그러므로 삼가 사아를 보내어 천황을 섬기려 합니다.'라고 말하였다. 그 후에 자식을 두어 법사군(法師君)이라 하였다. 이가 곧 왜군(倭君)의 선조다."

자(純陀太子)의 후손이라고 하여 사아군과 법사군으로 이어지는 왜씨와 다소 계통을 달리하고 있을 뿐이다.

사실, 지금의 기록만으로는 사아군과 순타태자의 관계를 알 수가 없지만, 순타태자에 대해서는 『일본서기』에서 서기 513년의 계체 7년[161]에 그의 사망 기사가 보인다. 무령왕이 사망하자 태자 명(明)[162] 또는 명농(明穠)[163]이 즉위한 것으로 보아, 그보다 태자로서 일찍 사망한 순타는 성왕(聖王)의 형이었을 것이다.

결국, 이러한 『화씨보』의 작성과 장례식의 과정을 거치면서 환무의 모친은 무령왕의 후손으로 공식화되었고, Z2의 기록처럼 환무는 백제왕씨가 '자신의 외척(外戚)'이라고 자랑스럽게 이야기할 수 있게 된 것이다.

지금까지 살펴본 결과에 따르면, 비유왕이 전지왕의 서자라고 하는 조건을 전제로 하고 【그림22】의 계보가 사실이라고 할 때, 장수왕 이후의 어느 시대에서도 고구려와 백제 왕계 사이에 세대수의 불균형은 존재하지 않게 된다.

그뿐만 아니라, 『일본서기』의 웅략기가 묘사하는 한성백제의 멸망 장면과 비조호조(飛鳥戶造)의 출자에 관한 『신찬성씨록』의 기록과 동성왕에 대한 『남제서』의 책봉 기록은 모두 【그림22】의 계보를 중심으로 정합하고 있다.

---

161) 『일본서기』 권제17 계체천황 7년, "가을 8월 癸未朔 戊申, 백제의 태자 순타(淳陀)가 훙하였다."
162) 『일본서기』 권제17 계체천황 18년, "봄 정월, 백제 태자 명(明)이 즉위하였다."
163) 『삼국사기』 제26권 백제본기 제4 성왕 원년, "[성왕(聖王)의] 휘는 명농(明穠)이고 무령왕의 아들이다."

그렇다고 한다면, 『삼한고기』가 기록하기도 했고, 인정(仁貞)을 포함하는 백제왕의 후손들이 사실이라고도 믿었으며, 『삼국사기』가 그대로 따른 개로왕 이후의 왕계는 처음부터 진실을 은폐하고 있었던 셈이다.

아마도 당초 백제사를 기록한 찬자들로서는 위례성이 함락되면서 왕자들까지 모두 적의 손에 죽었던 사실 자체를 숨기고 싶어 했던 것 같다. 문주왕도 개로왕의 외숙으로서 개로왕의 직계가 아니고, 곤지도 비유왕의 아들로서 개로왕의 직계가 아니며, 곤지의 아들인 동성왕이나 무령왕도 모두 왜국에서 태어나고 자란 배다른 형제들이라는 사실을 숨기고 싶어 했던 것으로 짐작되는 것이다.

한편, 앞에서 이미 살펴본 것처럼, 『일본서기』란 왜국의 역사를 대화정권의 역사로 병합하고 그 기록의 주체를 천황의 이름으로 변조한 사서이다. 백제와 관련한 사건으로 가득 차 있는 웅략기도 흥(興)과 무(武)의 재위 기록에서 그 주체를 모두 웅략의 이름으로 치환한 기록인 것이다.

이러한 관점에서 웅략기를 다시 읽어본다면, 서기 461년에 무령왕이 탄생하고 곤지가 들어간 서울은 대화의 서울이 아니라 왜국의 서울이었고, 그때는 흥(興)이 송조(宋朝)로부터 왜왕으로 책봉을 받기 바로 1년 전의 시점이었다.

그때 이미 왜국의 서울에는 다섯 명의 곤지의 아들이 살고 있었다는 것인데, 이는 곤지가 적어도 왜왕 제(濟)의 시대부터 그곳에서 상당 기간 거주하고 있었음을 설명하는 것이다. 그뿐 아니라, 웅략 23년 조에 묘사된 웅략과 말다(末多)의 이별 장면은 사실은 왜왕 무와 말다 사이에 있었던 일이다.

 짐작 해 보면, 말다가 귀국한 후에도 사마(斯麻)는 왜에 남아서 왜왕 무의 돌봄을 받으며 잘 성장했을 것 같다. 그의 탄생 기록에 의하면, 그가 서기 477년에 부친 곤지를 여의었을 때는 16세의 나이였고, 그로부터 2년 뒤 말다가 귀국할 때는 18세의 나이였으며, 서기 501년 자신이 직접 무령왕으로 즉위할 때는 40세의 중년이었다.

3. 이어지는 변형과 변조

앞에서 살펴본 부여와 고구려와의 관계【그림19】는, 대무신왕의 실제 시대뿐만 아니라 주몽의 탄생과 고구려의 건국에 관한 다양한 기록에서도 실제 시대를 판단하는 유용한 평가 기준이 될 수가 있다.

실제로, 『삼국유사』에는 『고기(古記)』와 『단군기(檀君記)』 등, 주몽의 출자나 고구려의 건국 시대와 관련하여 『삼국사기』와 그 내용을 달리하는 기록들이 인용되어 있다.

AA1. 『삼국유사』 제1권 기이(紀異)제1 북부여 조 :

『고기(古記)』에 이렇게 말했다. "전한(前漢) 선제(宣帝) 신작(神爵) 3년 임술 4월 8일에 천제가 흘승골성에 내려왔다. 오룡차를 타고 도읍을 정하여 왕이라 일컫고 국호를 북부여라 하고, 스스로 이름을 해모수(解慕漱)라고 했다. 아들을 낳아 이름을 부루(夫婁)라 하고 해(解)로서 씨(氏)를 삼았다.

왕은 뒤에 상제의 명령으로 도읍을 동부여로 옮겼다. 동명제는 북부여를 계승하여 일어나 졸본주에 도읍을 정하고 졸본부여가 되었으니, 이것이 곧 고구려의 시작이다."

AA2. 『삼국유사』 제1권 기이(紀異)제1 동부여 조 :

북부여의 왕인 해부루(解夫婁)의 대신 아란불의 꿈에 천제가 내려와서 말했다. "장차 내 자손을 시켜서 나라를 세울 터이니 너는 다른 곳으로 피해 가도록 하라. [이것은 동명왕이 장차 일어날 조짐을 말하는 것이다] 동해 변에 가섭원이라는 곳이 있는데 땅이 기름지니 왕도를 세울만할 것이다."

이에 아란불은 왕을 권하여 그곳으로 도읍을 옮기고 국호를 동부여라 했다.

AA3. 『삼국유사』 제1권 기이(紀異)제1 고구려 조의 원문주석 :

『단군기(檀君記)』에는 "단군이 서하 하백의 딸과 친하여 아들을 낳아서 부루(夫婁)라고 이름했다."라고 했다. 지금 이 기록[164]을 살펴보면 해모수가 하백의 딸과 사사로이 정을 통해서 주몽을 낳았다고 했고, 『단군기』에는 "아들을 낳아 이름을 부루라고 했다."라고 했으니 그렇다면 부루와 주몽은 배다른 형제일 것이다.

---

164) 『삼국유사』 고구려 조가 인용하고 있는 '『국사(國史)』 고려본기(高麗本紀)'의 본문을 말한다.

즉, 사료 AA1에서 『고기』는 해모수가 해부루를 낳은 것으로 기록하고 있다. 『삼국사기』의 고구려본기에서 주몽을 탄생시킨 해모수가, 여기에서는 오히려 북부여를 건설하고 해부루를 낳았다고 하여 세대가 역전되어 있는 것이다.

하지만 이는 【그림19】에서 알 수 있는 것처럼 부여 왕계의 시간은 그대로 두고 고구려 왕계만 68년 인상되는 경우에야 성립될 수 있는 일이다. 실제로, 『고기』에서 해모수가 북부여를 세웠다고 하는 신작(神爵) 3년은 BC 59년으로, 68년이 인상된 주몽의 즉위년인 BC 37년으로부터 22년 전이다.

주몽이 즉위하기 22년 전이라고 하면 고구려본기의 기준으로 22세에 즉위한 주몽이 태어나기 바로 1년 전이고, 주몽이 태어나기 1년 전이라면 주몽의 부친이 왕에 상당하는 지위에 올라 혼인했을 만한 해에 부합하는 것이다. 물론 이는 68년이 인상된 기록의 시대를 기준으로 할 때 일어날 수 있는 일이다.

만약에 이런 일이 실제의 시대에서 일어난 일이었다면, BC 37년이 아니라 서기 32년으로부터 22년 전인 서기 10년의 일이었을 것이다. 이는 해모수가 유화부인을 만난 실제 시대가 서기 10년이었다는 의미이기도 한데, 서기 10년이라면 시건국(始建國) 2년의 왕망의 시대이다. 이렇게 본다면, 『후한서』가 기록한 구려후(句驪侯) 추(騶)가 실제 주몽의 부친이었을 가능성도 전혀 상상할 수 없는 일은 아닌 것 같다.

반면에, 사료 AA3에 인용된 『단군기』는 단군과 하백의 딸 사이에서 부루가 태어났다고 기록하고 있다. 이 역시 【그림19】를 참조할 때 실제의 시대가 아니라, 하백의 딸이 해모수와 함께 68년이 인상된 경우에만 성립할 수 있는 일이다.

그러나 일연(一然)은 이때의 기록과 고구려본기가 기록한 주몽의 출자를 대조하면서, 부루와 주몽은 서로 배다른 형제라고 추정했다. 하지만 이러한 그의 추정은 단군의 아들 부루와 부여 왕계의 해부루가 동일인이라는 대전제에서 성립될 수 있는 일이다.

만약에 단군도 해부루를 낳고 해모수도 해부루를 낳았다면 단군과 해모수는 동일의 인물일 수밖에 없을 것이고, 그러한 단군 또는 해모수가 주몽까지 낳았다고 하니 해부루와 주몽은 형제일 수밖에 없다는 것이다.

그러나 두 사람의 계통을 생각할 때, 일연도 해부루와 주몽이 친형제일 수는 없다고 생각한 듯하다. 그렇다면 두 사람의 모친이 모두 하백의 딸이라고는 하나, 적어도 서로 같은 하백의 딸은 아니어야 한다는 생각에 이른 것 같다. 이것이 부루와 주몽이 서로 배다른 형제일 것으로 추정하게 된 일연의 관점이었을 것이다.

물론 이러한 그의 추정은 현실에서는 존재하지 않는 가상의 조건에 대한 것일 뿐이다. 주몽이 해모수의 아들이라고 하는 현실의 조건과 해모수가 해부루를 낳았다고 하는 비현실적인 조건에 대한 해석이었던 것이다. 하지만 이때 일연이 한 추정으로 우리가 알 수 있는 것은 『단군기』의 정체와 그 속에 기록되어 있는 단군의 정체이다.

일연은 같은 『삼국유사』의 고조선 조에서 이미 고조선의 단군에 대해 기록한 『고기』를 인용한 바 있다. 그로서는 BC 2,333년 무진

(戊辰)년에 즉위하여 1,908세의 나이로 아사달에 숨어서 산신이 되었다고 하는 단군에 대해서 누구보다도 잘 알고 있었던 것이다.

그럼에도 불구하고 단군이 부루를 낳았다고 한 『단군기』의 내용에 대해서는 아무런 의심도 하지 않았고, 심지어는 그때의 부루를 해부루로 이해하고 있었다. 이는, 그가 읽었던 『단군기』가 고조선의 단군이 아니라 부여의 단군에 대한 기록이었다는 사실을 설명하는 것이다.

사실, 부여의 단군이라고 하면 『환단고기(桓檀古記)』에 그 내용이 자세히 기록되어 있다. 하지만 아래에서 알 수 있는 바와 같이, 『환단고기』는 일연이 『단군기』나 『고기』를 통해 알고 있던 내용으로부터 또 다른 변형과 시간의 인상이 가해진 기록이다.

AB1. 『환단고기』의 『삼성기(三聖紀)』 상(上):

[단군왕검은] 비서갑(斐西岬)에 사는 하백(河伯)의 딸을 후(后)로 삼고 누에치기를 관장하게 하니 백성을 사랑하는 어질고 후덕한 정치가 사방에 미치어 천하가 태평해졌다.

…(중략)…

단군왕검이 무진년에 나라를 다스린 이래 47세를 전하니 역년 2,096년이다.

…(중략)…

임술(壬戌) 진시(秦始) 때 신인(神人) 대해모수(大解慕漱)가 웅심산(熊心山)에서 일어났다.

…(중략)…

계유년 한무제 때 한(漢)이 우거를 멸할 때 서압록 사람 고두막한(高豆莫汗)이 의병을 일으켜 역시 단군을 칭하였다.

을미년 한소제 때 고두막한이 부여의 옛 도읍을 점령하고 나라를 동명(東明)이라 하니 이곳은 신라의 옛 땅이다.

계해년 봄 정월에 이르러 고추모(高鄒牟)가 역시 천제의 아들로서 북부여를 계승하여 일어났다. 단군의 옛 법을 회복하고 해모수(解慕漱)를 태조로 받들어 제사지내며 연호를 정하여 다물(多勿)이라 하니 이분이 고구려의 시조이다.

AB2. 『환단고기』의 『단군세기(檀君世紀)』 :

[단군왕검은] 비서갑에 사는 하백의 딸을 후(后)로 삼고 누에치기를 관장하게 하니 백성을 사랑하는 어질고 후덕한 정치가 사방에 미치어 천하가 태평해졌다.

…(중략)…

재위 67년 갑술에 제(帝)가 태자 부루(夫婁)를 보내 우순(虞舜)이 보낸 사공(司空)과 도산(塗山)에서 만나게 하였다.

…(중략)…

[고열가(高列加)단군의] 재위 57년 임술(壬戌) 4월 8일에 해모수(解慕漱)가 웅심산으로 내려와 군사를 일으켰다. 그 선조는 고리국(槀離國) 사람이다.

AB3. 『환단고기』의 『북부여기(北扶餘紀)』 상(上) :

[해모수]의 재위 원년 임술(壬戌)이다. 제(帝)는 타고난 기품이 영용하고 신령한 자태는 사람을 압도하여 바라보면 마치 천왕랑(天王郞) 같았다. 23세에 천명을 좇아 내려오시니 고열가단군 57년 임술 4월 8일이었다.

웅심산에서 일어나 난빈(蘭濱)에 제실(帝室)을 지었다. 머리에 오우관(烏羽冠)을 쓰고 허리에 용광검(龍光劍)을 찼으며, 오룡거(五龍車)를 타고 다니니 따르는 사람이 오백여 명이었다. 아침에는 정사를 돌보고 날이 저물면 하늘의 뜻에 따랐다. 이해에 [단군으로] 즉위하였다.

…(중략)…

[고우루(高于婁)단군의] 재위 13년 계유년에 한나라 유철이 평나를 침범하여 우거를 멸하더니 그곳에 4군을 설치하려고 군대를 크게 일으켜 사방으로 공격해 왔다. 이에 고두막한(高豆莫汗)이 구국의 의병을 일으켜 이르는 곳마다 도적을 격파하였다. 이때 유민이 사방에서 호응하여 전쟁을 지원하니 군세를 크게 떨쳤다.

[고우루단군의] 재위 34년 갑오년 10월에 동명국(東明國) 고두막한이 사람을 보내어 고하기를, "나는 천제의 아들이다. 장차 여기에 도읍하고자 하니 왕은 여기를 떠나도록 하시오." 하니 제(帝)는 난감하여 괴로워했다. 이달에 제(帝)가 근심과 걱정으로 병을 얻어 붕하고 아우 해부루가 즉위했다.

AB4. 『환단고기』의 『북부여기(北扶餘紀)』 하(下) :

고두막한의 원년은 고우루단군 13년의 계유년이다. 제(帝)는 사람됨이 호방하고 영준하여 용병을 잘했다. 일찍이 북부여가 쇠하면서 한나라 도적들이 불길처럼 성하게 일어나는 것을 보고 분개하여 개연히 세상을 구제하겠다는 큰 뜻을 세웠다. 이에 졸본에서 즉위하고 스스로 호를 동명(東明)이라 하였다. 어떤 사람은 이 분을 고열가의 후예라 말한다.

…(중략)…

[고두막한의] 재위 23년 을미년에 북부여가 성읍을 바쳐서 항복하고 왕실만은 보존시켜 주기를 여러 번 애원하였다. 제(帝)가 들어주어 해부루의 봉작을 낮추어 제후로 삼아 차릉(岔陵)으로 이주해 살게 했다.

…(중략)…

[고두막한의] 재위 49년 신유년에 제(帝)가 붕했다. 유명에 따라 졸본천에 장사지내고 태자 고무서(高無胥)가 섰다. 제(帝)는 임술년에 졸본천에서 즉위했다.

…(중략)…

[고무서는] 태어날 때 신령스러운 덕을 갖추어 능히 주술로서 바람을 부르고 비를 내리게 하며, 자주 곡식을 풀어 백성을 구휼하니 민심을 크게 얻어 소해모수(小解慕漱)라는 칭호가 붙게 되었다.

즉, 일연이 『단군기』를 통해 알고 있던 부여의 단군이 기록 AB1, AB2에서는 고조선의 단군과 혼동되어 있다. 이에 따라 『단군기』에서 부루를 낳은 것으로 되어 있는 하백의 딸 역시 단군왕검의 후(后)로 변형되어 2천 년이 넘는 시간이 인상된 것이다.

혹자는 이에 대해 하백의 딸이란 특정인을 지칭하는 것이 아니라고 한다. 하지만 이는 변형되어진 결과를 그대로 수용하는 것일 뿐, 근거를 가지는 이야기는 아니다. 더구나, 일연이 읽었던 『고기』에는 해모수가 전한(前漢) 선제(宣帝) 신작(神爵) 3년 임술(壬戌)의 4월 8일에 흘승골성으로 내려온 것으로 기록되어 있다.

하지만 AB1에서 AB3까지 『환단고기』의 모든 기록에서, 해모수는 BC 59년을 가리키는 신작 3년의 임술이 아니라, BC 239년을 가리키는 진시황 때의 임술에 즉위하는 것으로 변형되어 있다. 일연이 알고 있던 『고기』의 시대로부터 정확히 3주갑 즉, 180년이 인상된 시간인 것이다. 그러나 이는 『고기』에 기록되어 있는 북부여의 시조 해모수를 고조선의 시대와 공백 없이 연결하려는 『환단고기』 찬자들의 공통된 의도에서 비롯된 인상인 것 같다.

즉, 기록 AB1의 『삼성기』에서 고조선은 BC 2,333년으로부터 2,096년을 지속했다고 했고, 이는 BC 238년까지의 시간을 말한다. 반면에, 『고기』의 해모수로부터 3주갑이 인상된 대해모수가 북부여를 세운 시점은 BC 239년이다. 그 시점이라면 고조선이 멸망했다고 하는 BC 238년의 바로 1년 전인 것이다.

그러나 앞에서 살펴보았듯이, 『고기』에서 해모수가 나라를 세웠다고 하는 BC 59년은, 실제 시대로부터 68년이 인상된 BC 37년에

22세의 나이로 즉위한 주몽의 탄생 년에 해당하는 시점이다. 『삼성기』가 기록하고 있는 대해모수의 시대가 『고기』가 기록한 해모수의 시대로부터 3주갑이 인상된 것이라면, 그렇게 인상이 된 대해모수의 시간에는 역시 69년이라고 하는 『일본서기』 신공기의 시간요소가 포함된 셈이다. 이는, 『삼성기』 또한 일각의 기대와 달리 『일본서기』가 완성된 이후에 만들어졌다는 사실을 설명하는 것이기도 하다.

그러나, 대해모수가 『고기』의 해모수 시대로부터 180년이나 인상되면서, 북부여의 시대로부터 주몽의 시대까지에는 매우 복잡한 변형이 추가되어졌다. 실제로 AB1에서 AB4까지의 모든 기록에서는, BC 108년의 계유년에 위만이 멸망하자 동명(東明)이 등장하여 한(漢)에 저항하는 영웅적인 모습이 그려진다.

또한, AB3이나 AB4의 기록에서 동명은 BC 87년의 갑오년에 북부여의 건설을 선언하기에 이르고, 이듬해인 BC 86년 을미년에는 마침내 해부루를 몰아내고 북부여의 단군에 오르는 것으로 묘사된다.

하지만 이 모든 것은 『고기』나 『단군기』의 시대로부터 180년이 늘어난 기간 동안 추가되거나 재구성된 이야기일 뿐이다. 실제로, 『북부여기』의 찬자는 이러한 해모수의 변조된 시간이 다소 부담스러웠는지, AB4에서는 정작 BC 59년인 신작 3년의 임술년에 즉위하는 단군을 소해모수라고 기록했다.

원래 『고기』가 기록한 해모수를 180년 인상하여 대해모수라 한 대신, 원래의 해모수를 소해모수라고 하여 만약에 제기될 수 있는 독자들의 의심을 대비한 것 같다. 그러나 동명이 『고기』의 시간으로부터 해모수와 함께 인상됨에 따라, 이제는 동부여로 피신한 해부루를 포함하는 원래의 부여 왕계도 모두 따라서 인상되어야 했다.

이는 물론 이어지는 주몽의 시간에도 영향을 미치게 되는 것이다. 실제로, 사료 AB1에는 주몽이 BC 58년의 계해년에 즉위하는 것으로 기록되어 있다. 이는 주몽의 실제 시대도 아니거니와 68년이 인상된 기록의 시대도 아니다. 『고기』나 고구려본기와의 모순을 피하기 위해 『환단고기』에서만 통용되는 교묘한 절충의 결과라 하겠다.

즉, 『고기』와의 모순을 피하기 위해서라면, 주몽은 해모수가 즉위하는 BC 59년 이후에 등장해야 한다. 그뿐만 아니라, 일연이 『단군기』를 보고 주석한 것처럼, 주몽이 하백녀의 아들이라는 조건을 만족하기 위해서라면, 주몽과 부루는 동시대의 인물이어야 한다. 그러나 기록의 AB1과 AB3과 AB4에서는 동명이 BC 87년의 갑오년에 북부여를 건설을 선언하고, 이듬해인 을미년에는 실제로 그것을 실행한 것으로 기록되어 있다. 그렇다면 동부여로 피신하는 부루도 그 시대의 인물로 인상되어야 하는 것이다.

이 때문에 주몽은 BC 87년의 시점에 재위하던 부루와도 동시대의 인물이어야 하고, 그와 동시에 해모수가 즉위한 BC 59년의 이후에 즉위해야 하는 다소 무리한 조건을 만족해야 한다. 이에 대해 『삼성기』의 찬자는 주몽의 즉위년을 BC 59년 이후이면서 가장 이른 시점인 BC 58년의 계해년으로 선정하여 무리를 최소화했다.

『환단고기』에서 볼 수 있는 주몽의 독특한 즉위년은 이렇게 만들어진 것이다.

결국, 『환단고기』에 등장하는 북부여와 관련한 여러 가지 시간은 『고기』와 『단군기』의 기록으로부터 추가적인 인상과 변형이 가해진 결과물이라는 사실이 확인된다.

이제 다시 『삼국사기』와 『삼국유사』의 시간으로 돌아가서, 사료 AA1과 AA2가 기록하는 부루의 모습과 고구려본기가 기록하는 부루의 모습에 대한 공통점에 주목한다. 즉, 원래 북부여를 다스리고 있던 부루가 그곳에서 천제의 자손이 나라를 세우는 것을 피해 동부여로 도읍을 옮겼다는 내용이다.

그러나 부루가 떠난 뒤의 북부여의 모습에 대해서는 사료 AA1, AA2와 고구려본기가 서로 다른 내용을 기록하고 있다. 즉, 사료 AA1과 AA2에 의하면, 부루가 피신하자 천제의 자손 동명이 북부여를 계승하였다. 반면에 고구려본기에 의하면, 부루의 시대를 지나 금와의 시대에 이르러서야 천제의 아들을 자칭하는 자가 나타나서 주몽을 탄생시켰다는 것이다.

하지만 고구려본기의 기록대로라면 금와의 시대에 북부여에 나타난 천제의 아들로부터 태어난 주몽은 어떤 경우에도 동명이 될 수가 없다. 왕충(王充)의 『논형(論衡)』에 의하더라도 부여에 도읍한 동명은 그곳에서 태어난 인물이 아니라 북쪽에서 남행한 인물이기 때문이다.

AC1.『논형(論衡)』제9「길험(吉驗)」:

　　북이(北夷) 탁리국(橐離國) 왕의 궁녀가 임신하자 왕이 그녀를 죽이려 했다. 궁녀가 말했다. "하늘로부터 내려온 달걀 크기의 기를 삼켰는데 임신이 되었습니다." 아이를 낳은 뒤 돼지우리에 버렸지만 돼지가 아이에게 입김을 불어 넣어 살렸다. 다시 마구간에 넣어 밟혀 죽기를 바랐지만 말 또한 입김을 불어 넣어 살렸다. 왕은 이 아이가 천제가 될지도 모른다고 의심하고, 아이의 어미에게 아이를 천하게 기르라고 명령했다. 이리하여 동명(東明)이라는 이름을 지어준 뒤 소와 말을 돌보도록 했다.
　　동명은 자라면서 활쏘기에 능했다. 왕은 장차 나라를 빼앗길까봐 두려워하며 그를 죽이려 했다. 동명이 도망치다가 남쪽의 엄표(掩㴲)라는 물가에 이르렀는데 강을 건널 방법이 없었다. 그런데 가지고 있던 활로 물을 치자 물고기와 자라가 수면 위로 떠 올라 다리를 놓아 주었다. 동명이 다리를 건넌 뒤에는 곧바로 흩어져서 추격하던 군사들이 강을 건널 수 없었다. 이후 동명은 부여에 도읍을 정하고 왕이 되었다. 이 때문에 북이(北夷)에 부여국이 있게 되었다.

즉, 주몽은 부여의 땅에서 태어났지만, 동명은 북쪽에서 남하하여 부여의 땅에서 도읍을 정한 인물이다. 그럼에도 불구하고 『삼국사기』는 주몽의 시호를 동명성왕이라고 기록했고, 『삼국유사』가 인용한 『고기』는 보다 적극적으로 동명제가 고구려를 세웠다고 기록했다.

그러나 주몽과 동명왕 사이의 관계로 말하자면, 68년이 인상된 주몽의 시대에서 특정한 조건이 추가될 때 그나마 가장 가까워질 수 있는 관계일 뿐이다. 즉, 【그림19】에 의하면, 고구려의 왕계가 변조에 의해 68년이 인상됨에 따라 주몽은 부루와 동시대의 인물로 격상된다.

여기서 만약에, 부루가 피신하고 동명이 북부여를 계승한 것이 하나의 사건을 둘러싸고 일어난 동시대의 일이었다면, 68년이 인상된 주몽은 부루는 물론이고 동명과 동시대의 인물로 격상되는 셈일 것이다. 이것이 주몽과 동명왕 사이에서 성립할 수 있는 논리적으로 가장 가까운 관계이다.

그럼에도 불구하고 『삼국사기』나 『고기』는 모두 고구려를 건국한 왕으로서 주몽과 동명왕을 일체화 하고 있는 것이다. 물론, 실제의 시대라면 절대 일어날 수 없는 이러한 변형이 언제 어떠한 사서로부터 이루어지게 되었는지 정확히 알 수는 없다. 다만, 서기 636년에 완성된 『양서(梁書)』가 중국의 정사로서는 처음으로 동명과 고구려의 관계를 언급하고 있다.

AD1. 『양서(梁書)』 권54 열전 제48 제이(諸夷) 동이 고구려 :
고구려는 그 선조가 동명(東明)으로부터 나왔다. 동명은 본래 북이(北夷) 탁리왕(橐離王)의 아들이다. 리왕(離王)이 출행한 사이에 그의 시녀가 후(後)에서 임신하였다.
리왕이 돌아와 그녀를 죽이려 하자 시녀는, "앞서 하늘위에 큰 달걀 만한 기가 떠있는 것을 보았는데, 이것이 저에게 내려와서 임신이 되었습니다."라고 하였다.

　왕이 그녀를 가두어 두었더니 뒤에 사내아이를 낳았다. 왕이 그 아이를 돼지우리에 내버리자, 돼지가 입김을 불어주어 죽지 않았다. 왕은 이를 신령스럽게 여겨 기르도록 허락하였다. 장성하면서 활을 잘 쏘니, 왕은 그의 용맹함을 꺼리어 다시 죽이고자 하였다.

　이에 동명이 도망하여 남쪽의 엄체수(掩滯水)에 이르러, 활로 물을 치니 고기와 자라들이 모두 떠올라 다리를 놓아주었다. 동명은 이들을 밟고 강을 건너 부여에 이르러 그 나라의 왕이 되었는데, 그 후손의 한 지파가 구려의 종족이 되었다.

즉, 『양서』는 다른 중국의 정사와 달리 고구려의 선조가 동명으로부터 나왔다고 기록하고 있다. 하지만 그것도 동명이 고구려의 선조라는 의미는 아니며, 동명은 어디까지나 부여의 왕이고, 동명의 후손의 한 지파가 고구려의 종족이라고 한 것이다.

　이는 부루가 떠나고 난 동명의 북부여에서 얼마 후 해모수가 등장했고, 그 해모수의 아들이 주몽이었다는 『삼국사기』의 기록과도 모순되지 않는다. 고구려인들의 부여와의 관계에 대한 인식은 이 정도의 수준에서 진작부터 형성되어 있었던 것이다.

　그러나 그 이후 언젠가의 시기에 중국의 사서가 아닌 삼국사에서 부여왕 동명과 주몽이 동일한 인물로 변형되었다. 하지만 여기에는 특별한 계기가 있었을 것이고, 아무래도 그 계기는 주몽의 68년 인상이었을 것 같다. 만약에 68년이 인상된 주몽의 시대가 부루의 시대이면서 동명의 시대이기도 했다면, 그렇게 만들어진 동시대성이 주몽과 동명을 일체화하는 변형에 이르게 하는 하나의 매개 조건이 되었을는지도 모를 일인 것이다.

만약에 이러한 가능성이 사실이라면, 부여에서 나온 주몽이 부여의 왕 동명이라고 변형될 수 있었던 시점은, 『일본서기』가 완성된 이후 삼국사에서 백제와 고구려의 기년에 68년 인상의 조정이 가해지고 난 이후일 것이다.

이렇게 본다면, 지금까지 주몽을 동명왕이라고 기록한 모든 사서는, 68년이 인상된 고구려의 기년 체계를 전제로 하면서, 그 기년 체계를 바탕으로 변형되어 진 시조 전승을 추종하는 사서들이라고 말할 수 있을 것이다.

『삼국사기』와 『삼국유사』는 물론이고, 『삼국사기』가 참조한 『해동고기』나 『삼국유사』가 인용한 『고기』, 그리고 이규보(李奎報)가 「동명왕편(東明王篇)」을 쓸 때 참조했다고 하는 『구삼국사(舊三國史)』[165] 등이 모두 이에 해당한다고 할 수 있을 것이다.

---

[165] 『동국이상국집(東國李相國集)』 제3권 동명왕편(東明王篇) 병서(幷書), "지난 계축년 4월에 구삼국사(舊三國史)를 얻어 동명왕본기(東明王本紀)를 보니 그 신기하고 이상한 사적이 세상에서 이야기하는 바를 뛰어넘었다."

수정 삼국 연표

서력	간지	중국	고구려	백제	신라
32년	임진(壬辰)	건무(建武) 8년	주몽 즉위		
33년	계사(癸巳)	9년	2년		
34년	갑오(甲午)	10년	3년		
35년	을미(乙未)	11년	4년		
36년	병신(丙申)	12년	5년		
37년	정유(丁酉)	13년	6년		
38년	무술(戊戌)	14년	7년		
39년	기해(己亥)	15년	8년		
40년	경자(庚子)	16년	9년		
41년	신축(辛丑)	17년	10년		
42년	임인(壬寅)	18년	11년		
43년	계묘(癸卯)	19년	12년		
44년	갑진(甲辰)	20년	13년		
45년	을사(乙巳)	21년	14년		
46년	병오(丙午)	22년	15년		
47년	정미(丁未)	23년	16년		
48년	무신(戊申)	24년	17년		
49년	기유(己酉)	25년	18년		
50년	경술(庚戌)	26년	19년, 유리왕 즉위		
51년	신해(辛亥)	27년	2년	온조왕 즉위	
52년	임자(壬子)	28년	3년	2년	
53년	계축(癸丑)	29년	4년	3년	
54년	갑인(甲寅)	30년	5년	4년	
55년	을묘(乙卯)	31년	6년	5년	
56년	병진(丙辰)	건무(建武) 중원(中元) 원년	7년	6년	

서력	간지	중국	고구려	백제	신라	
57년	정사(丁巳)	중원2년, 효명제(孝明帝) 장(莊)	8년	7년		
58년	무오(戊午)	영평(永平) 원년	9년	8년		
59년	기미(己未)	2년	10년	9년		
60년	경신(庚申)	3년	11년	10년		
61년	신유(辛酉)	4년	12년	11년		
62년	임술(壬戌)	5년	13년	12년		
63년	계해(癸亥)	6년	14년	13년		
64년	갑자(甲子)	7년	15년	14년		
65년	을축(乙丑)	8년	16년	15년		
66년	병인(丙寅)	9년	17년	16년		
67년	정묘(丁卯)	10년	18년	17년		
68년	무진(戊辰)	11년	19년	18년		
69년	기사(己巳)	12년	20년	19년		
70년	경오(庚午)	13년	21년	20년		
71년	신미(辛未)	14년	22년	21년		
72년	임신(壬申)	15년	23년	22년		
73년	계유(癸酉)	16년	24년	23년		
74년	갑술(甲戌)	17년	25년	24년		
75년	을해(乙亥)	18년, 효장(孝章) 황제 달(炟)	26년	25년		
76년	병자(丙子)	건초(建初) 원년	27년	26년	박혁거세 즉위	
77년	정축(丁丑)	2년	28년	27년	2년	
78년	무인(戊寅)	3년	29년	28년	3년	
79년	기묘(己卯)	4년	30년	29년	4년	
80년	경진(庚辰)	5년	31년	30년	5년	
81년	신사(辛巳)	6년	32년	31년	6년	
82년	임오(壬午)	7년	33년	32년	7년	

서력	간지	중국	고구려	백제	신라		
83년	계미(癸未)	8년	34년	33년	8년		
84년	갑신(甲申)	원화(元和) 원년	35년	34년	9년		
85년	을유(乙酉)	2년	36년	35년	10년		
86년	병술(丙戌)	3년	37년, 대무신왕 즉위	36년	11년		
87년	정해(丁亥)	장화(章和) 원년	2년	37년	12년		
88년	무자(戊子)	2년, 효화(孝和) 황제 조(肇)	3년	38년	13년		
89년	기축(己丑)	영원(永元) 원년	4년	39년	14년		
90년	경인(庚寅)	2년	5년	40년	15년		
91년	신묘(辛卯)	3년	6년	41년	16년		
92년	임진(壬辰)	4년	7년	42년	17년		
93년	계사(癸巳)	5년	8년	43년	18년		
94년	갑오(甲午)	6년	9년	44년	19년		
95년	을미(乙未)	7년	10년	45년	20년		
96년	병신(丙申)	8년	11년	46년, 다루왕 즉위	21년		
97년	정유(丁酉)	9년	12년	2년	22년		
98년	무술(戊戌)	10년	13년	3년	23년		
99년	기해(己亥)	11년	14년	4년	24년		
100년	경자(庚子)	12년	15년	5년	25년		
101년	신축(辛丑)	13년	16년	6년	26년		
102년	임인(壬寅)	14년	17년	7년	27년		
103년	계묘(癸卯)	15년	18년	8년	28년		
104년	갑진(甲辰)	16년	19년	9년	29년		

서력	간지	중국	고구려	백제	신라
105년	을사(乙巳)	원흥(元興) 원년, 효상제(孝殤帝) 융(隆)	20년	10년	30년
106년	병오(丙午)	연평(延平) 원년, 효안제(孝安帝) 우(祐)	21년	11년	31년
107년	정미(丁未)	영초(永初) 원년	22년	12년	32년
108년	무신(戊申)	2년	23년	13년	33년
109년	기유(己酉)	3년	24년	14년	34년
110년	경술(庚戌)	4년	25년	15년	35년
111년	신해(辛亥)	5년	26년	16년	36년
112년	임자(壬子)	6년	27년, 민중왕 즉위	17년	37년
113년	계축(癸丑)	7년	2년	18년	38년
114년	갑인(甲寅)	원초(元初) 원년	3년	19년	39년
115년	을묘(乙卯)	2년	4년	20년	40년
116년	병진(丙辰)	3년	5년, 모본왕 즉위	21년	41년
117년	정사(丁巳)	4년	2년	22년	42년
118년	무오(戊午)	5년	3년	23년	43년
119년	기미(己未)	6년	4년	24년	44년
120년	경신(庚申)	영녕(永寧) 원년	5년	25년	45년
121년	신유(辛酉)	건광(建光) 원년	6년 모본왕 사망, 궁 사망, 태조왕 즉위	26년	46년

서력	간지	중국	고구려	백제		신라	
122년	임술(壬戌)	연광(延光) 원년	2년	27년		47년	
123년	계해(癸亥)	2년	3년	28년		48년	
124년	갑자(甲子)	3년	4년	29년		49년	
125년	을축(乙丑)	효순제(孝順帝) 보(保)	5년	30년		50년	
126년	병인(丙寅)	영건(永建) 원년	6년	31년		51년	
127년	정묘(丁卯)	2년	7년	32년		52년	
128년	무진(戊辰)	3년	8년	33년		53년	
129년	기사(己巳)	4년	9년	34년		54년	
130년	경오(庚午)	5년	10년	35년		55년	
131년	신미(辛未)	6년	11년	36년		56년	
132년	임신(壬申)	양가(陽嘉) 원년	12년	37년		57년	
133년	계유(癸酉)	2년	13년	38년		58년	
134년	갑술(甲戌)	3년	14년	39년		59년	
135년	을해(乙亥)	4년	15년	40년		60년	
136년	병자(丙子)	영화(永和) 원년	16년	41년		61년, 남해차차웅 즉위	
137년	정축(丁丑)	2년	17년	42년		2년	
138년	무인(戊寅)	3년	18년	43년		3년	
139년	기묘(己卯)	4년	19년	44년		4년	
140년	경진(庚辰)	5년	20년	45년		5년	
141년	신사(辛巳)	6년	21년	46년		6년	
142년	임오(壬午)	한안(漢安) 원년	22년	47년		7년	
143년	계미(癸未)	2년	23년	48년		8년	
144년	갑신(甲申)	건강(建康) 원년, 효충제(孝沖帝) 병(炳)	24년	49년		9년	
145년	을유(乙酉)	영가(永嘉) 원년, 효질제(孝質帝) 찬(纘)	25년	50년, 기루왕 즉위		10년	

서력	간지	중국	고구려	백제	신라		
146년	병술(丙戌)	본초(本初) 원년, 효환제(孝桓帝) 지(志)	26년, 차대왕 즉위	2년	11년		
147년	정해(丁亥)	건화(建和) 원년	2년	3년	12년		
148년	무자(戊子)	2년	3년	4년	13년		
149년	기축(己丑)	3년	4년	5년	14년		
150년	경인(庚寅)	화평(和平) 원년	5년	6년	15년		
151년	신묘(辛卯)	원가(元嘉) 원년	6년	7년	16년		
152년	임진(壬辰)	2년	7년	8년	17년		
153년	계사(癸巳)	영흥(永興) 원년	8년	9년	18년		
154년	갑오(甲午)	2년	9년	10년	19년		
155년	을미(乙未)	영수(永壽) 원년	10년	11년	20년		
156년	병신(丙申)	2년	11년	12년	21년, 유리이사금 즉위		
157년	정유(丁酉)	3년	12년	13년	2년		
158년	무술(戊戌)	연가(延嘉) 원년	13년	14년	3년		
159년	기해(己亥)	2년	14년	15년	4년		
160년	경자(庚子)	3년	15년	16년	5년		
161년	신축(辛丑)	4년	16년	17년	6년		
162년	임인(壬寅)	5년	17년	18년	7년		
163년	계묘(癸卯)	6년	18년	19년	8년		
164년	갑진(甲辰)	7년	19년	20년	9년		
165년	을사(乙巳)	8년	20년, 신대왕 즉위	21년	10년		
166년	병오(丙午)	9년	2년	22년	11년		
167년	정미(丁未)	영강(永康) 원년	3년	23년	12년		
168년	무신(戊申)	효령제(孝靈帝) 굉(宏), 건녕(建寧) 원년	4년	24년	13년		

서력	간지	중국	고구려	백제	신라		
169년	기유(己酉)	2년	5년	25년	14년		
170년	경술(庚戌)	3년	6년	26년	15년		
171년	신해(辛亥)	4년	7년	27년	16년		
172년	임자(壬子)	희평(熹平) 원년	8년	28년	17년		
173년	계축(癸丑)	2년	9년	29년	18년		
174년	갑인(甲寅)	3년	10년	30년	19년		
175년	을묘(乙卯)	4년	11년	31년	20년	탈해이사금 즉위	
176년	병진(丙辰)	5년	12년	32년	21년	2년	
177년	정사(丁巳)	6년	13년	33년	22년	3년	
178년	무오(戊午)	광화(光和) 원년	14년	34년	23년	4년	
179년	기미(己未)	2년	15년, 고국천왕 즉위	35년	24년	5년	
180년	경신(庚申)	3년	2년	36년	25년	6년	
181년	신유(辛酉)	4년	3년	37년	26년	7년	
182년	임술(壬戌)	5년	4년	38년	27년	8년	
183년	계해(癸亥)	6년	5년	39년	28년	9년	
184년	갑자(甲子)	중평(中平) 원년	6년	40년	29년	10년	
185년	을축(乙丑)	2년	7년	41년	30년	11년	
186년	병인(丙寅)	3년	8년	42년	31년	12년	
187년	정묘(丁卯)	4년	9년	43년	32년	13년	
188년	무진(戊辰)	5년	10년	44년	33년	14년	

서력	간지	중국	고구려	백제	신라	
189년	기사(己巳)	6년, 홍농왕(洪農王)이 즉위하여 연호를 광희(光熹)로 고쳤다가 다시 명녕(明寧)으로 고쳤으며, 효헌제(孝獻帝) 협(協)이 연호를 영한(永漢)으로 고침.	11년	45년	34년, 일성 이사금 즉위	15년
190년	경오(庚午)	초평(初平) 원년	12년	46년	2년	16년
191년	신미(辛未)	2년	13년	47년	3년	17년
192년	임신(壬申)	3년	14년	48년	4년	18년
193년	계유(癸酉)	4년	15년	49년	5년	19년
194년	갑술(甲戌)	흥평(興平) 원년	16년	50년	6년	20년
195년	을해(乙亥)	2년	17년	51년	7년	21년
196년	병자(丙子)	건안(建安) 원년	18년	52년, 개루왕 즉위	8년	22년
197년	정축(丁丑)	2년	19년, 산상왕 즉위	2년	9년	23년
198년	무인(戊寅)	3년	2년	3년	10년	24년, 파사 이사금 즉위
199년	기묘(己卯)	4년	3년	4년	11년	2년
200년	경진(庚辰)	5년	4년	5년	12년	3년
201년	신사(辛巳)	6년	5년	6년	13년	4년
202년	임오(壬午)	7년	6년	7년	14년	5년
203년	계미(癸未)	8년	7년	8년	15년	6년
204년	갑신(甲申)	9년	8년	9년	16년	7년
205년	을유(乙酉)	10년	9년	10년	17년	8년

서력	간지	중국	고구려	백제		신라		
206년	병술(丙戌)	11년	10년	11년		18년	9년	
207년	정해(丁亥)	12년	11년	12년		19년	10년	
208년	무자(戊子)	13년	12년	13년		20년	11년	
209년	기축(己丑)	14년	13년	14년		21년, 아달라이사금 즉위	12년	
210년	경인(庚寅)	15년	14년	15년		2년	13년	
211년	신묘(辛卯)	16년	15년	16년		3년	14년	
212년	임진(壬辰)	17년	16년	17년		4년	15년	
213년	계사(癸巳)	18년	17년	18년		5년	16년	
214년	갑오(甲午)	19년	18년	19년		6년	17년	
215년	을미(乙未)	20년	19년	20년		7년	18년	
216년	병신(丙申)	21년	20년	21년		8년	19년	
217년	정유(丁酉)	22년	21년	22년		9년	20년	
218년	무술(戊戌)	23년	22년	23년		10년	21년	
219년	기해(己亥)	24년	23년	24년		11년	22년	
220년	경자(庚子)	연강(延康) 원년, 위문제(魏文帝) 조비(曹丕) 황초(皇初) 원년	24년	25년		12년	23년	
221년	신축(辛丑)	2년, 촉선주(蜀先主) 유비(劉備)가 성도(成都)에서 즉위. 건원 장무(章武)	25년	26년		13년	24년	
222년	임인(壬寅)	3년, 오대제(吳大帝) 손권(孫權)이 무창(武昌)에서 도읍. 건원 황무(黃武). 이로부터 삼국이 나뉨	26년	27년		14년	25년	

서력	간지	중국	고구려	백제		신라		
223년	계묘(癸卯)	4년, 촉후주(蜀後主) 선(禪)이 즉위. 개원 건흥(建興)	27년	28년		15년	26년	
224년	갑진(甲辰)	5년	28년	29년		16년	27년	
225년	을사(乙巳)	6년	29년	30년		17년	28년	
226년	병오(丙午)	7년, 명황제(明皇帝) 예(睿)	30년	31년		18년	29년	
227년	정미(丁未)	태화(太和) 원년	31년, 동천왕 즉위	32년		19년	30년	
228년	무신(戊申)	2년	2년	33년		20년	31년	
229년	기유(己酉)	3년, 오(吳) 개원 황룡(黃龍), 건업(建業)으로 천도	3년	34년		21년	32년	
230년	경술(庚戌)	4년	4년	35년		22년	33년, 지마 이사금 즉위	
231년	신해(辛亥)	5년	5년	36년		23년	2년	
232년	임자(壬子)	6년, 오(吳) 개원 가화(嘉禾)	6년	37년		24년	3년	
233년	계축(癸丑)	청룡(靑龍) 원년	7년	38년		25년	4년	
234년	갑인(甲寅)	2년	8년	39년, 고이왕 즉위		26년	5년	
235년	을묘(乙卯)	3년	9년	2년		27년	6년	
236년	병진(丙辰)	4년	10년	3년	초고왕 즉위	28년	7년	
237년	정사(丁巳)	경초(景初) 원년	11년	4년	2년	29년	8년	
238년	무오(戊午)	2년, 촉(蜀) 개원 연희(延熙), 오(吳) 개원 적조(赤鳥)	12년	5년	3년	30년	9년	

서력	간지	중국	고구려	백제		신라	
239년	기미(己未)	3년, 제왕(齊王) 방(芳)	13년	6년	4년	31년	10년
240년	경신(庚申)	정시(正始) 원년	14년	7년	5년		11년
241년	신유(辛酉)	2년	15년	8년	6년		12년
242년	임술(壬戌)	3년	16년	9년	7년		13년
243년	계해(癸亥)	4년	17년	10년	8년		14년
244년	갑자(甲子)	5년	18년	11년	9년		15년
245년	을축(乙丑)	6년	19년	12년	10년		16년
246년	병인(丙寅)	7년	20년	13년	11년		17년
247년	정묘(丁卯)	8년	21년	14년	12년		18년
248년	무진(戊辰)	9년	22년, 중천왕 즉위	15년	13년		19년
249년	기사(己巳)	가평(嘉平) 원년	2년	16년	14년		20년
250년	경오(庚午)	2년	3년	17년	15년		21년
251년	신미(辛未)	3년, 오(吳) 개원 대원(太元)	4년	18년	16년		22년
252년	임신(壬申)	4년, 오(吳) 회계왕(會稽王) 양(亮)이 서다. 개원 건흥(建興)	5년	19년	17년		23년, 벌휴 이사금 즉위
253년	계유(癸酉)	5년	6년	20년	18년		2년
254년	갑술(甲戌)	6년, 고귀향공(高貴鄕公) 모(髦) 정원(正元) 원년	7년	21년	19년		3년
255년	을해(乙亥)	2년	8년	22년	20년		4년
256년	병자(丙子)	감로(甘露) 원년, 오(吳) 개원 태평(太平)	9년	23년	21년		5년
257년	정축(丁丑)	2년	10년	24년	22년		6년

서력	간지	중국	고구려	백제	신라	
258년	무인(戊寅)	3년, 촉(蜀) 개원 경요(景耀). 오주(吳主) 휴(休)가 서다. 개원 영안(永安)	11년	25년	23년	7년
259년	기묘(己卯)	4년	12년	26년	24년	8년
260년	경진(庚辰)	5년, 진류왕(陳留王) 환(奐) 경원(景元) 원년	13년	27년	25년	9년
261년	신사(辛巳)	2년	14년	28년	26년	10년
262년	임오(壬午)	3년	15년	29년	27년	11년
263년	계미(癸未)	4년, 촉(蜀) 개원 염흥(炎興). 10월에 위(魏)에 항복. 촉(蜀) 2왕 43년	16년	30년	28년	12년
264년	갑신(甲申)	오주(吳主) 손호(孫皓)가 서다. 함희(咸熙) 원년, 개원 원흥(元興)	17년	31년	29년	13년, 내해 이사금 즉위
265년	을유(乙酉)	2년, 위(魏)가 진(晉)에 양위. 서진(西晉)세조 무황제(武皇帝) 염(炎), 태시(泰始) 원년	18년	32년	30년	2년
266년	병술(丙戌)	2년, 오(吳) 개원 보정(寶鼎)	19년	33년	31년	3년
267년	정해(丁亥)	3년	20년	34년	32년	4년
268년	무자(戊子)	4년	21년	35년	33년	5년
269년	기축(己丑)	5년, 오(吳) 개원 건형(建衡)	22년	36년	34년	6년

서력	간지	중국	고구려	백제		신라	
270년	경인(庚寅)	6년	23년, 서천왕 즉위	37년	35년	7년	
271년	신묘(辛卯)	7년	2년	38년	36년	8년	
272년	임진(壬辰)	8년, 오(吳) 개원 봉황(鳳凰)	3년	39년	37년	9년	
273년	계사(癸巳)	9년	4년	40년	38년	10년	
274년	갑오(甲午)	10년	5년	41년	39년	11년	
275년	을미(乙未)	서진(西晉) 함녕(咸寧) 원년, 오(吳) 개원 천책(天冊)	6년	42년	40년	12년	
276년	병신(丙申)	2년, 오(吳) 개원 천새(天璽)	7년	43년	41년	13년	
277년	정유(丁酉)	3년, 오(吳) 개원 천기(天紀)	8년	44년	42년	14년	
278년	무술(戊戌)	4년	9년	45년	43년	15년	
279년	기해(己亥)	5년	10년	46년	44년	16년	
280년	경자(庚子)	태강(太康) 원년, 오주(吳主)가 진(晉)에 항복. 오(吳) 4왕 59년	11년	47년	45년	17년	
281년	신축(辛丑)	2년	12년	48년	46년	18년	
282년	임인(壬寅)	3년	13년	49년	47년	19년	
283년	계묘(癸卯)	4년	14년	50년	48년	20년	
284년	갑진(甲辰)	5년	15년	51년	49년, 구수왕 즉위	21년	
285년	을사(乙巳)	6년	16년	52년	2년	22년	
286년	병오(丙午)	7년	17년	53년, 책계왕 즉위	3년	23년	
287년	정미(丁未)	8년	18년	2년	4년	24년	
288년	무신(戊申)	9년	19년	3년	5년	25년	

서력	간지	중국	고구려	백제	신라
289년	기유(己酉)	10년	20년	4년	6년	26년
290년	경술(庚戌)	대희(大熙) 원년, 효혜제(孝惠帝) 충(衷) 영희(永熙) 원년	21년	5년	7년	27년
291년	신해(辛亥)	영평(永平) 원년, 원강(元康) 원년	22년	6년	8년	28년
292년	임자(壬子)	2년	23년, 봉상왕 즉위	7년	9년	29년
293년	계축(癸丑)	3년	2년	8년	10년	30년
294년	갑인(甲寅)	4년	3년	9년	11년	31년
295년	을묘(乙卯)	5년	4년	10년	12년	32년
296년	병진(丙辰)	6년	5년	11년	13년	33년
297년	정사(丁巳)	7년	6년	12년	14년	34년
298년	무오(戊午)	8년	7년	13년, 분서왕 즉위	15년	35년, 조분 이사금 즉위
299년	기미(己未)	9년	8년	2년	16년	2년
300년	경신(庚申)	영강(永康) 원년	9년, 미천왕 즉위	3년	17년	3년
301년	신유(辛酉)	영녕(永寧) 원년	2년	4년	18년	4년
302년	임술(壬戌)	태안(太安) 원년	3년	5년	19년	5년
303년	계해(癸亥)	2년	4년	6년	20년	6년
304년	갑자(甲子)	영안(永安) 원년, 건무(建武) 원년, 영흥(永興) 원년	5년	7년	21년, 비류왕 즉위	7년
305년	을축(乙丑)	2년	6년		2년	8년

서력	간지	중국	고구려	백제	신라	
306년	병인(丙寅)	광희(光熙) 원년, 효회제(孝懷帝) 치(熾)	7년	3년	9년	
307년	정묘(丁卯)	영가(永嘉) 원년	8년	4년	10년	
308년	무진(戊辰)	2년	9년	5년	11년	
309년	기사(己巳)	3년	10년	6년	12년	
310년	경오(庚午)	4년	11년	7년	13년	
311년	신미(辛未)	5년	12년	8년	14년	
312년	임신(壬申)	6년	13년	9년	15년	
313년	계유(癸酉)	효민황제(孝愍皇帝) 업(鄴) 건흥(建興) 원년	14년	10년	16년	
314년	갑술(甲戌)	2년	15년	11년	17년	
315년	을해(乙亥)	3년	16년	12년	18년, 첨해이사금 즉위	
316년	병자(丙子)	4년, 전조(前趙)의 유요(劉曜)가 장안(長安)을 함락. 민제(愍帝)가 이듬해 유총(劉聰)에게 죽음. 서진(西晉) 4왕 52년	17년	13년	2년	
317년	정축(丁丑)	동진(東晉) 중종(中宗) 원(元)황제 예(睿) 건무(建武) 원년	18년	14년	3년	
318년	무인(戊寅)	태흥(太興) 원년	19년		15년	4년

서력	간지	중국	고구려	백제	신라
319년	기묘(己卯)	2년	20년	16년	5년
320년	경진(庚辰)	3년	21년	17년	6년
321년	신사(辛巳)	4년	22년	18년	7년
322년	임오(壬午)	영창(永昌) 원년	23년	19년	8년
323년	계미(癸未)	숙종(肅宗) 황제 소(紹) 태녕(太寧) 원년	24년	20년	9년
324년	갑신(甲申)	2년	25년	21년	10년
325년	을유(乙酉)	3년, 현종(顯宗) 황제 연(衍)	26년	22년	11년
326년	병술(丙戌)	함화(咸和) 원년	27년	23년	12년
327년	정해(丁亥)	2년	28년	24년	13년
328년	무자(戊子)	3년	29년	25년	14년
329년	기축(己丑)	4년	30년	26년	15년
330년	경인(庚寅)	5년	31년	27년	16년, 유례 이사금 즉위
331년	신묘(辛卯)	6년	32년, 고국원왕 즉위	28년	2년
332년	임진(壬辰)	7년	2년	29년	3년
333년	계사(癸巳)	8년	3년	30년	4년
334년	갑오(甲午)	9년	4년	31년	5년
335년	을미(乙未)	함강(咸康) 원년	5년	32년	6년
336년	병신(丙申)	2년	6년	33년	7년
337년	정유(丁酉)	3년	7년	34년	8년
338년	무술(戊戌)	4년	8년	35년	9년
339년	기해(己亥)	5년	9년	36년	10년
340년	경자(庚子)	6년	10년	37년	11년

서력	간지	중국	고구려	백제	신라	
341년	신축(辛丑)	7년	11년	38년	12년	
342년	임인(壬寅)	8년, 강(康)황제 악(岳)	12년	39년	13년	
343년	계묘(癸卯)	건원(建元) 원년	13년	40년	14년	
344년	갑진(甲辰)	2년, 효종(孝宗) 목(穆)황제	14년	41년, 계왕 즉위	15년, 기림 이사금 위	
345년	을사(乙巳)	영화(永和) 원년	15년	2년	2년	
346년	병오(丙午)	2년	16년	3년, 근초고왕 즉위	3년	
347년	정미(丁未)	3년	17년	2년	4년	
348년	무신(戊申)	4년	18년	3년	5년	
349년	기유(己酉)	5년	19년	4년	6년	
350년	경술(庚戌)	6년	20년	5년	7년	
351년	신해(辛亥)	7년	21년	6년	8년	
352년	임자(壬子)	8년	22년	7년	9년	
353년	계축(癸丑)	9년	23년	8년	10년	
354년	갑인(甲寅)	10년	24년	9년	11년	
355년	을묘(乙卯)	11년	25년	10년	12년	
356년	병진(丙辰)	12년	26년	11년	13년, 흘해 이사금 즉위	미추 이사금 즉위
357년	정사(丁巳)	승평(升平) 원년	27년	12년	2년	2년
358년	무오(戊午)	2년	28년	13년	3년	3년
359년	기미(己未)	3년	29년	14년	4년	4년
360년	경신(庚申)	4년	30년	15년	5년	5년
361년	신유(辛酉)	5년, 애(哀)황제 비(丕)	31년	16년	6년	6년
362년	임술(壬戌)	융화(隆和) 원년	32년	17년	7년	7년

서력	간지	중국	고구려	백제	신라	
363년	계해(癸亥)	흥녕(興寧) 원년	33년	18년	8년	8년
364년	갑자(甲子)	2년	34년	19년	9년	9년
365년	을축(乙丑)	3년, 폐제(廢帝) 해서공(海西公)	35년	20년	10년	10년
366년	병인(丙寅)	태화(太和) 원년	36년	21년	11년	11년
367년	정묘(丁卯)	2년	37년	22년	12년	12년
368년	무진(戊辰)	3년	38년	23년	13년	13년
369년	기사(己巳)	4년	39년	24년	14년	14년
370년	경오(庚午)	5년	40년	25년	15년	15년
371년	신미(辛未)	간문(簡文)황제 함안(咸安) 원년	41년, 소수림왕 즉위	26년	16년	16년
372년	임신(壬申)	2년, 효무(孝武) 황제 요(曜)	2년	27년	17년	17년
373년	계유(癸酉)	영강(寧康) 원년	3년	28년	18년	18년
374년	갑술(甲戌)	2년	4년	29년	19년	19년
375년	을해(乙亥)	3년	5년	30년, 근구수왕 즉위	20년	20년
376년	병자(丙子)	태원(太元) 원년	6년	2년	21년	21년
377년	정축(丁丑)	2년	7년	3년	22년	22년
378년	무인(戊寅)	3년	8년	4년	23년	23년, 내물 이사금 즉위
379년	기묘(己卯)	4년	9년	5년	24년	2년
380년	경진(庚辰)	5년	10년	6년	25년	3년
381년	신사(辛巳)	6년	11년	7년	26년	4년
382년	임오(壬午)	7년	12년	8년	27년	5년
383년	계미(癸未)	8년	13년	9년	28년	6년

서력	간지	중국	고구려	백제		신라	
384년	갑신(甲申)	9년	14년, 고국양왕 즉위	10년, 침류왕 즉위		29년	7년
385년	을유(乙酉)	10년	2년	2년, 진사왕 즉위		30년	8년
386년	병술(丙戌)	11년	3년	2년		31년	9년
387년	정해(丁亥)	12년	4년	3년		32년	10년
388년	무자(戊子)	13년	5년	4년		33년	11년
389년	기축(己丑)	14년	6년	5년		34년	12년
390년	경인(庚寅)	15년	7년	6년		35년	13년
391년	신묘(辛卯)	16년	8년	7년		36년	14년
392년	임진(壬辰)	17년	9년, 광개토왕 즉위	8년, 아신왕 즉위		37년	15년
393년	계사(癸巳)	18년	2년	2년		38년	16년
394년	갑오(甲午)	19년	3년	3년		39년	17년
395년	을미(乙未)	20년	4년	4년		40년	18년
396년	병신(丙申)	21년, 덕종(德宗) 안(安)황제	5년	5년		41년	19년
397년	정유(丁酉)	융안(隆安) 원년	6년	6년		42년	20년
398년	무술(戊戌)	2년	7년	7년		43년	21년
399년	기해(己亥)	3년	8년	8년		44년	22년
400년	경자(庚子)	4년	9년	9년		45년	23년
401년	신축(辛丑)	5년	10년	10년		46년	24년
402년	임인(壬寅)	원흥(元興) 원년	11년	11년		47년	25년